天

Borderless

下

博稽古今　融汇天下

本研究受中信改革发展研究基金会资助（项目编号：QA150518）

传媒监督的法治

陈柏峰 著

法律出版社
LAW PRESS·CHINA

正视传媒的“暗面”（代序）

王启梁

我与柏峰相识于2006年法律和社会科学年会“法学和人类学的对话”。十余年来我们惺惺相惜，相互砥砺。他的专注、勤奋和作为学者的使命感，时常感动着我。这本书的所有章节在尚未发表之前我都认真阅读、学习过。此书付梓之际，柏峰嘱我作序，颇为惶恐。他虽比我年少，却比我有成。或许，他是考虑到我们的学术都起步于乡村基层研究，有许多共识和相似的经历。或许是因为我也写过几篇关于媒体、民意与法治的文章。但对我而言，最大的意义是情谊的纪念。

此书的上篇由四个个案组成，恰是从监督偏差、传媒角色、法治生态和冲突呈现四个视角来观察传媒的运作及其对个案的影响。这为我们提供了反思传媒运作及其性质的切入点。在下篇中，柏峰抓住政治性和商业性这两个直接影响传媒性质及运作后果的维度展开讨论和批评。

总体上，柏峰在承认传媒积极作用的基础上，重点讨论的是传媒的“暗面”。这可能会导致本书遭受猛烈的批评。而我认为，直面“暗面”恰恰是这本书的价值所在。传媒是什么样的，民意是如何在传媒运作中形成的，是如何与法律实践发生互动的，互动的后果又是怎样……所有这些问题都有赖于破除教条主义，回到现实运作中去考察。只有洞悉传媒的运作与性质，才能回答传媒与法治关系的机理问题。

我们之所以要重视、研究传媒，是因为它是一种力量，一种改变世界的巨大力量。

最近二十年来，市场化改革使商业化传媒，如都市类报纸大量出现。加上互联网的助力，传媒业态极大地改变着社会生态。在很大程度上，媒体如何报道、报道什么，影响了大众对世界的认识。甚至，对于许多人，媒体提供的世界就是他们坚信不疑的世界。

首先，传媒改变了人们对法律的认知

普通人对法律、法律实践往往缺乏直接的了解。尤其是对法院、法官，大部分人一辈子也不会跨进法院一步。那么大众如何形成对法律、司法的认识？媒体扮演了重要的角色。它以不同的方式、在不同的程度上裁剪着事件，讲着各种故事，为人们提供了关于法律的间接经验，使人们以为自己了解现实。各类媒体和各种交流工具的兴起使民众得以讨论、监督司法，使人们有机会不必亲自参与法律实践就能够了解法律及其问题。柏峰所讨论的几个轰动案件中，人们所发表的意见大多是基于传媒的报道。就在这几天，我们热烈讨论的"江歌－刘鑫案""老人电梯吸烟被劝后猝死事件"，不也是由媒体提供出来的吗？

因此，传媒提供出不同以往的机会使我们能够在一定程度上去反思法律、法治。媒体的发达使人们关于法律的辩论成为了可能，使不同的法律表达、法律观得以展现和交锋。更为重要的是，媒体提供出的其实是一批批案件，是事件流。例如，许霆案、药家鑫案、"躲猫猫事件"、李昌奎案等一系列轰动案件，不断地使人们聚焦于某些法律议题。我相信，许多人正是在对这些事件的关注中逐渐形成对于法律的观点，也反思着自己对某一案件所持有的情绪或观点。这些，是从传媒的积极方面来讲的。

其次，传媒改变了民意的形成机制和形式

传媒之所以能够影响司法、执法等法律实践，关键还在于其改变人们对法律的认知的同时，在某种程度上能够制造和形成民意。柏峰在书中对此有深入研究，尤其是传媒对舆论议程的设置和控制。那么，为什么传媒具有此种力量呢？

在传媒不甚发达的传统社会中，民意的表达在时间和空间上总是一致的，受到“在场”的支配，是一种地域性的活动。民意的形成依赖于人与人之间直接的面对面互动，例如请愿、上书。近现代以来，报纸等新闻媒体的出现，在一定程度上改变了民意的形成和呈现机制。民意似乎主要由报纸、电视、广播来表达和呈现，这些媒体的出现使信息的传播极大地突破了空间和时间的限制，地域性的支配在一定程度缩小。但是其本身并没有把人和人的互动关系从时间和空间的限制中抽离出来，民意的形成在根本上还得依赖于直接面对面的互动，依赖于存在着的特定公共空间。然而，最近二十来年，互联网的出现改变了民意形成所受到的地域性限制，尤其是崭新的交流工具如BBS、QQ、微信、微博等“多对多”社交工具使其具有了“脱域”性，即“社会关系从彼此互动的地域性关联中，从通过对不确定的时间的无限穿越而被重构的关联中‘脱离出来’”。① 人们的互动关系不再依赖于时空的一致性，社会关系的建构超越了时空的限制。网络的公共空间化使网络民意摆脱了地域限制，使“不在场”的、素昧平生并可能永远不会有直接接触的人们即时形成民意。大量的轰动案件、公共事件表明了民意形式和特点的这种变化。

网络所具有的“脱域”性，使我们的政治和法律生活有可能全面或部分暴露在世人面前，而网络民意的即时性、超地域性使分散在各个角落的人们对某一政治或法律事件能够产生出巨大的舆论压力。虚拟世界成了现实存在着的民意表达世界。

在这当中，我们不能忽视商业化、企业化、组织化的传媒扮演了重要的角色。虽然自媒体的发达使新闻信息源和意见表达同时多样化了，但是，传媒业对大型互联网平台的运用能力以及拥有职业

① ［英］安东尼·吉登斯：《现代性的后果》，田禾译，译林出版社2000年版，第18页。

化的运作队伍等，使这些组织化的传媒对于信息的掌握、发布和议程设置能力完全不是个人化的自媒体可以比拟的。几乎在每一个具体的个案中，我们都可以观察到，所谓民意和舆论无不是在有组织的传媒的“爆料”中形成的。

最后，传媒提供的是剪裁过的世界

当民众与各种不同形式、性质的媒介发生联系时，民意就会发酵。微博、QQ、微信、各色论坛使人们的各种行动得以摆脱时空对交往的限制，世界也因此加速。就是在这样的背景下，人们在参与着各种案件的讨论。网络时代的到来，在传媒的作用下，使无法通过正常渠道广泛参与、监督法律的民众能够通过网络把对法律的担忧、怀疑以一种极为强大的方式表达出来。可以说，在媒体无所不在的世界，法律实践不再完全是秘密，而人们首先发现法律不像想象的那样可靠，法律总是出错——不出错的案件、抓不住眼球的案件进入不了媒体的视野。媒体的发达在一定程度上加重了法律系统信任的危机。

然而，我们必须注意到，对于非当事人来讲，媒体所提供出来的世界、事件和当事人所面对的其实并不相同。简单地说，媒体喜好轰动的情节却厌恶复杂的事实。它像剪刀，裁剪着当事人所共同面对的世界，把它简化为后来读者、听众所看到和听到的样子。因此，媒体必定会有偏颇，在不同的事件中无非是偏颇程度不同。应当说，媒体裁剪事实是必然的。任何对事实的描述都必定经过裁剪。但是，裁剪的后果是不同的。有的裁剪、简化无关痛痒，而有的则导致了对事实的极大扭曲，甚至完全相反。例如，在柏峰写作的“宜黄事件”中，媒体严重歪曲了事实。在药家鑫案中媒体也扮演了极不光彩的角色。柏峰的研究充分注意到了传媒的不当行为所造成的对司法、法治的负面影响，从性质和机理上揭示了传媒的“暗面”。

柏峰的研究当然不是对传媒存在价值的否定，更不是对传媒积极一面的否定，而是指出传媒的“暗面”必须得到正视。我们已经有太多的教训：虚假、歪曲、故意隐瞒重要信息的报道导致我们在诸多事件和问题上出现误判，汹涌的民意被引向歧路，这是对社会资源的巨大滥用，是对形成健康的舆论场域的巨大破坏。在个案中的后果则可能是对法律实践的扭曲。在相当长的时间里，如果不是显现的政治错误，即使是“正规”的媒体也不必为自己的错误、故意的歪曲承担任何具有实质意义的后果。近两三年来，对虚假报道的治理究竟能改变什么、改变到何种程度，仍然需要进一步观察。

如何面对传媒的“暗面”，这是一个考验。考验着执政者的能力，考验着法律机构和法律职业者的定力，考验着媒体人的良心和职业伦理，考验着研究者观察世界的方式，考验着公众的智慧。媒体，如果是我们的所爱，那么同样重要的是，不要“毁于我们所热爱的东西”。

2017 年 11 月 20 日
于云南大学

目　　录

前　　言

本书要旨

改革开放以来,中国的传媒状况发生了巨大的变化,报纸、杂志、电视、广播等传统媒体在经历了市场化改革之后,从政府的严格管制中解放出来,获得了巨大的发展空间,而新型媒体网络更是蓬勃发展。伴随移动互联网终端技术的发展,微博、微信等互联网媒体技术和形式运用日趋广泛。传媒的发展给社会发展和法治建设带来了巨大的冲击和机遇。通过传媒监督寻求法律救济、推动社会问题的解决、推进公共政策的改进、寻求法律制度的变革表现得越来越突出。尤其是网络传媒时代的到来,改变了意见表达的时间、地域和文化水平限制,使任何人都可以通过 BBS、QQ、博客、微博、微信等技术手段,不受时间和空间的限制参与社会生活,表达各种意见。借助移动互联网媒介,人们的互动关系超越了阶层和时空的限制。最近几年,法治进程中的热点事件,几乎都受到传媒监督的影响,彰显了传媒监督在法治建设中的巨大力量。

在此背景下,目前学界和社会舆论主流观点对传媒监督多持乐观态度和理想化的认识,对传媒监督对于法治建设的消极影响没有予以充分的重视,尚缺乏对传媒监督中相关问题的揭示和批判。从实践来看,网络时代的传媒监督对于法治建设而言,其实是一把“双刃剑”,有时候传媒监督可以推进法治,有时却可能危害法治。传媒及其从业人员具有商业性,还可能带有政治性。如果传媒监督缺乏制约就会造成负面影响,成为私人和商业机构谋取私利的空间和手段,成为特定政治诉求和政治利益的牺牲品,引发对党、国家和法律的怀疑、藐视和抗拒,消减传媒的公共性。因此,需要从实践中勾勒当前中国传媒监督的轮廓,把握其运作状况,认知它在法治社会中的真实角色,辨识其中存在的问题与瑕疵,避免产生法治偏差。

本书以传媒监督的法治为主题展开研究,厘清相关社会因素和制度条件对传媒监督的影响,深入揭示传媒监督中存在的问题,分析其中的原因,总结传媒监督的一般规律及其对法治的挑战,对传媒监督的法治进行描述和批判。全书分为上下两编及附录:上编(第一章至第四章)是对传媒监督个案的分析;下编(第五章至第六章)是对传媒监督法治的一般性讨论;附录一章虽不直接涉及传媒监督,却是作者关注法治案件舆论和评论的起点,故附录于此。本书以引起社会广泛关注和讨论的热点案件为主要研究对象,遵循从实践出发、经验本位的基本研究立场,力图在对传媒监督案件进行经验研究的基础上,把握传媒监督的运作逻辑和效果,探究传媒监督的内在规律,在此基础上展开更为多面性、包容性的讨论,反思当前我国传媒监督存在的问题,提出引导和规制传媒监督的法治化建议,以期将传媒监督纳入法治轨道。

全书内容介绍

第一章讨论“宜黄事件”。“宜黄事件”是一起因传媒监督而具有法律意义的典型事件。对事件的调研及对新闻内容的梳理表明,传媒监督的信息真实性存在瑕疵,它有违新闻报道的基本要求。对传媒监督立场的检视表明,新闻报道未能做到完全客观公正,未能兼顾冲突双方的话语权,传媒未能完全做到角色中立。传媒监督陷入了法治偏差。这与传媒介入的特性有关,更与传媒追求商业利益有关。市民社会和公共领域中的政治力量,也可能影响了传媒监督的立场。承担公共表达职能的传媒,是现代法治国家共同价值的维系纽带，因此需要平衡商业利益和政治力量的冲突，塑造传媒监督的健康形象。这可以通过职业伦理的约束和法律规范来实现。

第二章讨论药家鑫案。药家鑫案之所以激起了巨大的民愤，起初是因为药家鑫杀人的情节极为恶劣，且社会公众看不到司法过程的审慎和公正。后来，传媒对案件的讨论进一步刺激了民众，传媒有粉饰药家鑫“是个好孩子”的倾向；而公共知识分子未能顾及社会公众情绪，将传媒讨论引向了“从药家鑫开始废除死刑”的风口浪尖。这些最终导致了公共知识分子与社会民众的群体极化，两者之间的鸿沟未能经由讨论而弥合，传媒未能担当起社会黏合剂的委任。在这种背景下，司法审判的过程和结果可能会受到一些影响，因为面对激化的民愤，司法不能不有所回应。这样，罪已至死的药家鑫通过诸种“本土资源”而免死的空间几乎不存在。法治热点案件讨论中的传媒角色值得反思。

第三章讨论唐慧连环案。唐慧案呈现了中国法治的复杂生态。唐慧从报案开始，就同时开始了闹和访的过程。各级政法机关为息事宁人，一次次牺牲法律和程序来部分满足唐慧的诉求，唐慧一再尝到上访的甜头。民粹主义是唐慧得以取得舆论支持的源泉和动力。在民粹主义话语中，唐慧是柔弱、无助、被欺凌的，甚至连撒谎都是迫不得已的。媒体在迎合民粹心态的同时，也在塑造民粹心态。媒体深描某些事实，却对另外一些事实视而不见，利用选定的素材限制受众的思考。传媒舆论给党政领导、政法机关制造了巨大压力，最终影响了案件结果。随后，《南方周末》的颠覆性报道，为社会设置了新的议题，使整个舆论完全转向，从另一个角度冲击并损害着司法权威。对媒体的一系列行为，目前还缺乏法律规制。

第四章讨论媒体中的城管形象。在当下中国，城管的公共形象相当负面，几乎被等同于暴力执法、扰民、欺压弱势群体、腐败等。然而，从体制形成来看，城管执法克服了多头执法体制的诸多弊端，大体上符合社会发展需要。从纪实作品《城管来了》来看，城管在食品安全、城市交通、市民人身财产安全、社区安宁等多方面均有着积极作用。执法冲突的发生有其结构性原因：执法矛盾向城管集中、政府行政决策风险向城管转移、执法受益者是“沉默的大多数”。

《城管来了》所反映的执法实践与传媒表达大不相同,因为传媒将个别城管的暴力执法特征进行刻板印象化,掩盖了城管执法的积极面向,通过"污名"建构了负面的城管整体形象,并将暴力抗法摊贩的形象圆形化,将问题归结为抽象的体制问题。这无助于解决问题。传媒应当客观全面地报道城管执法的社会情境,帮助不同人群共享经验、凝聚共识、达致理解和弥合矛盾。

第五章讨论传媒的商业性。商业性是传媒与生俱来的特性;传媒通过新闻吸引公众注意力,进而将公众注意力出卖给广告商来谋取利润。在当下中国,传媒商业性渗透于传媒企业的内部管理和绩效考评制度中,记者日渐成为新闻生产链条上的螺丝钉,新闻生产服务于企业利润和记者私利。传媒商业性还迅速扩展到互联网中,技术平台成为传媒企业谋利的工具,广告形态的变化使其拥有巨大利润空间,社会精英和普通民众也可以据此谋利,且缺乏行业和职业伦理的约束。伴随新闻专业主义口号的市场化改革,传媒摆脱了政府的直接管制;但这只是资本和利益的独立,而非传媒行业的真正独立。

第六章讨论传媒的政治性。传媒公共性的理想,立基于自由主义理论,源自社会契约论的预设。但从历史实践来看,资产阶级在成功挑战封建王权、控制国家经济命脉之后,才获得新闻出版自由,传媒才摆脱直接的政治控制。而无论是在西方资本主义国家还是在社会主义实践中,传媒政治性都是无法回避的现实;互联网虽然推动了民主政治的发展,但没有从根本上改变这种现实。当前中国传媒在"党的喉舌"之外,生发出了一种"去政治化"的政治性。传媒及其从业人员、活跃其中的群体和利益集团,通过舆论议程设置,引导人们关注特定公共事件,将政治意图和政治诉求嵌入具体治理性问题中。传媒政治性需要纳入法律规制。

附录一章讨论佘祥林冤案。佘祥林冤案及围绕这一事件的法律话语与法律实践表明,当代中国法律人的话语大致是一种个人权利至上和程序正义至上的自由主义法治理论。这种理论存在诸多缺陷:理论视野过于狭窄,充满对实际法律生活的想象,缺乏对司法制度环境、社会条件的全盘关注和同情理解。媒体对案件的讨论表现出很强的教条主义倾向和泛道德化情绪。而实际上,佘祥林冤案更多是制度环境的产物,也是科学与经济发展水平的产物。

说明与致谢

我的主要研究领域一直是乡村治理和基层法治,研究进路主要依赖调研获取经验素材展开分析,传媒问题本不在视野中。不过,在田野行走的时间一长,对基层社会和基层法治问题有了一些了解和体悟之后,很容易发现传媒上充斥着大量对基层社会不切实际的、似是而非的描述以及想当然的、自以为是的评论,而这些描述和评论常常是法律人和媒体人赖以作出"正义"判断的基础。起初,我以为是法律人和媒体人脱离基层社会实际,甚至有在媒体上辩驳的冲动;不过,很快发现网络和自媒体中其实也有对热点事件的理性分析和表达,只是难以在主流媒体上传播。传媒对基层社会问题的呈现,可能并非仅仅是认识偏差,问题可能更多地出现在传媒自身。媒体、媒体人以及活跃在媒体上的法律人,也许存在某种"共谋"。

2010 年,在《天涯》杂志社召开的一个学术会议上,我与媒体人萧武一见如故,此后经他引荐进入"扯淡群";后来,萧武、海裔等一批关心国家前途命运的年轻学人一起创办了《经略》,我也忝列其中成为经略研究院研究员;再后来,我们中的不少人又成为中信改革发展研究院研究员。在这几个高度重叠的朋友圈中,大家几乎每天都会深度讨论时政和社会问题,其中有不少媒体圈的朋友。我在与他们的交流中受益匪浅,不断丰富有关媒体和社会问题的知识,增进了对传媒运作机制的认识,增强了长久以来对传媒问题判断的自信心。本书中的大部分章节,在写作时曾在 QQ 群或微信群与这些朋友们讨论,得到过他们的意见和建议,衷心感谢他们。

2011 年,在香港大学法学院访学期间,我曾与胡凌博士讨论传媒及网络的诸多问题,此后本书不少章节的写作也陆续得到他的意见和建议。胡凌博士可能是国内最前沿的网络法专家,他对网络和新媒体技术的知识、对国内外网络法学学术进展的把握、对网络运行及其法治机制的深刻思考,都曾让我大受裨益。

书中的不同章节曾先后在《开放时代》《法学家》《中国社会科

学文摘》《法商研究》《中国法律评论》《人文杂志》《法制与社会发展》等杂志发表，感谢这些杂志及诸位编辑师友的认可和辛劳。

本研究受中信改革发展研究基金会资助（项目编号：QA150518），感谢基金会及董事长孔丹同志、副秘书长高梁同志等。

最后我还想特别感谢顾培东教授。记得 2012 年第一篇讨论传媒监督的论文（本书第一章）发表时，当时还素不相识的顾培东教授曾给我打电话表达对此文的嘉许。这对我有着无以言表的鼓励作用，极大地增强了一个年轻学人的为学自信心。

媒体问题非常复杂，虽然我不同意传媒中的主流意见，但应该说那些意见也有其社会基础。不过，从学术研究的角度，揭示与众不同的现象和机理，方显英雄本色。我对传媒监督机理的探索和呈现，可能只是一孔之见，不敢说自己发现了真理，如果能对读者有些许启发，我就应该知足了。我们所处的时代如此纷扰迷惑，像我这样跌跌撞撞进入传媒研究的学者，实在没有太多底气过于自信。

上　　编

第一章　监督偏差:“宜黄事件”

最近十年来,中国的传媒状况发生了巨大的变化,报纸、杂志等传统媒体从政府的严格管制中解放出来,获得了巨大的发展空间,而新型媒体网络、微博等更是蓬勃发展。传媒的发展给社会发展和法治建设带来了巨大的冲击和机遇。通过传媒监督寻求法律救济、推动社会问题的解决、推进社会制度的革新,在过去十年表现得非常突出。尤其是网络传媒时代的到来,改变了意见表达的时间和地域限制,使人们可以通过 BBS、QQ、博客、微博等技术手段,不受时间和空间的限制参与社会生活,表达政治意见。借助网络媒介,人们的互动关系超越了时空的限制。正如吉登斯所言:“社会关系从彼此互动的地域性关联中,从通过对不确定的时间的无限穿越而被重构的关联中‘脱离出来’。”①“孙志刚事件”“黄碟案”“佘祥林案”“王斌余案”“开胸验肺事件”“华南虎事件”“许霆案”“重庆钉子户”“唐福珍自焚事件”“邓玉娇事件”“躲猫猫事件”“‘我爸是李刚’事件”“钓鱼执法事件”等,无不彰显当下传媒监督在法治建设中的巨大

---

① ［英］安东尼·吉登斯:《现代性的后果》,田禾译,译林出版社 2000 年版,第 18 页。

力量。①

尽管如此，网络时代的传媒监督对于法治建设而言，也是一把“双刃剑”，一旦缺乏制约就会造成负面影响，②成为私人和商业机构赚取私利的空间和手段，引发民众对国家和法律的怀疑、藐视和抗拒，消减传媒的公共性。因此，需要从实践中勾勒当前中国传媒监督的轮廓，把握其运行状况，认知它在法治社会中真实角色，辨识其中存在的问题与瑕疵，避免它成为法治偏差。本章借助一个具体的法律事件——“宜黄事件”和围绕这一事件的传媒监督实践，试图梳理当前中国传媒监督场域的运作逻辑及其对法治实践的实际影响。为此，2011 年 7 月，作者对“宜黄事件”的相关知情干部和群众进行了访谈。为了保持客观，本章尽量使用媒体上公开的材料，在必要且没有公开材料时才使用访谈材料。在此基础上，经过梳理发现，当前中国传媒监督的信息真实性基础并不牢靠，其立场中立性也只是“幻觉”，传媒监督很容易成为法治偏差。在这种状况下，塑造健康的传媒监督立场、缓和其与法治建设之间的张力，就十分必要。

一、“宜黄事件”及相关传媒监督

为了再现“宜黄事件”的发展进程，笔者根据相关新闻报道和宜黄县政府的公告对这一事件的进程进行回顾，具体见表 1 - 1：

---

① 参见苏力：《当代中国法理的知识谱系及其缺陷——从“黄碟案”透视》，载《中外法学》2003 年第 3 期；陈柏峰：《社会热点评论中的教条主义与泛道德化——从“佘祥林案”切入》，载《开放时代》2006 年第 2 期；王启梁：《网络时代的民意与法律应有之品性——从“躲猫猫事件”切入》，载《法商研究》2009 年第 4 期；桑本谦：《“钓鱼执法”与“后钓鱼时代”的执法困境》，载《中外法学》2011 年第 1 期。

② 参见陈柏峰：《法治热点案件讨论中的传媒角色》，载《法商研究》2011 年第 4 期。

表 1-1　“宜黄事件”进程

阶段	时间	进程	备注
第一阶段:伏　笔——征地纠纷发生,强拆通告发布	2007 年 11 月	根据宜黄县委、县政府决定,河东新区客运车站建设项目立项。该项目需拆迁安置 21 户,只有钟如奎一家拒签协议,不肯拆迁	
	2007 年 12 月	拆迁人宜黄县投资发展有限责任公司与钟家展开协商	历时 3 年,协议始终未能达成
	2009 年 11 月 3 日	宜黄县房管局基于拆迁人申请(2009. 10. 18)出具了房屋拆迁行政裁决书	
	2009 年 11 月 23 日	县房管局张贴行政强制拆迁通告,要求钟家于 2009 年 12 月 8 日前搬迁。但强拆一直未进行	
第二阶段:冲　突——政府强制拆迁,“钉子户”自焚,媒体介入	2010 年 9 月 5 日	宜黄县政府在多次拆迁动员无果后,切断了钟家的电力供给	
	2010 年 9 月 10 日	宜黄县副县长带队来到钟家,称钟家涉嫌私藏汽油,要进屋检查。双方发生争执,钟家的罗志凤与叶忠诚引火自焚,钟如翠亦被烧伤	
	2010 年 9 月 11 日	数张当事人被烧伤的现场照片出现在网络上,并被众多网站转载,从而引起全国网民的高度关注,平面媒体开始发表评论	媒体介入,官媒未定性事件
	2010 年 9 月 12 日	宜黄县政府发布“关于‘宜黄县一拆迁对象泼汽油不慎烧伤’的事实情况”	政府仓促应对媒体

续表

阶段	时间	进程	备注
第三阶段：高潮——舆论鼎沸，媒体参与事件，上级政府干预	2010年9月16日	钟家姐妹钟如九和钟如翠准备赴京，在机场被宜黄县委书记“堵截”，钟家姐妹俩躲进厕所并用手机向媒体求救。记者用微博“直播”“厕所攻防战”	媒体参与，微博登场
	2010年9月17日	钟如九开通微博，发布钟家最新情况，引起网友高度关注	钟家利用微博
	2010年9月18日	凌晨1时许，自焚者叶忠诚死亡。凌晨2时许，钟如九在微博上发布了叶的死讯，并称遗体“被抢”	
	2010年9月18日	宜黄县8名官员受到处理，其中县委书记和县长被立案调查。新华社、中央电视台对此进行了报道	官方媒体介入
第四阶段：落幕——调查结论出炉，官方媒体定性	2010年9月19日	省市相关调查组进驻宜黄县对事件进行调查	上级介入
	2010年9月20日	抚州市委、市政府传给新华社一份“宜黄县‘9·10’拆迁事件情况”报告，称事件是“拆迁对象不慎烧伤”，否认事件存在违法违规行为	
	2010年9月20日	《人民日报》、新华社、中央电视台同时发表评论，批评宜黄政府漠视人权，与群众对立，有“土霸王”思想	官媒正式定性
第五阶段：尾声——主政官员被免，思考仍在继续	2010年10月10日	县委书记邱建国、县长苏建国被免去职务。同日，新任领导到岗	
	2010年10月12日	宜黄县一位官员化名“慧昌”发表网络文章，称“没有强拆就没有‘新中国’”，称邱建国是“好书记”，引得网友及媒体口诛笔伐	
	2010年10月14日	“宜人”发表网络文章《我是宜黄事件人员，我认为舆论对我们的指责是不公正的》，称强拆并未侵害钟家合法权益，而是为了公共利益	
	2011年1月21日	以江西宜黄拆迁事件为主题的新闻图片《宜黄钟家姐妹》，获选2010年“金镜头”年度最佳照片	

2010 年 9 月 12 日,一则关于“江西宜黄县拆迁起冲突,3 人疑自焚重伤入院”的消息和图片在网上传播。这最先由《潇湘晨报》和红网(http://www.rednet.cn)报道,[①]然后几个门户网站给予了转载,事件进入了公众视野。12 日下午,宜黄县政府在官网发布《“关于宜黄县一拆迁对象泼洒汽油不慎烧伤”的事实情况》。[②] 网络媒体对官方的解释持质疑的态度,网民的言论也多是同情当事人,质疑政府。

9 月 16 日,《凤凰周刊》记者邓飞在微博中“直播”了“女厕攻防战”,3 小时内发布了 20 多条消息,讲述钟家姐妹上访无助,“在机场遭宜黄县官员围攻”。邓飞的微博当天就成了网民关注的焦点。这次微博“直播”是事件的转折点,舆论开始沸腾,宜黄官员完全处于被动状态。9 月 18 日,宜黄官员在南昌“抓捕”钟家人,钟如九用手机发起第二场微博“直播”,内容包括“抢尸”“被软禁”“手机被没收”等,舆论再次沸腾。

9 月 18 日,新华社报道了宜黄 8 名官员受到处理,县委书记、县长被立案调查。此时传统媒体、官方媒体全面介入事件。9 月 19 日,媒体对事件的过程做了总体的梳理和反思,《人民日报》、新华社、中央电视台同时发表评论批评宜黄政府。9 月 20 日,抚州市委、市政府传给新华社一份“宜黄县‘9·10’拆迁事件情况”报告,否认事件存在违法违规行为。

10 月 10 日,宜黄县委书记、县长被免去职务。强拆事件告一段落,但舆论却未平息。10 月 12 日,宜黄县一位名为“慧昌”的官员发表网络文章称“没有强拆就没有‘新中国’”,称邱建国是“好书记”,引得网友及媒体口诛笔伐,将沉寂的舆论再次推向高潮。

从事件进展来看,传媒对政府的监督,对事件的进一步发展起到了关键性的作用。传媒监督的发展脉络是:传统媒体报道→网络转载→宜黄官方回应→网络讨论→传统媒体报道→微博“直播”引

---

① 参见周至美:《江西宜黄县拆迁起冲突 3 人疑自焚重伤入院》,载《潇湘晨报》2010 年 9 月 12 日。

② 该文两天后被宜黄县官网删除。

发网络热议→传统媒体跟进→网络讨论达到舆论高峰→事件解决→传统媒体和网络继续讨论。这个过程中，传媒监督有三大特点：一是如同其他热点事情中一样，网络改变了意见表达的时间和地域限制，从而可以迅速聚集意见，形成民意，并最终强化传媒监督的力量；[①]二是微博的"直播"推动了事件的升级和发展，使舆论升温、白热化，最终强化了传媒监督的力量；三是传统媒体与网络媒体互相设置议程，互相配合跟进，网络媒体使消息传播更加快捷，传统媒体则增强了信息的公信力，最终强化了传媒监督的力量。

二、传媒监督的信息真实性检讨

新技术工具所带来的对时空限制的突破，大大加强了传媒监督的力量，这是网络时代民主的幸事。但是，它也对传媒监督提出了更大的挑战。新闻传播的基本要求是真实、客观、全面、公正、快捷，网络时代对突发性重大事件的报道，难度就更大。网络时代的信息加速，传媒监督突破了时空限制，人们对传媒信息的时间和空间要求更高。事件一发生，媒体就需要迅速介入，不断报道且推动事件的进展。如果事件演变为受人关注的公共事件，报道就需要有后继消息和评论传出。而在更短的时间和不受限制的空间中，获取真实、客观、全面的信息，难度就更大，职业要求也更高。在"宜黄事件"中，传媒监督的信息真实性如何呢？不妨仔细来看看：

1. 政府到底有多少工作人员在拆迁现场？《南方都市报》记者引用当事人钟如翠的说法，讲政府"带着100多人的队伍"，并记载一名路过的乡镇医生，"除了看到近百人的拆迁队伍，还细心地发现在加油站旁有一辆消防车、一台黄色的挖掘机"。[②] 网易在转发时还特意加注了下列文字："9月10日，31岁的女儿钟如琴、59岁的母亲罗志凤、79岁高龄的大伯叶忠诚为保卫自己的家园不被强拆，与当地公安、城管及政府工作人员组成的近百名拆迁队伍抗争，他

① 参见王启梁：《网络时代的民意与法律应有之品性——从"躲猫猫事件"切入》，载《法商研究》2009年第4期。

② 张国栋：《燃烧的真相：江西宜黄拆迁"自焚"惨剧再调查》，载《南方都市报》2010年9月15日。

们燃烧的身体,再度刺痛我们。”①事实真是这样的吗?根据《潇湘晨报》报道,“钟如翠说,9 月 10 日上午 9 点多,警察、城管大概 40 多人来到他们家,说有人举报钟家有汽油,要进屋检查汽油”。② 从目前网络上可见的照片来看,现场最多也就 30 人左右,其中钟家就有 13 人,事发时还有亲戚也来助阵。到底是钟家在撒谎还是媒体在撒谎?《南方都市报》记者是否有编造现场工作人员数量的嫌疑?是否有制造政府“围攻”钟家的假象,博取公众同情,从而误导舆论的嫌疑?

2. 政府工作人员到底有没有救人?对此,《南方都市报》等媒体起先并没有提及。不少网络媒体却报道说“副县长和警察叉腰阻救人”,称“在场的官员警察等人无一施救,甚至家属想去救人还被阻止,事后还威胁家属不许上访以及向媒体透露此事”。③ 宜黄官方宣称,“钟如琴在扔下一件点燃了的泼洒了汽油的衣服时,被火星溅到身上引起燃烧,立即从二楼跳到一楼的空地上。在这危急情况下,现场工作人员迅速冲上前,用草皮和泥土把她身上的火扑灭。随后,工作人员迅速将伤者送往医院救治”。④ 此后,《南方都市报》的一篇报道纠正说,“此前她(钟如翠)对记者说,无政府人员参与救人。昨天在与记者认真看了照片之后,她承认,政府确有工作人员参与了救人”。⑤ 即便如此,后来的网络媒体转载,仍然都说政府工作人员没有参与救人,而纠正的报道却石沉大海。无疑,钟家起先有所撒谎,后来虽有媒体予以纠正,大部分媒体仍然选择性地接受事实。媒体为何故意忽略甚至歪曲某些事实?是否有嫌疑制造

---

① 张国栋:《燃烧的真相》,载 http://focus. news. 163. com/10/0915/09/6GK3BMP800011SM9. html,最后访问日期:2010 年 9 月 15 日。

② 周至美:《江西宜黄县拆迁起冲突 3 人疑自焚重伤入院》,载《潇湘晨报》2010 年 9 月 12 日。

③ 《江西宜黄拆迁引三人自焚 官员警察无一施救》,载 http://news. ifeng. com/society/1/detail_2010_09/12/2492395_0. shtml,最后访问日期:2010 年 9 月 15 日。

④ 《关于宜黄县一拆迁对象泼洒汽油不慎烧伤的事实情况》,载 http://china. rednet. cn/c/2010/09/12/2064461. htm,最后访问日期:2010 年 9 月 15 日。

⑤ 谭人玮:《江西宜黄官方:并非强拆 三人非自焚是不慎烧伤》,载《南方都市报》2010 年 9 月 13 日;《江西 3 人疑因拆迁冲突自焚》,载《新闻晨报》2010 年 9 月 13 日。

工作人员不但不救人反而阻止钟家救人的假象，以获得公众对政府的恶感，从而误导舆论？

3. 政府工作人员到底有没有说狠话？《南方都市报》的记者这样描述："在事发后 3 日，媒体记者拿到烧伤者钟如琴的手机，中间还夹杂着拆迁执行人员的喊话：'你们今天不拆，明天怎么死的都不知道'。"①这是宜黄事件中被炒得沸沸扬扬的话，极大程度地加剧了公众对政府的愤怒和对钟家人的同情。在调查中，有人说，这句话的原话是"今天不拆，明天你死得了么"，在宜黄话里"死得了么"就是"躲得了吗"的意思，它从"人死了就不用躲了"引申而来，"死不了"就意味着"躲不了"。其实，当时政府工作人员喊话的原意是"你们今天不拆，明天就躲得了吗"，记者却将之翻译为"你们今天不拆，明天怎么死的都不知道"，两者意思完全不同。虽然记者可能是出于误解，但作为有重要影响力的媒体，《南方都市报》出现这种关键性的错误还是很不应该，它给宜黄政府及相关人员造成了不小的伤害。当然，也不能排除记者故意歪曲政府工作人员的话以达到误导公众的目的。

4. 现场照片从哪里来？各种媒体刊用了十多张现场照片，却没有一家媒体说明其具体来源。这不符合新闻报道的基本原则。《南方都市报》记者曾交代："南都记者获得了事件现场目击者拍摄的一组照片，113 张照片详细记录了事件的全过程。相机的日期、时间设定有误，记者只能从照片记录瞬间的时间间隔来还原现场。"②《中国经济周刊》报道说："年纪最小的女干部对记者说，她从网上流传的现场照片的拍摄角度、拍摄的专业水准推断只有事先爬上对面的建筑工地，并架好三脚架，才能拍到如此清晰的自焚及跳楼照片。""这一观点得到另外两位同事的赞同。为了向记者证明钟家的'蓄意'，3 位干部强烈要求记者爬到对面的建筑工地顶上去'体验

---

① 张国栋：《燃烧的真相：江西宜黄拆迁"自焚"惨剧再调查》，载《南方都市报》2010 年 9 月 15 日。

② 谭人玮：《江西宜黄官方：并非强拆　三人非自焚是不慎烧伤》，载《南方都市报》2010 年 9 月 13 日。

一下角度’。”[①]记者写到这里,就回避了这些照片的来源,转到其他话题上去了。

现场照片的来源,直接牵涉事件的性质。正像“年纪最小的女干部”所说,“以我的(摄影)专业常识,我可以肯定地说,这是他们(钟家)蓄意而为,早已准备好了汽油,准备好了拍照的”。[②] 钟家对面没高楼,只有建筑工地,113 张清晰整齐的照片是谁拍的?在我们调查的过程中,有不少人说:钟家联系了记者,准备了汽油,就等着政府来就开始演戏!而且,钟家背后聚集了一股反对政府的力量,包括之前被强制拆迁的邹国宏。

5. 钟家人直接往身上倒汽油了吗?《南方都市报》《新世纪周刊》等报记者引用几位证人的话说,罗志凤和叶忠诚“有拿着汽油壶从头上倒下来的动作”。[③] 其后《三联生活周刊》的报道却只是说:“下面看热闹的人说,两位老人本来想在房檐上点火,没想到汽油威力大,很快烧到自己。”[④]一篇发在博客上的记者稿件提及,收治伤者的南昌医院的罗医生说,叶忠诚“意识清醒,烧伤面积比较大,虽然烧得不深,不过因为是老人家,现在仍然是最危险的一个”。[⑤] 从新闻报道来看,三个人中燃烧时间最长的是叶忠诚,如果真是汽油从头往下淋,会烧得不深?从前述网络照片来看,钟家并没有人直接往身上淋汽油。

6. 照片中是着火的钟如琴吗?事发后的第二天,网络刊发了拆迁自焚现场的数幅照片及事件大致报道。其中有一幅照片,被很多媒体说成钟如琴着火后跳下的情景,事后确认并非如此。“之前报

---

① 崔晓林:《“燃烧”的宜黄:“9·10”拆迁自焚事件调查》,载《中国经济周刊》2010年9月30日。

② 崔晓林:《“燃烧”的宜黄:“9·10”拆迁自焚事件调查》,载《中国经济周刊》2010年9月30日。

③ 张国栋:《燃烧的真相:江西宜黄拆迁“自焚”惨剧再调查》,载《南方都市报》2010年9月15日;刘长、刘虹桥:《自焚全记录》,载《新世纪周刊》2010年9月20日。

④ 王恺、吴丽玮:《拆迁户欲进京寻求法律援助被堵机场》,载《三联生活周刊》2010年10月1日。

⑤ 王婧:《江西宜黄“拆迁自焚”调查(未发稿)》,载 http://blog.qq.com/qzone/61741072/1284476149.htm,最后访问日期:2010年10月2日。

道最惊心的一幅照片是一团火球从二楼掉到一楼的瞬间，那团火被认为是着了火的钟如琴，但南都记者昨天经过认真判读系列照片，结合官方情况说明发现，那团火不是钟如琴，而是着了火的棉被。”[①]没有确凿根据，将揣测当作事实进行报道，事后被证伪，这是对传媒公信力和记者职业素养的一大损害。通过深入采访事件现场者，这种报道失误完全可以避免。

7. 钟家人在事件中做了什么？从媒体的报道来看，读者很容易联想到钟家被逼以自焚来捍卫私有财产。但是，钟家并不一定是所谓“被逼自焚”。调研中，有宜黄群众说，钟家想比照旁边的加油站，置换商业用地，但是政府不答应，居住用地怎么可能置换成商业用地呢？于是，钟家就要抗争。从网络照片来看，钟家的小女儿钟如九，在家人泼汽油纵火自焚时，都在淡定、理智地摄像。这似乎不太符合常理，当最亲的家人想要自焚的时候，怎能理智地袖手旁观、无动于衷地摄像，以为将来索赔“收集证据”？在笔者调研中，有群众猜测说，钟家早已做好准备，等政府前来拆迁时就让老年人和妇女以纵火、威胁自焚相抵制，并做了拍好照片诉诸传媒的准备。他们的行为所试图达到的目标，大约是既不会真正伤害自己，又可以恐吓政府，还能博得公众的同情，从而达到补偿要求。事件最终却是始料未及的悲剧。

在记者谭人玮报道文章所附的照片中，可以清晰地看见，钟如琴所谓的“自焚”其实是她先扔点燃的被子攻击他人，然后向着火的衣物泼汽油的场景。[②] 谭人玮也明确讲到了这一点。从这几张照片的顺序来看，钟如琴先是在室内用燃烧的被子攻击楼下的政府工作人员，接着又泼汽油到被子上，可能是发现被子已经熄灭，于是又在室内点火试图把楼下的汽油引燃，结果最终引火上身。她并非故意自焚，而是不小心着火。罗志凤则向房屋泼洒了汽油并纵火。此时，紧贴钟家房子停放着一辆运输油品或液化气的槽罐车，邻近还

---

① 谭人玮：《江西宜黄官方：并非强拆　三人非自焚是不慎烧伤》，载《南方都市报》2010年9月13日。

② 参见谭人玮：《江西宜黄官方：并非强拆　三人非自焚是不慎烧伤》，载《南方都市报》2010年9月13日。

有加油站,他们应该知道自己行为的危害性。她们的行为涉嫌纵火罪、危害公共安全罪,罗志凤还可能涉嫌过失致人死亡罪。尽管钟家的遭遇令人同情,但其行为涉嫌犯罪也是有事实依据的。媒体对此却都视而不见,故意回避。

从有限的检讨来看,“宜黄事件”中传媒监督的信息真实性还真存在问题。当然,不可能要求传媒监督的所有细节都完全真实。“在报道任何事件的时候,如果传媒都谨小慎微,‘治学严谨’,对所有细节均要考订准确,那么就是以科学家的标准要求记者或传媒文章的作者,新闻本身的时效性便谈不上了。”①否则,传媒就只好缄口不言,传媒监督的空间将会丧失殆尽。早在 1964 年的《纽约时报》诉沙利文一案中,美国联邦最高法院便判决认为,所有情节均须属实的要求势必会导致自我审查的效果。② 但是,即使以最宽松的标准进行要求,现场有多少人,政府工作人员有没有救人,这样的关键事实都出错,新闻报道照片没有来源,这些似乎都是不能原谅的问题,有违新闻报道的基本要求。这些让人怀疑,到底是记者的职业能力问题,还是其他问题。而且,新闻报道从一个网站转载到另一个网站,报道内容也会出现关键性的差异,这又是怎么回事呢?这些不能不让人质疑一些传媒在监督过程中的角色中立性。

三、传媒监督的角色中立性检讨

在热点事件中,当事人在面对政府时处于弱势的位置,因而寻求传媒支持,使“冲突社会化”,这是很自然的选择,而网络传媒也为民众表达情绪和态度提供了一个理想渠道。媒体关注的是事件的新闻性,偏好讨论事实真相和行为的道德性。这种关注应该有恰当的度,否则,媒体就很容易从自己的视角出发给事件定性,传媒监督就变成了“传媒审判”。正因如此,传媒在监督过程中,保持角色的中立性就很重要。其基本要求是,传媒报道的内容应当大体上平衡,兼顾冲突双方的话语权,站在对立双方立场上做辩证报道,对双

---

① 贺卫方:《传媒与司法三题》,载《法学研究》1998 年第 6 期。

② New York Times v. Sullivan,376 U. S. 254(1964).

方各自有利的事实和理由都应该给予陈述,给双方相同的陈述版面或时段。这样,传媒才能坚持客观公正的立场又不容易遗漏重大信息,为事件双方提供一个交流平台,为民众看待事件提供全面思辨的视角,从而最终起到有效监督作用。然而,遗憾的是,在"宜黄事件"中,我们很少看到客观公正的报道,传媒监督的角色中立性值得怀疑。

(一)传媒监督回避了事件的关键问题

1. 政府的拆迁补偿方案到底是否合理? 根据宜黄县政府的通告,政府对钟家提出了两种安置方案:一是货币补偿,补偿钟家41.5万元,装修及安置补偿费另算;二是房屋产权调换,在与钟家相隔60米的地段进行房屋置换,同时为钟家在凤岗镇农科所批三户宅基地,总面积为360平方米,并将钟家13人全部纳入低保。但钟家没有接受,并提出了三种方案:一是在自家原址自拆自建;二是在规划的商业街中置换四块总计480平方米的商业用地,准许他们自建店面房并办好相关手续,房屋价值及装修费用等按市场价格另行补偿;三是补偿300万元作为安置费。[①] 在媒体报道中,甚至在省市专案组的追责中,关于政府的具体补偿方案是否合理这一问题,始终没有一个明确的说法。

媒体大多屏蔽了政府房屋置换的拆迁补偿方案,炒作政府货币补偿如何不合理。"整栋楼将近400平方米,一共才评估41万多元,算下来每平方米只有1000多元。而周围的商品房已经是2700多元。"[②]"他们所处区域楼盘价格已达2500元每平方米左右,'在恒昌买一套120多平方米的毛坯都要35万元',而官方的评估却是以2008年的价格为标准,显然令他们不能信服。对于所称房屋置换,他们更多是对官方的不信任。"[③]这给了公众一种强烈的暗示,

① 参见《关于宜黄县一拆迁对象泼洒汽油不慎烧伤的事实情况》,载http://china.rednet.cn/c/2010/09/12/2064461.htm,最后访问日期:2010年9月12日。

② 谢海涛、刘长、刘虹桥:《宜黄拆迁自焚悲剧》,载《新世纪周刊》2010年9月20日。

③ 张国栋:《燃烧的真相:江西宜黄拆迁"自焚"惨剧再调查》,载《南方都市报》2010年9月15日。

政府货币补偿方案严重不合理,钟家走投无路而被迫“自焚”。货币补偿标准由省级政府制定,具有一定滞后性,往往不能体现房屋拆迁时真实的市场房价水平。媒体对安置房方案要么闭口不谈,要么以“不信任”“不知道何时可以入住”一笔带过。事实上,入住时间完全可以在协议中约定,政府违约则承担赔偿责任,拆迁后等待安置房也较为普遍,等待期间政府一般会提供周转房和租房补贴。这些媒体都没有提及。而钟家要求比照旁边的加油站,补偿同样面积的商业用地自建房屋,这种要求当然不合法、不合理,但没有一家媒体具体说明,似乎都故意忽略加油站的商业用地性质。一直到现在,很多人都在微博上追问钟如九,钟家的要求到底是什么?笔者也追问过。但钟如九从来没有正面回答。[①]

2. 政府可不可以对钟家实施强制拆迁?从 2007 年开始,拆迁人与钟家展开了历时三年的协商,拆迁补偿协议始终未能达成。2009 年 10 月 18 日,拆迁人向宜黄县房管局申请房屋拆迁裁决,宜黄县房管局于 2009 年 10 月 22 日予以受理,并于当年 11 月 3 日出具了房屋拆迁行政裁决书,11 月 19 日向宜黄县人民政府申请了行政强制拆迁。宜黄县人民政府于 2009 年 11 月 19 日抄告县房管局,同意依法实施强制拆迁。2009 年 11 月 23 日,县房管局将行政强制拆迁通告张贴在拆迁地点,要求钟家在 2009 年 12 月 8 日前将房屋搬迁完毕,但钟家拒绝搬走。应该说,政府如果实施强制拆迁,完全符合程序。政府工作人员在三年内与钟家协商了 50 多次,但钟家多次将汽油泼洒于地,阻挠政府人员进行调解。

按照法律规定,2009 年 12 月 9 日以后,政府就可以实施强制拆迁,但是政府又与钟家谈了 9 个月。难道这就是政府的“蛮横无理”?媒体提及 2010 年 4 月政府断了钟家水电,若政府强硬,2009 年 12 月钟家便被强拆,还需要到次年 4 月来断水电?钟家如对强拆决定不服,可以依法向法院起诉啊!为什么媒体记者都不提这些?强拆决定是否合法,媒体记者完全可以查阅法律或咨询法律人

---

① 钟如九的博客地址:http://t.qq.com/zhongxiaojiu,最后访问日期:2011 年 4 月 24 日。

士;强拆决定是否合理,媒体记者完全可以采访一下与拆迁利益无关的市民。媒体只采访一方当事人,然后写题为"真相"的报道,这是否丧失了中立性立场,有违新闻职业道德?采访一下政府和与拆迁无关的市民就那么难吗?《南方都市报》的一篇报道中倒是出现了四个现场"目击证人",①但据知情人士透露,他们都与事件有利害关系,或与钟家有特殊关系。②

传媒有些评论根据"私有产权神圣"的观念认为,不征得产权人的同意,不能征地拆迁。这种观点缺乏现行法律的支持,也缺乏理论基础。任何产权的保护都不是完全绝对的,国家可以基于公共利益而征收土地,这是全世界的通例。否则便意味着每个产权人都可以为土地资源利用设置障碍,这必然导致土地资源的闲置或使用不足,人为地降低资源利用效率。③ 2005 年,美国联邦最高法院裁决,地方政府为发展经济,"增进就业,增加税收"的项目即可视为"公用事业",可以强征私有土地,强拆私有住宅。多数意见认为,"这项(城市)发展计划在表面上有利于进入开发区的开发商和私营公司,但实际上是有利于整个城市的";"(新伦敦)市政府整合各种居民和相关土地资源,就是因为作为整体发展(的收益)大于部分发展的总和"。④ 被征收土地开发后的利益,不能被该地块的土地所有权人独享,这也是世界各国法律实践的通例。⑤

(二)传媒监督的"版面策略"和"语言技巧"

1. 对版面进行选择性安排。很多传媒在报道中故意删除接近真实情况的报道,采用误导性语言歪曲事实。谭人玮曾写了一篇较

---

① 参见张国栋:《燃烧的真相:江西宜黄拆迁"自焚"惨剧再调查》,载《南方都市报》2010 年 9 月 15 日。

② 参见宜人:《作为宜黄事件人员,我认为某些媒体是在刻意歪曲事实误导受众!》,载 http://www.tianya.cn/publicforum/content/free/1/1999165.shtml,最后访问日期:2010 年 9 月 10 日。

③ See Michael Heller, *The Tragedy of the Anticommons: Property in the Transition from Marx to Markets*, Harvard Law Review, 111(3), 1998, pp. 621 – 688.

④ Kelo v. City of New London, 545 U.S. 469(2005).

⑤ 笔者在《土地开发权的理论基础与实践意义》(未刊稿)中对此有详细梳理。

为接近现实的报道,[1]它纠正了之前的不实报道,但奇怪的是,没有一家门户网站转载这篇报道。在它出来以后,很多媒体仍然转载不实的报道。前已提及,从这篇报道所附的照片可以清楚看出事发当时的真实情况。很多媒体转载失实报道时,还专门选择了不能再现真实现场的模糊远景或黑白照片。是不是只有这样,才方便记者诱导大众顺着他的思维去发挥?在《南方都市报》的报道中,一张引起广泛误解的照片继续被放在首页,仅在下面用很小的文字说明这是被子而不是人体。[2] 媒体记者是否想故意误导受众?

2. 采用歪曲性标题和误导性按语。腾讯网播报“宜黄事件”时,首页用的标题是“江西宜黄县拆迁冲突中3人着火　疑为自焚”,但进入新闻页,标题就变成了“江西抚州强拆钉子户爆发冲突　3人自焚”。[3] 网易的报道则用“江西抚州强拆致3人自焚　现场警察拒绝救援”这样与原文内容不同的标题,并删掉了宜黄官方的解释。[4] 腾讯网在转载《南方都市报》的一篇报道时,标题变成了“燃烧的真相:今天不拆,明天怎么死都不知道”。[5]《中国经营报》的一篇报道中,编者加了这样的按语:“‘拆迁’这个中国城市化进程中无论如何都绕不开的问题,难道就没有一种缓和的解决方式吗?也许有,但强硬的拆迁方不屑寻找,脆弱的被拆迁方无力寻找。”[6]文章报道还没开始,就把政府定性为强硬,把钟家定性为软弱,编辑已经给事件定性了。

3. 采用模糊的文学语言进行粉饰或污名。很多传媒报道都有

---

① 参见谭人玮:《江西宜黄官方:并非强拆　三人非自焚是不慎烧伤》,载《南方都市报》2010年9月13日。

② 参见张国栋:《燃烧的真相:江西宜黄拆迁“自焚”惨剧再调查》,载《南方都市报》2010年9月15日。

③ 周至美:《江西抚州强拆钉子户爆发冲突　3人自焚》,载 http://view.news.qq.com/a/20100913/000001.htm,最后访问日期:2010年9月12日。

④ 参见谭人玮:《江西抚州强拆致3人自焚　现场警察拒绝救援》,载 http://news.163.com/10/0912/03/6GBOR7U500011229.html,最后访问日期:2010年9月12日。

⑤ 张国栋:《燃烧的真相:今天不拆,明天怎么死都不知道》,载 http://news.qq.com/a/20100920/000776.htm,最后访问日期:2010年9月12日。

⑥ 李宾、黄康:《谁之公权　宜黄拆迁自焚真相》,载《中国经营报》2010年9月25日。

粉饰钟家是“勤劳善良”的弱势群体的倾向。《中国经济周刊》的一篇报道花了很长篇幅讲述了“自焚者的前半生”,讲述钟家如何从安徽流浪到宜黄,靠勤劳致富,终于有今日之小康生活。[①] 这无疑有粉饰成分,对钟家连生9个子女的事实视而不见。在计划生育政策非常紧的时代,无数人为超生一个孩子吃尽苦头,而钟家却可以连生9个,不知他们是如何与地方政府互动的。想来他们也不至于那么弱势吧!《南方都市报》的一篇报道用很长篇幅的文学语言来描述拆迁之前钟家的温馨生活:“9月10日,一个宁静的早晨……儿女们欢快地围坐在桌子边吃着。”[②]这段温馨的文学描写,其背后的潜台词是:宜黄县政府多么可恶,竟打破了钟家的温馨生活!

与尽力“粉饰”钟家不同,很多媒体对宜黄县政府则以文学语言进行“污名”。上述《南方都市报》的这篇报道,专门介绍了“拆迁背景”,讲2009年宜黄经济总量小、财政压力大,而在2006年,“宜黄还被《小康》杂志爆出部分公务员被拖欠51个月工资,并称当地存在机关冗员严重、财务管理混乱、公务浪费无度的现象”。因此,在财政压力下,经济发展成了政府要务。[③] 记者把相隔几年的资料放在一起,“轻而易举”地下了一个结论:宜黄发展经济是为了解决政府冗员带来的财政压力,与宜黄百姓没有什么关系。这样,宜黄县政府无论做什么都只有罪恶。在记者的文学表述下,宜黄县政府还“演绎”了一场“抢尸体”的大戏。而笔者从调研得知的事实是,叶忠诚死后,医院按照操作规程应当将遗体送到殡仪馆去,但遭到钟家的阻挠。于是,医院求助于县政府,县政府出面干涉护送。

对宜黄政府最大的“污名”莫过于无视县委书记的积极努力,亲赴机场安抚当事人,劝说其放弃越级上访,就地解决问题,却把钟家

---

① 参见崔晓林:《“燃烧”的宜黄:“9·10”拆迁自焚事件调查》,载《中国经济周刊》2010年9月30日。

② 张国栋:《燃烧的真相:江西宜黄拆迁“自焚”惨剧再调查》,载《南方都市报》2010年9月15日。

③ 参见张国栋:《燃烧的真相:江西宜黄拆迁“自焚”惨剧再调查》,载《南方都市报》2010年9月15日。

姐妹的上洗手间的事情,演绎成“厕所攻坚战”“现实版保持通话”。[①] 记者文学化的表达与实际情况并不相符。据知情人士透露,钟家二姐妹打电话报警,警察很快就赶到了,其后很长时间钟家姐妹都待在机场派出所,期间与宜黄县领导有过长达一个多小时的谈话。后来她们答应在机场派出所副所长的护送下到机场外的办公室休息,正走的时候钟如翠接到了一个电话,她通着电话拉上钟如九突然进了厕所。[②] 其实,根本就不是宜黄官员将她们逼入厕所的。而且,如果真是“截访”,何须县委书记前去,直接派几个民警控制钟家姐妹不就行了吗? 而且,根据《信访条例》的规定,信访必须逐级进行。钟家两姐妹无论是去北京上访还是去找境外媒体,地方政府都有权且有职责“进行劝阻、批评或者教育”,“经劝阻、批评和教育无效的,由公安机关予以警告、训诫或者制止”,否则,政府就是违法不作为。

四、传媒监督的偏差及其原因

事实出现局部偏差有时不可避免,但角色中立性偏差对于传媒来说则是致命的伤害,它伤及传媒的信用度,损害地方政府形象和公信力,最终使传媒监督走进法治偏差中。其突出表现有二:一是事件目前并未得到较好解决,而以后解决起来更为棘手,难度更大;二是传媒监督并没有有效地敦促冲突双方在法治框架下解决问题,反而有损法治。

很多人可能会认为,在“宜黄事件”中传媒监督取得了胜利,因为涉案官员最终受到了严肃处理,宜黄县委书记、县长也被免职。但是,这不是传媒监督的最终目的,传媒监督的最终目的是涉案事件得到妥善解决,这显然没有达到。自焚事件虽然得到了处置,但拆迁和补偿问题却没有有效解决,将来如何解决也似乎困难重重。

---

① 邓飞:《记者手记:微博直播宜黄事件当事人进京受阻》,载《时代周报》2010 年 10 月 14 日。

② 参见宜人:《作为宜黄事件人员,我认为某些媒体是在刻意歪曲事实误导受众!》,载 http://www.tianya.cn/publicforum/content/free/1/1999165.shtml,最后访问日期:2010 年 9 月 10 日。

按照目前的局势,不给钟家更多的补偿,钟家似乎不会罢休;然而,如前文所分析,政府给出的拆迁补偿方案基本合理合法,如果转而给钟家更多的补偿,这就对已经接受补偿方案的其他拆迁户不公平,势必引起他们的反弹。因此,接下来如何对钟家进行拆迁补偿,将是件非常麻烦的事情。从笔者调研来看,目前宜黄政府官员并不想碰拆迁的事情,宜黄的发展和城市化因此受到阻滞。虽然拆迁事件已经过去半年,但全县涉及拆迁的开发项目都已停滞不前。这是一个非常糟糕的结局。

传媒监督没有促使问题在法治框架下得以解决,更没有推动相关制度的发展。本来,传媒应该是一个公共辩论的平台,但由于它们在新闻报道和评论中回避了案件关键行为性质的讨论,所有记者和评论员一边倒地指责宜黄政府,没有人愿意仔细听取更没有人听懂他们的看法和意见。宜黄官员“慧昌”投书网络,[①]本来是一个展开公共辩论的良好契机。“慧昌”的文章虽有不妥之处,但主要还是在解释政府做事的逻辑。传媒和网友如果不同意,完全可以理智地展开辩论。遗憾的是,“慧昌”的文章经过网络转载以后,就只剩下一句话:“没有拆迁就没有‘新中国’。”这样一来,“慧昌”完全变成了批判的靶子,变成了反衬传媒有多么“正义”的对立面。传媒如果有公共辩论的精神,就不该忽略“慧昌”在逆境中展开公共辩论的勇气,就可以读出“没有拆迁就没有‘新中国’”在“慧昌”的文章中只是一句无关大局却多少有些道理的比喻。然而,媒体丧失了公共辩论平台的地位,我们看不到宜黄政府在媒体中的辩护声音,只听到被拆迁户一方的声音,最终传媒监督也不可能促成事件在法治框架下得以解决。

在调研中,宜黄有官员向笔者表示,将来也不可能给钟家更多的补偿,因为过去的补偿方案是合法的;但矛盾如此尖锐,回头可能会在医疗费用方面多给钟家一些补助。如果问题最终真是这样解决的,“宜黄事件”也就没有多少“法治标本”意义。无论是从宜黄

---

① 参见慧昌:《透视江西宜黄强拆自焚事件》,载 http://blog.sina.com.cn/s/blog_6d0488710100lb4k.html,最后访问日期:2010 年 10 月 12 日。

官员多次投书网络来看,还是从笔者调研情况来看,宜黄方面并没有从心理上接受“传媒审判”的结论,当地有很多民众也拒绝接受这种结论,[①]甚至有人宣称,宜黄人应当拿起法律的武器,要回政府给付钟家的医疗费及其他费用。[②] 抚州市委的调查结论也认为,宜黄政府是依法拆迁,事件是“拆迁对象不慎烧伤”,并不存在违法违规行为。在“宜黄事件”中,传媒监督制造了一个双输的局面,政府和钟家都不是赢家,钟家的身体伤害和精神伤害难以弥合,宜黄政府的形象和公信力也受到损伤。

1. 传媒介入与监督偏差。征地拆迁补偿方案可能不公正,给失地农民的补偿过低,农民不接受;但有时无论多高的补偿,也可能有少数人不接受,他们希望得到更多。不接受补偿方案的农民就成了“钉子户”,他们与基层政府会有一番较量。政府一般不会开始就动用强制措施,而是与“钉子户”沟通,劝说其接受;劝说不成,可能会以一定的让步来换取“钉子户”的让步。这样一来,极少数“钉子户”可能意识到,政府并非想象的那么强大,也会妥协,他们的预期因此水涨船高,进而提高要价。当政府发现“钉子户”的要求远远超过了接受范围时,态度就可能突然强硬起来。到这时候,“钉子户”如果不肯妥协,就很容易发展到与政府对抗。为了提高自己的谈判能力,“钉子户”可能通过诉诸传媒对地方政府施加压力。如果没有传媒的介入和支持,农民与政府的力量完全不对称,很难与地方政府较量,更不用说获得政府的妥协。媒体介入之后,会同情、支持失地农民,他就“不是一个人在战斗”。这是件好事,可以敦促地方政府依法办事,慎用强制措施,促使纠纷得以合理合法的解决。

但是,传媒监督也存在偏差,可能会导致危害法治的局面。传媒介入很容易造成强烈的“反弹效应”,即当事人的诉求水涨船高,越是传播规模和影响大的案件,当事人要价就越高,越容易得到党委和政府的重视,就越容易满足其要价与诉求。这种“讨价还价”很

---

① 参见宜黄论坛(http://www.yh0794.cn/forum.php)有大量的相关讨论意见。

② 参见天涯宜黄人:《宜黄人应该拿起法律武器拿回给钟家高消费的费用》,载 http://www.yh0794.cn/forum.php? mod = viewthread&tid = 9477&extra = page% 3D1,最后访问日期:2011 年 4 月 24 日。

容易把正常的利益诉求扩大化；而放大的利益一旦得到满足，就意味着“会哭的孩子有奶吃”，谁更能做“钉子户”，谁就能得到的更多；这样一来，就会有更多的人去找媒体。尤其是，如果媒体缺乏健康的话语环境，片面强调农民反抗征地拆迁的正义性，毫无原则地支持失地农民“维权”，就可能造成“只要强制拆迁都是违法”“新闻披露就等于正义”的歪曲，“钉子户”因此可以将不合理的诉求包装成“维权”。[①] 这样，本来是维护拆迁补偿正义性的强制拆迁，就可能在公众眼中丧失基本的合法性与合理性。地方政府因此越来越不敢强制拆迁，越来越迁就“钉子户”的无理要求，拆迁补偿将丧失标准和正义性，拆迁将更加难以进行，相关纠纷会越来越多。

这种传媒监督所导致的纠纷解决方式，会产生巨大的偏差，偏离法治的轨道，直接影响到法治体系的正常运作，不利于维护法治的统一性与正当性。传媒与法治对事件的定性本来就存在巨大差异。在传媒监督中，创意词汇胜于法言法语，视听冲击胜于说理明辨，知识先占胜于法律灌输，形象塑造胜于规则论证，情感宣泄大于理性分析，叙事策略胜于理性诉求，符号建构大于法律信守。[②] 传媒演绎、修饰、重组出的是“感官正义”，而法治所一贯追求的是法律正义。目前，对于大多数热点事件，传媒都通过讲述当事人或受害人艰辛的生活磨难、忠厚的性格品质、令人愤慨的现场冲突、无法忍受的冤屈和不公等，加之生动的文学语言修饰，强化对悲惨的描述，以此来博得民众的同情。[③] 这样，经过传媒表达的案情，已经离真实的案件和生活有了距离，使民众脱离了对真相与法律的关注，塑造了民众的视角，从而可能利用民众的感情，推动案件问题的解决。但是，这往往是个案的胜利，是政府面对传媒压力的妥协，而不是传媒监督的制度性解决，其对法治的积极意义非常有限。

---

① 在房子上插上国旗、手握宪法或物权法的影像，都可以是包装“维权”的手段，甚至以自焚、自杀相威胁，也可能是一种包装手段（有时是在媒体的鼓励和启发下）。参见萧武：《警惕某些钉子户与媒体垄断正义》，载《绿叶》2011 年第 1 期。

② 参见栗峥：《传媒与司法的偏差——以 2009 年十大影响性诉讼案例为例》，载《政法论坛》2010 年第 5 期。

③ 例如崔英杰案，参见刘燕：《案件事实的人物建构——崔英杰案叙事分析》，载《法制与社会发展》2009 年第 2 期。

2. 传媒利益与监督偏差。从理论上说,传媒监督应该以中立的立场客观地反映冲突双方的诉求,在其中起沟通桥梁作用,探索冲突的化解之道。但是,处于市场经济环境中的传媒,其运作毫无疑问与商业利益联系在一起。目前,中国传媒主要有报刊、电台、电视台、网站等,大体可以分为三类:一是党委和政府直接创办并管理的官方媒体;二是有关行业或部门创办并管理的行业或部门媒体;三是企业创办和经营的商业媒体。传媒体制改革以后,行业、部门媒体大多已商业化,官方媒体也有一些实行商业化运作的子媒体,如人民日报社旗下的《环球时报》。因此,除了极个别传媒外(如《人民日报》),绝大部分传媒的运作都必须以商业利益为依归,直接受制于商业经营目标。“纯客观、完全超脱或中立的传媒仅仅是一种道德虚构”,“就主观状态而言,传媒监督的具体追求与其说是为了法治的完善,莫若说是为了实现传媒自身的利益”。[①] 因此,传媒监督的社会效益追求有可能让位于媒体的商业效益追求。

对商业利润的追求常常诱使传媒放弃自我约束,从而使传媒监督出现偏差。或者说,传媒的商业本性决定了它会出现监督偏差。不可否认,传媒的商业利益在多数情况下与法治的要求相一致,但彼此间发生冲突也颇为常见。在冲突时,媒体就有了干涉法治的机会和能力。传媒可能迎合和利用社会公众的某些心理,把公众的注意力引向其所希望的方向,从而实现传媒自身的利益。传媒的利益与发行量、收视率、收听率、点击率等联系在一起,这迫使传媒需要吸引公众注意力,追求轰动效应。公众注意力是一种稀缺资源,众多媒体都要进行争夺。面对繁多的事件,关注焦点的选择、特殊目标的圈定、特别角度的切入,都影响着传媒利益。只要能“吸引眼球”,就可以获得商业利益,因为“眼球”就是社会影响力,而社会影响力就意味着广告订单和收入。

目前我国处在社会结构转型时期,以收入差距为突出标志的各种利益冲突,使很多人对社会、政府存在一些不满;这些不满平时缺乏发泄渠道,因此涉及“权势者”的负面事件,很容易成为人们的发

---

① 顾培东:《论对司法的传媒监督》,载《法学研究》1999 年第 6 期。

泄渠道。在热点事件中，只要当事人一方的身份有“富”“官”等“权势背景”时，传媒总是有意无意地突出“权势者”的狂傲、骄横，刻意强调另一方的弱势、无助以获取公众同情；只要与“官”“富”有关的新闻，只要涉及“官二代”“富二代”的字眼，都有可能成为网上热炒的对象或者网上流行语。有关政府的负面事件往往能够迅速抓住人们的眼球，引起网民的强烈关注和共鸣。其实，许多网民并不关心事件本身的是非由直，他们也没办法、没必要把真相弄得那么清楚，他们关注事件更多是出于情绪宣泄。这样，传媒的刻意强调和有意无意地突出，就会左右人们对事实的判断，让人们离真相越来越远。而在这个过程中，传媒因吸引了眼球而获得商业利益。

当然，传媒在吸引公众注意力时，不会直接说为了商业利益，而常常将自己包装成弱势群体利益的代言人。但事实上，他们很难做到，相反倒是常常成为强势群体的利益代言人，强势群体可以通过资本和权力来左右传媒。经济力量强大的公司往往是传媒的广告客户，它们可以对传媒监督的导向产生影响。尽管如此，传媒却以维护弱势群体利益自居，对语焉不详的传言进行似是而非的报道，从而调动民众的情绪。当前中国很多享有盛名的媒体，都是通过揭露“黑幕”推动某一个案或事件而一夜爆红的，如“银广夏案”之于《财经》杂志、“孙志刚事件”之于《南方都市报》。“黑幕”与政府关系越密切、牵涉官员的级别越高，似乎越能显示媒体的勇气和魄力。[①] “我爸是李刚”事件已经被查明是传媒的“成功”操作，“我爸是李刚”是肇事司机“李启铭”在害怕、恐慌而非张狂的心态下，边哭边说的；“李刚有五套房产”“李刚岳父是某副省长”也被证明是谣言。[②]

在“宜黄事件”中，传媒介入后完全从道德立场出发反对拆迁，并通过各种方式放大谴责宜黄政府的言论，这客观上将政府完全放在非正义的立场上，等于在鼓励“钉子户”继续和政府对抗，从而使

---

① 参见萧武：《警惕某些钉子户与媒体垄断正义》，载《绿叶》2011 年第 1 期。

② 参见马竞、曹天健：《“我爸是李刚”是怎样炒起来的》，载《河北法制报》2011 年 3 月 28 日。

矛盾进一步激化,在法治框架下解决的可能性也越来越小。最终,宜黄政府和钟家都付出了沉重代价,只有传媒是真正绝对的受益者。在类似的拆迁事件中,全国媒体完全一边倒,就有可能让更多的人在面临拆迁时选择以极端的方式与政府博弈,客观上的效应几乎是教唆拆迁户通过自杀、自焚的方式来“维权”。自从重庆“最牛钉子户”事件以后,各地不断出现“最牛钉子户”,且陆续出现了一些以自杀、自焚、扔燃烧弹等暴力方式反对拆迁的事例。虽然尚无确切证据证明这些拆迁户是受到了传媒的“宣传”影响,但媒体在这些事件过程中也确实起到了一些消极作用,即使同时它也起到了积极作用。

五、法治社会的传媒监督立场

传媒监督并没有像人们通常所想象的那样大力推动了法治发展。恰恰相反,如果冷静分析的话,就会发现传媒常常伤害了法治。传媒日益成为“无冕之王”,成为政府官员和社会公众人物极力防范的力量,成为法律机关谨慎前行的原因。传媒可能因自身利益而借监督之名引导社会舆论,以非正常压力左右行政或司法,从而扰乱法治进程。因此,在现代法治社会中,传媒监督的立场十分重要。传媒可能秉持怎样的立场,应当秉持怎样的立场,这既是一个应当从认识层面解决的问题,也是传媒监督的法治偏差向我们提出的现实问题。

(一)传媒监督立场的预设与现实

对传媒监督立场的通常认识是建立在社会契约论的基础之上的。在社会契约论看来,人民为了更好地保护利益,通过契约让渡部分权利而组建政府,政府代表人民行使主权,通过管理公共事务来维护人民利益。传媒监督被认为是人民增进个体权益、享有国家主权的重要保障,它是立法、司法和行政之外的第四种权力。在西方国家,传媒可以自由地对国家政策、政府要员甚至总统进行批评、指责,传媒自由被视为监督、制约政府的手段。美国第三任总统杰斐逊曾说:“民意是我们政府的基础。所以我们先于一切的目标是维护这一权利。如果由我来决定,我们是要一个没有报纸的政府还是没有政府的报纸，我将毫不犹豫地选择后者。”[①]在社会契约论下，传媒的立场就在于对有可能危害个人的国家权力进行监督，这一角色被形象地称为“看门狗”。[②] 按照这种理解，传媒胜任“看门狗”的前提是媒体完全独立于国家和政府之外，效忠于个人自主表达，其任务在于批判，尤其是批判掌握权力的政府。

中立的监督立场，要求传媒坚守真实、客观、公正的原则；这些原则要求传媒从业人员在采访、写作、编辑、刊播过程中，不受任何外力的控制和左右，始终保持自身的独立性。但是，当代传媒的市场商业利益打破了这种中立性的神话。商业广告大行其道，有偿新闻司空见惯，它们扭曲了传媒监督的立场，使媒体或媒体从业人员以合法或非法的名义收受钱财，利用媒介平台为他人唱赞歌，“看门狗”因此变成了“哈巴狗”。同时，为了争取读者、争取受众、获取影响力及其所带来的商业利益，传媒可能会放弃中立性，迎合受众的心理，甚至是委身于受众的低级趣味。这样，传媒变得不讲是非，没有原则，批判和监督的角色也就难以实现，“看门狗”因此变成了乱咬人的“疯狗”。

通常认为，社会契约论基础上的传媒理论，虽然难以面对传媒私有和市场利益的种种弊端，但它对于摆脱政治控制起到了决定性作用。然而，这只是一个幻觉。也许，这种理论确实使传媒摆脱了政府权力的垄断性控制，但政治力量远未从中消除。传媒监督的中立性仍然受到政治力量的制约，这种制约不是权力的直接控制，而体现在市民社会和公共领域中各种政治力量的斗争之中。在葛兰西看来，市民社会不属于经济基础的层面，而是属于上层建筑的层面，它是统治阶级制定和传播意识形态的领域，也是各种政治力量进行意识形态斗争的领域。[③] 各种政治力量都试图操纵市民社会中的机构和组织，大力传播他们的世界观和思想体系，使广大民众将

---

① ［美］杰斐逊：《杰斐逊集》（下），刘祚昌、邓红风译，生活·读书·新知三联书店1993年版，第1325页。

② 参见［英］詹姆斯·卡伦：《媒体与权力》，史安斌、董关鹏译，清华大学出版社2006年版，第278页。

③ 参见［意］葛兰西：《葛兰西文选》，中共中央马克思恩格斯列宁斯大林著作编译局国际共运史研究所编译，人民出版社1992年版，第574页。

它们当作“常识”而接受,从而“自愿地”赞成和拥护。传媒是所有政治力量的政治工具;政治力量依靠传媒发出声音,争取政治利益,实施意识形态控制和反制。美国就有一位资深老记者表示,华盛顿的新闻界日益没落,他们只知道顺从政府的意志,从“民主的看门狗”沦为了“哈巴狗”。①

在哈贝马斯看来,公共领域是被操控的,它“由大众传媒和大众通讯社所支配,被市场研究机构和舆论研究机构所观察,淹没于公共关系、宣传和政治党派竞争之中”。② 社会权力和媒体权力可以扭曲公共意见的形成过程。“那些根基深厚的、很大程度上国家化的政党,以及大型的、具有社会权力的利益集团,它们利用进行市场研究和舆论研究的‘观察机构’,从事自己的职业性公关活动。”③他们参与公共交往的目的不是就某件争议性事务与其他参与者达成理解,而是从自身利益出发对公共领域施加影响。社会权力可以通过对媒体的控制来影响公共交往过程,而媒体本身也有一定的独立性,拥有传媒权力,可以支配公共领域。因为公共信息就是经由传媒才为公众知悉的,传媒负责对信息的收集与公布,这在一定程度上决定了哪些议题和建议能够进入公共领域。这种在供给和需求方面的选择权就构成了媒体权力。

在“宜黄事件”中,已经证实有境内外政治势力试图介入。钟家小女儿钟如九曾在微博中说:“今天下午去医院看望妈妈和二姐的时候,来了一对抱着一个婴儿的夫妇,说对我家的事很同情,想帮我们维权。并且给我一个红包,红包里装着一个 U 盘,说这是很重要的证据,可以帮我们维权……”“十分钟后境外媒体就来到了医院楼下。后来我在网吧打开那个 U 盘的时候,发现里面全是反党反政府的内容。”④而钟家的律师也曾表示,他婉言拒绝了美国之音、自

① 参见[美]海伦 · 托马斯:《民主的看门狗?》,夏蓓、蒂娜 · 舒译,南方日报出版社 2009 年版,第 109 页。

② [德]哈贝马斯:《在事实与规范之间》,童世骏译,生活 · 读书 · 新知三联书店 2003 年版,第 454 页。

③ [德]哈贝马斯:《在事实与规范之间》,童世骏译,生活 · 读书 · 新知三联书店 2003 年版,第 463 页。

④ 钟如九博客:http://t. qq. com/zhongxiaojiu,最后访问日期:2011 年 4 月 24 日。

由亚洲等媒体的采访要求,并表示:“目前宜黄自焚案,已经取得国内民众和媒体广泛关注,并已有高层批示的情况下,任何将钟家案件拖入可能存在的意识形态之争,将法律问题政治化,对钟家本身而言,是不利的。所以,宜黄案完全可以接受国内媒体采访,但不宜接受境外采访。”①问题是,境内媒体就完全是非政治的、不受政治力量制约吗?目前中国的市民社会和公共领域已经初具规模,各种政治力量也活跃其中,甚至掌握了一些媒体,或者对一些媒体有重要影响力,他们完全可能将自己的政治诉求包装在传媒监督中。②对此,我们不能不有清醒的认识。

总之,虽然经典理论将传媒认知为中立的,对之寄予“看门狗”的厚望,但目前的现实中,受商业利益和政治力量的影响,传媒监督很难做到立场中立,中立常常只是大众一厢情愿的幻想。

(二)塑造传媒监督的健康立场

虽然传媒立场中立很难达到,但传媒在法治社会中的重要性却不容忽视。现代国家是具有共同地域文化的人们在参与实践中历史地形成的。安德森极富洞察力地指出,民族是一种“想象的共同体”,“即使是最小的民族的成员,也不可能认识他们大多数的同胞,和他们相遇,或者甚至听说过他们,然而,他们相互联结的意象却活在每一位成员的心中”。③ 现代国家本身体现了共同体的价值,它是主权的最高代表。传媒在构建国家的过程中起到了重要作用,在共同体的价值维系中也起着不可忽视的作用。它通过公共表达当然地成为价值维系的纽带。现代法治社会的重要特征在于民主和自由,传媒是保证民主和自由的必需途径,因为公共表达的完善机制只可能由传媒来提供,这就需要塑造传媒监督的健康立场。

传媒自身的政治利益和商业利益可以被容忍。如果它们能够

---

① 王令:《Q 博士,您是否该给我一个交代?》,载 http://blog. qq. com/qzone/75510648/1285731523. htm,最后访问日期:2011 年 4 月 24 日。

② “广州粤语事件”中,就有境外敌对势力收买的国内媒体人活跃其中,力图推动事件的扩大化、政治化。

③ [美]安德森:《想象的共同体:民族主义的起源与散布》,吴叡人译,上海人民出版社 2005 年版,第 6 页。

被控制在一定的范围和程度之内,并经由传媒市场的自由竞争,就不至于严重危害法治和现代社会的共同价值观。不过,其前提是传媒确实能提供公共表达的完善机制。目前,对于公共表达的完善机制,很多学者仅仅关注政府的信息检查,这有失片面。在桑斯坦看来,完善的公共表达机制至少包括两个重要要件:一是信息不应被事先筛选,因为未经计划的、无法解除的信息接触,可以防止社会分裂和极端化发展;二是大部分公民应该拥有一定程度的共同经验,这样,社会问题才可能得到有效处理。① 社会成员如果不能分享彼此的经验,人和人之间就很难理解,异质的社会很难处理社会问题。而共同经验,在现代社会需要由媒体来塑造,它可以提供社会黏性。如果传媒不能提供共同经验,必将带来社会分裂。因此,在传媒的政治利益和商业利益被承认的同时,传媒应当承担社会责任,塑造具有社会黏性的共同经验。

在网络时代,民意汹涌为传媒监督创造了有利条件,但是网络民意也存在诸多不真实和不理性之处。真实民意必须基于正确的事实,而由于网络缺少传统传媒那样的过滤程序,它提供的信息不够权威,虚假信息泛滥,网民常常以错误的信息为讨论基础。只要掌握相关技术,就可以恶意炒作,操控网络民意,使网络上充斥单方面声音,“真实的民意”则隐身于网络技术之下。在政治利益和商业利益驱使下,“网络水军”、网络公关公司等炮制虚假民意的事例屡见不鲜。况且,网络民意的代表性并不全面。中国的网民以 30 岁以下的年轻人为主体,青少年学生所占比例非常高,而占总人口最大比例的工人、农民阶层的网民比例却相当低。青少年学生的社会经验不足,心智发展不成熟,他们表达意见的时候,往往带有情绪性和随意性,其热情很容易被人利用。网络的隐匿性使言论者无须承担责任,因此会无所顾忌,带有游戏心态,意见表达沦为情绪发泄。而且,并不是所有网民都会积极发表意见,网上存在沉默的大多数。由于中和的意见不那么引人注意,不容易被人记住,那些积极发表

① 参见[美]桑斯坦:《网络共和国:网络社会中的民主问题》,黄维明译,上海人民出版社 2003 年版,第 5 页。

意见的网民往往容易极端化，极端观点就很容易在网络上被放大。另外，网络民意很容易受个别“意见领袖”的影响，意见领袖常常能引导、控制整个网民舆论的方向，情绪化的意见领袖也容易将网络民意带入情绪化的深渊。

正是由于网络民意存在诸多不真实和不理性之处，传媒的立场才更加重要。传媒的偏见在网络时代会被成倍放大，造成民意分裂，传媒的政治利益和商业利益则可能毁灭真实的民意和传媒的信用。因此，现代法治社会的传媒才更有责任去塑造民意，凝聚共识。“新闻网上的头条故事就很容易成为公众要务，不仅有助于界定哪些才是核心议题，同时也创造了千万人共同关注的焦点。”[①]在法治事件中，网络媒体与传统媒体会互设议题，互相跟进，这是通过塑造民意来凝聚共识的机会，处置不当也可能制造分裂。传统媒体以怎样的方式讲述新闻故事，网络媒体如何转载及推荐，这些都会塑造出不同的民意，并推动事态向不同的方向发展。遗憾的是，目前中国的传媒未能较好地履行责任，未能坚持合适的立场，扮演恰当的角色。他们有时未能对某些话题或意见提供给受众适当的理解，有时又为自己的偏见所苦，还有时不处理实质问题反而倾向于断章取义、哗众取宠。这些错误在“宜黄事件”的传媒监督中一览无余，最后的结果是传媒未能塑造民意，不能有助于稳固社会共同价值观，最终使社会处于分裂状态。事件至今已过去数月，各方面仍然缺乏共识。

在现代法治国家，“大众传媒应该把自己理解为一个开明公众集体所委托的代理人；这个公众集体的学习愿望和批评能力，是大众传媒同时既当作预设，也提出要求并予以强化的东西；像司法部门一样，它们也应该保持对于政治行动者和社会行动者的独立；它们应该公平地接受公众的关切和议题，并根据这些议题和建议把政治过程置于合法化强制和被强化了的批判之下”。[②] 倘若真能如

---

① ［美］桑斯坦：《网络共和国：网络社会中的民主问题》，黄维明译，上海人民出版社2003年版，第23页。

② ［德］哈贝马斯：《在事实与规范之间》，童世骏译，生活·读书·新知三联书店2003年版，第467页。

此,传媒就中立化了,行政权力和社会权力向传媒权力的转换就能被阻止。政治利益集团和社会利益集团要利用传媒,就必须解决公众所觉察的问题,或对问题做出令人信服的贡献。

传媒监督的中立立场在现实中受到种种制约,因此如何让传媒成为公共表达而不被扭曲,这是一个非常现实的问题。网络时代的来临从某种程度上弥合了个人权利与传媒角色之间的鸿沟,为个人自主表达与公共自主表达的结合提供了技术便利。个人可以通过网络更为主动地表达意愿,参与新闻的报道、评论和传播。这种民意表达需要力图避免在传媒精英的影响下异化,因此需要塑造正确的传媒立场。传媒最好的立场就是只代表自己,在公共事件中不要以介入的姿态去代表当事的任何一方,而是把相关各方的实际情况与诉求尽可能充分地呈现给社会公众,去探讨让各方利益都能够尽可能满足的解决方案并监督其实施。在这个过程中,传媒应当有塑造民意、凝聚共识的意识,这样才能成为现代法治国家公共表达和协商民主的有效平台。

传媒监督立场的塑造,依赖于两种因素的共同作用:一是传媒人对自身的职业伦理约束;二是法律对大众传媒的规范。通过对大众传媒的操纵,政治利益团体和经济利益团体可以制造公共意见,但这并非没有风险。那种依靠贿赂、收买、暗中组织权力所造就的公共舆论,其权力来源一旦昭示于众,它便立刻信誉扫地。“公共意见可以操纵,但不可以公开收买,也不可以公开勒索。这是因为,公共领域是不能随意‘制造’的。”[①]因此,为了塑造法治社会中传媒的健康立场,应当严加规制,对那些违反职业伦理的传媒监督行为进行公开的批评,对那些违法的传媒监督行为进行制裁并昭示于众。

---

① [德]哈贝马斯:《在事实与规范之间》,童世骏译,生活·读书·新知三联书店2003年版,第451页。

第二章　传媒角色:药家鑫案

一、药家鑫案的民愤

2011 年 4 月 22 日,西安市中级人民法院一审宣判,药家鑫犯故意杀人罪,判处死刑,剥夺政治权利终身。[①] 2011 年 5 月 20 日,陕西省高级人民法院二审裁定,驳回药家鑫上诉,维持原判。[②] 应该说,这两份判决既符合法律也符合民意,因为药家鑫的杀人行为性质极其恶劣、罕见。

2010 年 10 月 20 日 22 时 30 分许,药家鑫驾驶陕 A419NO 号红色雪佛兰小轿车从西安外国语大学长安校区由南向北行驶返回西安市区,当行至西北大学西围墙外翰林南路时,将前方在非机动车道上骑电动车同方向行驶的被害人张妙撞倒。药家鑫下车查看,见张妙倒地呻吟,正在记其车牌号。药家鑫怕遭受张妙事后无休止地要钱纠缠,即从背包中拿出一把尖刀,连捅张妙 8 刀,致张妙当场死

---

① 参见解保童:《药家鑫案死者张妙丈夫:赔偿太少　考虑上诉》,载 http://news.sohu.com/20110423/n306321826.shtml,最后访问日期:2011 年 5 月 4 日。

② 参见梁娟:《药家鑫故意杀人案二审宣判　维持死刑判决》,载 http://news.xinhuanet.com/legal/2011-05/20/c_121439541.htm,最后访问日期:2011 年 5 月 20 日。

亡。杀人后,药家鑫驾车逃离。[①] 开车撞人后,怕承担责任,这是人之常情,不过因此而逃逸就无法原谅。而药家鑫仅仅因担心受害人无休止纠缠,就掏刀杀人,连捅 8 刀,直至受害人死亡,其行为极端残忍,性质极度恶劣,人神共愤,天理难容。药家鑫死有余辜,毫不足惜。

药家鑫案激起巨大的民愤,固然与其残忍杀人行为有关,也与法律人在司法处置中的表现有关。从案件发生到一审判决,社会公众对司法充满怀疑,与法律人之间一直关系紧张。

药家鑫案开庭审理时,法院向旁听公民征求量刑意见。现场旁听人员收到的"旁听人员旁听案件反馈意见表"上有两个问题:您认为对药家鑫应处以何种刑罚?您对旁听案件庭审情况的具体做法和建议?参加旁听的 500 人中有 400 人是大学生,其中药家鑫的母校西安音乐学院学生占大多数,而村民和受害人亲属仅有 25 人。[②] 这个没有法律依据、缺乏代表性和广泛性的"民意调查"遭到受害方的坚决反对,并在网络上引起热议,网友觉得法院并不尊重法律,甚至很多网友认定其中存在"黑幕"。显然,法院的"民意调查"是十分草率和不负责任的,它激化了公众与法律人之间的矛盾,破坏了公众对司法的信任。

在药家鑫案一审判决前,网络上出现了一段药家鑫在看守所里唱歌的视频。[③] 这加重了公众对司法机关的不信任。药家鑫被刑事拘留后,一直羁押在看守所里。按《中华人民共和国看守所条例》和《中华人民共和国看守所条例实施办法》(试行)中的管理规程,对未判决的嫌疑犯的管束,要比对判决后在监狱的服刑人员更严格。除了司法机关工作人员和律师以外,其他人不可能也不应该接触到药家鑫。那么他的这段视频是怎么被拍下来的,又是怎么流传出来

---

① 参见冽玮:《药家鑫撞人杀人案开庭　公诉方认可其自首情节》,载 http://www.chinanews.com/fz/2011/03-23/2926262.shtml,最后访问日期:2011 年 5 月 4 日。

② 参见《法院审理药家鑫案向旁听者征量刑意见引争议》,载 http://news.qq.com/a/20110414/000520.htm,最后访问日期:2011 年 5 月 4 日。

③ 参见《药家鑫在看守所唱歌》,载 http://v.youku.com/v_show/id_XMjU3MjM5MDUy.html,最后访问日期:2011 年 5 月 4 日。

的？为什么拍他？又为什么要流传出来？在法院判决前，是否有人想通过传播这段视频制造某种社会情绪？是谁批准或暗中放纵视频流传出来的？社会公众看到视频后，有上述一系列疑问是完全正常的反应，这种反应质疑的是司法机关的权威。

此外，律师在庭审中提出的"激情杀人"的辩护理由也成为民众不信任法律人的原因之一。很多网民认为，"激情杀人"之说是为被告人开脱罪责的借口。"激情杀人"，是指行为人本无杀人故意，但在被害人严重过错行为的刺激下，由于激愤而故意杀人的突发犯罪行为。"激情杀人"时，行为人认识上存在局限，行为控制力减弱，对行为的性质、后果缺乏考虑。"激情杀人"在我国刑法中并无明确规定，它见于外国刑法，多以受害人存在严重过错行为为前提。显然，被害人张妙从被撞到被杀害，没有任何不当行为，药家鑫的行为并不符合"激情杀人"的构成要件。律师从被告人利益出发提出"激情杀人"的辩护意见，在法律上是辩护权的正当行使，虽无严重不妥，却因其不能成立的"荒唐辩护"进一步激怒了公众。遗憾的是，传媒也未能及时作出恰当解释来缓解公众的情绪。

民愤因法律系统的不当运作而高涨，这关涉现代社会中公众对法律系统的信任。按照吉登斯的说法，现代社会的重要特征是"脱域"，即社会关系从彼此互动的地域性关联中，从通过对不确定的时间的无限穿越而被重构的关联中"脱离出来"。[①] 现代社会中，人们无法像在传统社会中一样，在熟悉的基础上生发出亲密感，从而自然地获得信任。[②] 现代社会的信任，需要依靠象征标志（如货币等交流媒介）和专家系统。[③] 对于社会公众来说，对专家系统的信任，既不依赖于完全参与专家所操控的具体进程，也不依赖于精通专家所具备的知识。信任蕴含于抽象体系中，而非特定情境中代表信任的个人身上。

---

① 参见［英］吉登斯：《现代性的后果》，田禾译，译林出版社2000年版，第18页。

② 参见费孝通：《乡土中国　生育制度》，北京大学出版社1998年版，第44页；陈柏峰：《熟人社会：村庄秩序机制的理想型探究》，载《社会》2011年第1期。

③ 参见［英］吉登斯：《现代性的后果》，田禾译，译林出版社2000年版，第19页。

在高度分化的现代社会中，专家系统具有强烈的自我维护性，专家所信守的逻辑与普通人日常生活的逻辑有着本质区别和鸿沟，两者之间的紧张关系只有在专家系统与社会公众的交汇口的互动中才能得到缓解。在交汇口处，信任的操作者是有血有肉的人，信任高度依赖于专家系统的代理人或操作者的品行，如法官庄重的审判态度、医生严肃的执业道德、空姐固有的笑容。[①] 在航空旅行中，空姐训练有素的、沉着稳健的笑容，可以消除乘客的疑虑，无须用任何庞大的数据去证明空中飞行的安全性。同样的道理，在热点案件中，法律人也应该用类似的方法消除公众的疑虑，而不是用烦琐的法律推理和枯燥的法律条文去证明司法过程有多么公正独立。遗憾的是，药家鑫案中的法律人没有做到这一点。没有合法依据且缺乏代表性的"民意调查"，给公众的印象是法院试图用"民意"来操纵法律；看守所里莫名其妙的传出来的视频，让公众对"猫腻"之说深信不疑；而律师"激情杀人"的辩护则激怒了不明就里的公众。在法律系统的入口处，社会公众显然没有看到法律人的审慎和公正。

二、传媒对民愤的刺激

在网络时代，法治热点案件的生成，网络能够起到关键性的作用；但是网络也不是单独起作用，往往还需要传统媒体（报纸、杂志、广播、电视）的跟进。案件成为热点，源于传统媒体和新媒体（网络、视频、手机、博客、微博等）的互设议题、互相跟进。网络等新媒体使消息传播更加快捷，传统媒体则增强了信息的公信力。在法治热点案件的发展过程中，网络改变了意见表达的时间和地域限制，因而可以迅速聚集意见，形成"民意"，从而最终强化民意的力量。[②]

网络民意并不一定就是真实的民意，传媒本身也可以塑造民意。在传媒的表达中，视听冲击胜于说理明辨，形象塑造胜于严谨

---

① 参见［英］吉登斯：《现代性的后果》，田禾译，译林出版社 2000 年版，第 74 页。

② 参见王启梁：《网络时代的民意与法律应有之品性——从"躲猫猫"事件切入》，载《法商研究》2009 年第 4 期。

论证，情感宣泄大于理性分析，叙事策略胜于理性诉求。[①] 在很多热点案件中，传媒都通过讲述当事人或受害人艰辛的生活磨难、忠厚的性格品质、令人愤慨的现场冲突、无法忍受的冤屈和不公等，加之生动的文学语言修饰，强化对悲惨的描述，[②]以此来博得民众的同情，并在此基础上进行有道义感的评论。这种表达可以塑造民众的视角，从而可能利用民众的感情，并最终塑造民意。但是，这种塑造不是无限度的，当民众根据常识和基本伦理观念就能得出判断时，如果传媒试图往相反的方向塑造民意，结果可能适得其反，民众会有强烈反弹。药家鑫案中的传媒讨论就属于这种情况。

在药家鑫案的讨论中，很多传媒花很大的篇幅讲述药家鑫是个"优秀的学生"，性格"柔弱、温顺"，有一双"美丽的弹钢琴的手"，而且"品学兼优""文气"，并且多次"获奖"，受到老师和家长的好评。他之所以杀人纯属偶然，"是个孩子"，"激情杀人"，或者因为根本无法说清的原因而杀人，总之，他是情有可原的。[③] 中央电视台《新闻1+1》栏目的专题"药家鑫：从撞人到杀人"，内容主要是药家鑫满含泪水的自述，特别是哭诉其成长经历、慨叹他的青春人生。整个专题几乎都是对药家鑫的袒护之词，一直在强调药家鑫是一个自小弹钢琴的优秀孩子，强调他那双弹钢琴的手，似乎弹钢琴的孩子不是杀人凶手。一个好学生会随车携带一把刀刃长达33厘米的管制刀具？节目组似乎对此都视而不见。在专题节目中，犯罪心理学家李玫瑾的言论引起了众怒，将民愤推向了高潮。药家鑫的犯罪根源，李玫瑾解释为当代社会背景下的家庭教育的缺陷：缺少父母的心理抚养，没有得到情感和观念交流。在主持人追问药家鑫撞人后杀人的动机时，李玫瑾说："我认为他的动作是在他心里有委屈，在他有痛苦，在他有不甘的时候，却被摁在钢琴跟前弹琴的一个同样

---

① 参见栗峥：《传媒与司法的偏差——以2009年十大影响性诉讼案例为例》，载《政法论坛》2010年第5期。

② 参见刘燕：《案件事实的人物建构——崔英杰案叙事分析》，载《法制与社会发展》2009年第2期。

③ 参见张寒：《从撞人到杀人：药家鑫的蜕变》，载《新京报》2010年12月6日。

的动作。”①

李玫瑾的分析在心理学上到底有没有道理,笔者不敢肯定。但作为经常出入传媒的专家,未能把握传媒讨论的语境,以至于公众“误解”(如果真是公众误解的话),肯定有其自身的过失。更为重要的是,作为一位犯罪心理学家,在公众场合几乎是尽力将杀人者的罪过推给遥远的社会环境,尽力为杀人者辩护而丝毫不为受害者惋惜,这肯定有失公道,丝毫没有顾及受害者家属和社会公众的感受。而几年前,李玫瑾这样评论马加爵:导致他杀人的,不是因贫困而引起的自尊问题,是他做人的失败。应该对此血案负责的,不是社会而是马加爵本人。② 两相对比,很难让人相信,李玫瑾仅仅是从心理学的学术层面来分析这两起恶性杀人案件。显然,所有的犯罪,既有社会原因,也有个体原因。在两起不同的杀人案件中,对出身贫寒的马加爵和对出身中产家庭的药家鑫,李玫瑾怎能如此极端地选择其中一个方面而振振有词地展开分析呢?难怪有网友指责她的“阶级立场”。③

凤凰台《一虎一夕谈》的节目录制则有试图制造和影响社会舆情以达到宽恕药家鑫目的的嫌疑。施害者和被害者双方的律师作为主嘉宾到场参与了讨论,节目组安排施害方两个律师参与讨论,而受害方律师只有一个。讨论中,施害方律师气势极盛,时有打断、制止受害方律师的发言,主持人并不干涉。但当施害方的律师抗议某人发言时,主持人则会立即中断此人的发言。栏目组事先准备的几段资料片,除了有一个画面是介绍案发过程的示意图,竟然没有涉及受害人及其家属的图像,也没有涉及张妙被害的详细过程的资料,却有相当的时间和篇幅来让药家鑫详细讲述自己是如何受家长、社会的“压制”和“扭曲”的。节目做到最后,主持人突然宣布连

---

① 《药家鑫杀人心理分析》,载 http://video. sina. com. cn/v/b/50736491 - 2071395861. html,最后访问日期:2011 年 5 月 4 日。

② 参见蔡平:《不是因为贫穷——马加爵的犯罪心理分析报告》,载 http://www. people. com. cn/GB/jiaoyu/1055/2447332. html,最后访问日期:2011 年 5 月 4 日。

③ 参见石勇:《心理分析:李玫瑾为药家鑫开脱的真相》,载 http://www. fyjs. cn/viewarticle. php? id = 326013,最后访问日期:2011 年 5 月 4 日。

线一位儿子也被杀掉的母亲，这位母亲在痛苦中宽恕了凶手，并向法院祈求轻判凶手。主持人还“欲盖弥彰”地解释，不连线张妙家属是不忍心重新勾起他们的痛苦。① 但主持人怎么就忍心再度勾起那位宽恕了杀人凶手的母亲的内心痛苦呢？一个讨论杀人案件的节目居然不让受害人“出场”，不向人们介绍案件给受害人带来的痛苦和后果，只是在“揭示”凶手内心的痛苦和无奈，宣扬对杀人凶手的宽恕，其倾向性实在太明显了。

媒体的表现激怒了社会公众，大部分人认为媒体在粉饰药家鑫是个好孩子，他们批评媒体“话语权偏置”，只注重施害者一方，而漠视受害者一方，只为恶行辩护，不为苦难张目。在凤凰网的一项调查中，41.5 万网民中的 68.2% 认为媒体在为药家鑫开脱。② 显然，谴责药家鑫的民愤不是自然高涨起来的，而是在网民对传媒讨论的不满中逐渐升级的，是在抗辩那些同情乃至支持药家鑫的舆论中激化的。等到药家鑫的同门师妹李颖在微博上说“我要是他，我也捅……怎么没想着受害人当时不要脸来着，记车牌？”③时，网民已经怒不可遏。著名音乐人高晓松甚至说，药家鑫一案会有人“替天行道”，并称音乐界将不接受西安音乐学院。④ 此时，媒体上仍然不断出现以人性的名义、以宽容的名义为药家鑫“求情”的言论。《华商报》记者甚至受药家鑫父母之托，以欺骗的手段约受害人律师张显见面，在其毫不知情的情况下，⑤发布了药家鑫父母见面道歉的消息。⑥ 据张显在微博中透露，《南方周末》记者甚至约谈游说，“打着所谓人性、取缔死刑的幌子”，“以赔偿的名义引诱”，劝说张家不杀

---

① 参见陆天明：《凤凰台拉偏架，意欲何为？》，载 http://blog.sina.com.cn/s/blog_46d54ecd0100qrw2.html，最后访问日期：2011 年 5 月 4 日。

② 参见凤凰网对药家鑫案的调查，载 http://news.ifeng.com/society/special/yaojiaxin/，最后访问日期：2011 年 5 月 4 日。

③ 尹安学：《药家鑫同学：我要是他，我也捅》，载《羊城晚报》2011 年 4 月 13 日。

④ 孙昊：《高晓松微博封杀西安音乐学院　称药家鑫难逃一死》，载 http://news.sina.com.cn/s/2011-04-18/141022312829.shtml，最后访问日期：2011 年 5 月 4 日。

⑤ 参见张显：《我和药家鑫律师路刚是“哥们加校友”》，载 http://blog.sina.com.cn/s/blog_3e9f92340100r1an.html，最后访问日期：2011 年 5 月 4 日。

⑥ 参见杨小刚：《大学生连刺 8 刀致人亡续　药家鑫母向死者父亲下跪》，载《华商报》2011 年 2 月 26 日。

药家鑫,但遭到张显断然拒绝。[①]

公众对此除了愤怒,就是不解,因为在他们看来,药家鑫的杀人行为已经非常恶劣,媒体为何要充当"辩方律师"?提倡社会宽容,但也不能毫无原则;提倡人性化,为何不对死者张妙及其家属人性化一些?即使遭到被害人家属拒绝,媒体仍然不遗余力地宣传废除死刑,发表支持废除死刑的各种评论,将药家鑫是否应当免死与废除死刑联系在一起。

传媒和公共知识分子大肆宣扬应当让药家鑫免死,认为"废除死刑是历史的趋势",[②]"免药家鑫一死有助于中国废除死刑",[③]"从药家鑫开始,赶上废除死刑的世界潮流"[④]将药家鑫被判死刑视为一个"不宽容"的问题[⑤]等。这种说教式、没有原则的宣扬废除死刑的做法,而且是以西方经验为基础的宣扬,并在社会公众对药家鑫出离愤怒时进行宣扬,丝毫没有考虑受害人家属和社会公众的感受,反映出的是传媒和公共知识分子对公众情绪的漠视,对公众意见的蔑视。这些做法让社会公众知道了,社会"主流"的法律观念与他们的良知和道德有多大的距离。这种将药家鑫案与废除死刑联系起来的论调,实际上是在挑战社会公众的心理承受能力,也是对现行法律的漠视和挑衅,激起的是社会公众的强烈反弹。

传媒讨论中对药家鑫免死的呼吁,其理由和说辞,说白了,就是要用所谓的"普世价值"来压倒社会公众的民愤诉求,这忽略了社会公众要求判处药家鑫死刑的正义性。凭什么"普世价值"就是大写的正义,就要高于社会公众所要求的正义?就要高于当下的法律正

---

① 张显微博地址:http://weibo.com/1050645044,最后访问日期:2011年4月11日。

② 萧瀚:《直面药家鑫案再谈废除死刑》,载http://blog.sina.com.cn/s/blog_4a5a2c16010188eb.html,最后访问日期:2011年5月4日。

③ 凤凰卫视4月15日《新闻节日谈》节目播出李和平的看法,参见李和平:《免药家鑫一死有助中国废除死刑》,载http://news.ifeng.com/society/special/yaojiaxin/content-0/detail_2011_04/16/5784726_0.shtml,最后访问日期:2011年5月4日。

④ 刘煜之:《从药家鑫案始,赶上废除死刑世界潮流》,http://opinion.nfdaily.cn/content/2011-04/13/content_22659506.htm,最后访问日期:2011年5月4日。

⑤ 参见熊培云:《比死刑更可怕的是不宽容》,载http://www.21ccom.net/articles/sxpl/pl/article_2011040733085.html,最后访问日期:2011年5月4日。

义？不同的国家有不同的国情和传统，因此对惩罚正义的社会文化理解会有所不同，很难用一国的情况简单比照另一国的情况。药家鑫的恶性杀人行为，在有些社会文化中也许会被认为可以免死，但这不等于中国民众现在就应当或可以接受药家鑫免死。

三、群体极化效果下的传媒角色

在不同的国家和社会中，公众对类似于药家鑫是否可以免死有不同的立场。在中国社会中，接受了"普世价值"的公共知识分子和坚持本土判断的社会公众的看法也有所不同。自由公共讨论能够推进共识形成，维系社会共同价值观，这在所有的社会中并没有什么不同。公共自由讨论的机制只可能由传媒来提供，传媒通过公共表达而成为社会主流价值观的纽带。在公共讨论过程中，传媒与公共知识分子是相互支撑、相互推动的关系，传媒因为公共知识分子的言论而增强了权威性，公共知识分子的言论则因传媒而增强了影响力。客观理性的自由公共讨论，必将影响人们对公共问题的思考；而公共问题总是关乎司法伦理、社会平等、经济自由、政治体制、民主法治等，它们对增进社会公众的思考能力和讨论理性，对增进公共知识分子的经验感觉和判断能力，都会有很大的帮助。

遗憾的是，药家鑫案的传媒讨论导致的是较为负面的结果，民愤一浪高过一浪。传媒和公共知识分子在药家鑫案上大肆宣扬废除死刑，丝毫没有考虑受害人家属和社会公众的感受，反映出的是他们对公众情绪的漠视，对公众意见的蔑视，公众当然会对此有所反应。而很多公共知识分子在缺乏自我反思的情形下，不断指责社会公众暴戾。有传媒评论将"民愤"理解为"中国社会弥漫着暴戾之气"，将公众贬称为"愤民"。[①]《南都周刊》的专栏文章则说："我们当然可以依法判决一个人死刑，但是可否不要以群众狂欢的方式处死我们的同类？""公元前 99 年，雅典的法庭判决苏格拉底死刑。501 位审判官表决，尽管多数票赞成死刑，但仍有 220 人投了反对

---

① 参见秦林：《从药家鑫案看"愤民"和熊培云们》，载 http://news.ifeng.com/opinion/gundong/detail_2011_04/15/5756233_0.shtml，最后访问日期：2011 年 5 月 4 日。

票。其中信息也是耐人寻味。”[①]将网民表达要求处死药家鑫的正义意见污名为“以群众狂欢的方式”,对一个恶性极大的杀人犯所可能面临的死刑以苏格拉底之死做对比,社会公众对此会做怎样的反弹?

显然,公共知识分子未能理性地面对民愤,弥合他们与社会公众之间的认知偏差;相反,却进一步拉大了两者之间的鸿沟,进一步破坏了两者之间的信任关系,最终使公共知识分子与社会公众朝着群体极化的方向发展。在传媒讨论中,公共知识分子越是呼吁免药家鑫一死,社会公众越是担心正义无法实现,于是要求判处药家鑫死刑的呼声就越高。这样,公共知识分子就越是觉得民众“暴戾”“嗜血”,越是呼吁“人性化”“宽容”“文明”。双方在相反的方向上越走越远,他们都只能听到自己的回声,根本无法达成共识。

从某种程度上讲,公共知识分子是一个狭隘的圈子,志同道合的他们可以轻易且频繁地沟通,但他们很难听到不同的声音。他们通过博客、微博等新技术保持日常联系,互相欣赏发表在报纸杂志上的短文。他们几乎持有相同的自由主义立场,相信废除死刑是“文明”“进步”的世界发展大势,并着力于宣传废除死刑。他们中的很多人是法律人。公共知识分子在死刑问题上本来就因信仰、教育因素而有明显的倾向,在公共讨论中互相影响后,便朝偏向的方向继续移动,最后形成极端的观点。“新科技,包括网络,让人们更容易听到志同道合的言论,却也让自己更孤立,听不到相反的意见。”[②]公共知识分子的精英意识强,很难听得进去民众的意见,更少去思考民众情绪背后所蕴含的生活态度和伦理意识。他们信仰自己所熟知的一套自由主义意识形态,熟知西方国家的“文明”标准。他们试图影响公众,但自身立场却很难改变,“那些坚信自己所知所想的人是不会改变的,他们不会只因听到别人的意见就轻易改弦易辙”,因为他们的自信不只来自看法,还来自他们对所掌握知识

---

① 贺卫方:《要以群众狂欢的方式处死一个人吗?》,载《南都周刊》2011 年第 13 期。

② [美]桑斯坦:《网络共和国:网络社会中的民主问题》,黄维明译,上海人民出版社 2003 年版,第 48 页。

的确信。[①]

尤其是其中的法律人,其法治意识形态认同感和法律专业自豪感很强,精英意识非常明确,本来就有反民主的倾向。“只要一想到身为彼此认同、团结在一起的团体一分子,群体极化的情况就会明显增强。”[②]法律人基于自身的特殊利益,往往会以所学理论为基础,打着“司法独立”的大旗,通过对司法权的“操纵”,将属于人民的法律尽可能变为法律人小群体的专利。[③] 他们虽然来自人民,但“在习惯和爱好上属于贵族”,“想不断设法按照非民主所固有的倾向,以非民主所具有的手段去领导政府”。[④] 当然,也有很多法律人其实赞同网络上要求判处药家鑫死刑的主流意见,但他们在公共讨论中却是沉默的,没有出现在法律系统的入口处。与之前许多死刑案件相比,在药家鑫案的传媒讨论中,法律人的参与并不那么热烈。他们即使偶尔发出微弱的理性声音,也被淹没在公共知识分子和社会公众群体极化的汪洋大海中。

在网络上,中和的意见不容易引人注意,那些积极发表意见的网民就往往容易极端化,极端观点很容易在网络上被放大。网络民意因此存在诸多不真实和不理性之处,传媒的偏见在网络时代会被成倍放大,并造成民意分裂。正因如此,现代法治社会的传媒才更有责任去塑造民意、凝聚共识,若处置不当则可能制造分裂。民意分裂既可能是传媒引导出来的,也可能是社会公众在与传媒的对峙中产生的。在药家鑫案的讨论中,传媒显然未能较好地履行责任,未能坚持合适的立场,未能扮演恰当的角色。在公共讨论中,它们有时未能对某些话题或意见提供给受众适当的理解(例如,未能从职业性质的角度解释律师为何提出“激情杀人”);有时不能给涉案

---

① 参见[美]桑斯坦:《网络共和国:网络社会中的民主问题》,黄维明译,上海人民出版社 2003 年版,第 55 ~ 56 页。

② [美]桑斯坦:《网络共和国:网络社会中的民主问题》,黄维明译,上海人民出版社 2003 年版,第 50 页。

③ 参见陈忠林:《司法民主是司法公正的根本保证》,载《法学杂志》2010 年第 5 期。

④ [法]托克维尔:《论美国的民主》(上册),董果良译,商务印书馆 1988 年版,第 306 页。

双方当事人以平等的时段、发言空间和话语权(例如,多个电视台在讨论案件节目中的时段和话语权分配);有时又为自己的偏见所苦,不愿意去理解公众的情绪,单方面地向社会公众灌输其极化的群体认识(例如,公共知识分子的讨论)。最终的结果是传媒未能塑造民意,不能有助于稳固社会共同价值观,使社会处于分裂状态,公共知识分子与社会公众缺乏共识。

塑造民意、凝聚共识需要不同的人群能够共享经验。经验分享能增进社会黏性,帮助人们解决共同的问题,确保人们对真正的问题和需求有所反应,甚至帮助人们认同自己。经验分享可以促进社会互动,让人们拥有共同话题、任务和关心对象。经验分享提供了一种社会黏性,让不同的人相信他们拥有相同的文化。他们借由创造共同记忆、经验和共同的进取精神,打造一个分享的文化。[①] 公共媒体在经验分享中担当着重要角色。目前,"小报化"的趋势越演越烈,强调丑闻和膻腥成为报纸的主流,深度节目缺乏,煽情节目泛滥。这样的趋势早在网络之前就已开始,但网络加速了这一趋势。新闻报道和公共讨论有时候像连续剧般持续进行,以小说的方式详细讨论"真实生活的事件"。[②]这样,不同的人群就无法从公共传媒中分享不同的经验和知识,社会黏性也会遭到腐蚀。如此,公共讨论不但不会凝聚社会共识,反而会导致群体极化、制造民意分裂。倘若每一次法治热点事件都如此,社会不可能有良性发展,法治事业也不可能进步。

群体极化其实是由于传媒激起的,传媒和公共知识分子丝毫没有自省,反而将责任推给社会公众。腾讯网在"今日话题"中坚持认为,提出"弹钢琴行凶法"的犯罪心理学教授李玫瑾"坚持在用专业说话,是专家",而赢得广泛支持的孔庆东痛斥药家鑫其实"是在泄愤,是'砖家'"。在分析了"挨骂主要不是因为无理"和"受捧主要不是因为有理"后,这辑专题感叹"皆曰可杀、不容置喙"的公众心

---

① 参见[美]桑斯坦:《网络共和国:网络社会中的民主问题》,黄维明译,上海人民出版社2003年版,第69、74页。

② 参见[美]桑斯坦:《网络共和国:网络社会中的民主问题》,黄维明译,上海人民出版社2003年版,第125页。

理是决定因素：如果一个社会充满“无正义的伪理性”，那么必然会逼出很多“反理性的伪正义”。[①] 网易的专题“另一面”则尝试分析，药家鑫案庭审前后“众声喧哗”，在网络上引发轩然大波，与传媒本身无关，“流露出更多的依然是对权大于法的担忧”。“对于公众来说，与其讨论药家鑫是否该死，不如思考是什么样的成长环境酿成了药家鑫式悲剧。”[②]更有法律人莫名其妙地引出官民矛盾：“舆论汹汹时，或按舆论办。没有舆论时，按上意办。上意、舆论都没有时，按内心办。问题是，当上意遇到舆论压力时，上意权衡利弊，从了或不从舆论，都不能解读为某方的胜利，而是上意的利益得失算计而已。这里面，最失败的，仍是立法者制定的法律。”[③]传媒和公共知识分子的这种态度，其实是在进一步损害自身的信誉。

四、药家鑫免死的“本土资源”

公共知识分子在媒体上呼吁免药家鑫一死，其理由是各种“普世价值”，它们在当下的中国法律语境中其实很难成立。[④] 那么，到底是否有药家鑫可以免死的理由？笔者认为，在特定的互动情境中，以下三点“本土资源”也许值得考虑：

第一，自首。自首几乎是本案中药家鑫依法可以减轻罪责的唯一理由。案发后，警方通过现场痕迹鉴定认定，杀人案现场车辆与药家鑫在郭南村口肇事的车辆特征相符，药家鑫有杀害张妙的重大嫌疑。2010 年 10 月 22 日下午，郭杜交警中队和郭杜派出所分别对药家鑫进行了讯问，药家鑫否认杀人之事。10 月 23 日，药家鑫在其父母陪同下到公安机关投案，如实供述了杀人事实。

被告人律师的辩护称，事发后药家鑫被父母带到公安机关投

---

① 参见《李玫瑾挨骂与孔庆东受捧》，载 http://view. news. qq. com/zt2011/lmjkqd/index. htm? pgv_ref = aio，最后访问日期：2011 年 5 月 4 日。

② 《该如何看待药家鑫案?》，载 http://news. 163. com/11/0405/21/70TIQOSG00014JHT. html，最后访问日期：2011 年 5 月 4 日。

③ 司空图：《从药家鑫案谈死刑存废》，载 http://www. dfdaily. com/html/63/2011/4/6/588913. shtml，最后访问日期：2011 年 5 月 4 日。

④ 苏力对此有周到的分析，参见苏力：《刑罚的殃及效果和罪责自负》，载《法学》2011 年第 7 期。

案。从第一天的口供到法庭陈述,都是如实供述,应当认定为自首。而被害人家属则表示,药家鑫投案时,公安机关已掌握了其罪行,所以其行为只能构成坦白。一审法院认定,药家鑫在公安机关未对其采取强制措施的情况下,于作案后第四日在父母的陪同下到公安机关投案,并如实供述了犯罪事实,其行为具备了自首的构成要件,依法属于自首。但同时认为,药家鑫在开车将被害人张妙撞伤后,不但不施救,反而因怕被害人记住其车牌号而杀人灭口,犯罪动机极其卑劣,主观恶性极深;被告人药家鑫持尖刀在被害人前胸、后背等部位连捅数刀,致被害人当场死亡,犯罪手段特别残忍,情节特别恶劣,罪行极其严重;被告人药家鑫仅因一般的交通事故就杀人灭口,丧失人性,人身危险性极大,依法仍应严惩,故不予从轻处罚。[①] 显然,一审法院虽然认定了药家鑫的自首行为,但同时认为,这不足以构成从轻处罚的理由。

第二,独生子女与"存留养亲"。苏力提出,考虑到作为独生子女的药家鑫一旦被执行死刑,对其父母的打击可能是毁灭性的,他们会因此"断子绝孙",丧失继续生活下去的动力;基于中国古代"存留养亲"制度所隐含的"法定刑罚严重殃及无辜,可对罪犯降等惩罚"原则,也许可以"饶药家鑫不死",甚至在现行法律中发展出当代的独生子女"存留养亲"制度。[②] 这条理由似乎有一定的说服力,相关规则也许可以被民众接受。实际上,也有网友提出了这一点。[③] 中国民众能接受类似于"审判时怀孕的女性不适用死刑""75岁以上的老人一般不适用死刑"的规则,也可能接受"独生子女在特定情形下不适用死刑"的规则。当然,这一规则需要有非常严格的适用条件。

"存留养亲"制度是指对于犯死刑、流刑等重刑犯,如果该罪犯家中有需要其奉养的直系血亲,则准许死刑犯在家"侍亲缓刑",准

---

① 陕西省西安市中级人民法院〔2011〕西刑一初字第68号刑事附带民事判决书,载 http://view.news.qq.com/a/20110424/000001.htm,最后访问日期:2011年5月4日。

② 参见苏力:《刑罚的殃及效果和罪责自负》,载《法学》2011年第7期。

③ 参见星逝夜潭:《独生子女免死刑——药家鑫再说》,载 http://www.tianya.cn/publicforum/content/news/1/207558.shtml,最后访问日期:2011年5月4日。

许流刑犯在家“权留养亲”，等到被奉养人去世后，再令罪犯服刑的制度。北魏孝文帝最早确立了这一制度：“诸犯死罪，若祖父母、父母年七十以上，无成人子孙，旁无期亲者，具状上请，流者鞭笞，留养其亲，终者从流，不在原赦之例。”①这一制度一直为后世封建政权承袭。如《唐律·名例》规定：“诸犯死罪非十恶，而祖父母、父母老疾应侍，家无期亲成丁者，上请。诸犯流罪者，权留养亲，不在赦例，课调依旧，若家有进丁及亲终期年者，则从流。计程会赦者，依常例，即至配所应侍，亦听亲终期年，然后居作。”“存留养亲”制度，在罪名方面，包括死罪和流罪两种，死罪必须是“十恶”之外的罪行；在实质条件方面，要求罪犯的祖父母、父母年老或者因身体原因需要有人特别照顾，而罪犯家里又没有其他成年男性后辈。在程序上，需“上请”，即需要请示皇帝决定，这体现了皇恩，也表明“存留养亲”的适用受到严格控制。倘若在当前中国确立类似于古代“存留养亲”的制度，也应当有类似的实质条件和程序限制。

第三，大学生犯罪。大学生中的绝大多数已经不是未成年人，他们的犯罪应当按照成年人对待，不应其是大学生而从轻或减轻。但考虑到大学生处于受教育阶段，在某些方面类似于未成年人，实践中司法机关确实有从轻的倾向。② 甚至有些地方探索对大学生实行“暂缓起诉”制度，其中以南京市浦口区人民检察院的影响最大。③ 一份检察机关的工作人员的报告称：“大学生是一类特殊的人群，他们是天之骄子，是家庭的希望。国家为培养一名大学生耗费了大量的人力、物力、财力，社会成本很高。如果仅因一次情节较轻的犯罪而对其简单地采取强制措施或处以刑罚，则会断送他们的美好前程。这对一个风华正茂且在校学习的大学生来说无疑是很不利的，同时也引发了许多社会问题。”因此，“除主观恶性大、社会

---

① 《隋书》卷二十五《刑法志》。

② 参见高淑英、田秀珠、董振：《接受社区矫正 大学生“吃小灶”》，载《北京青年报》2009 年 7 月 28 日；缪晨霞：《法官妈妈依法从轻处罚 称大学生犯罪重在心理预防》，载 http://news.sina.com.cn/o/2005-07-06/09286363446s.shtml，最后访问日期：2011 年 5 月 4 日。

③ 《南京在校大学生失足可暂缓起诉》，载 http://www.hangzhou.com.cn/20030101/ca225831.htm，最后访问日期：2011 年 5 月 4 日。

危害严重的以外,均在法律范围内予以从宽处理”。“一般而言,大学生犯罪主观恶性比较小,大都能如实供述自己所犯罪行。对于这类大学生犯罪案件,我们本着教育为主、惩罚为辅的原则给予从轻处罚。”①

但是对于恶性刑事犯罪,一般不会因其是大学生而从轻处理。不过这也不绝对,倘若罪犯能够获得受害人或其家属谅解,即使是故意杀人罪,也可能从轻处理。在一个大学生犯罪获从轻处理的案例中,罪犯的母亲“心怀亲情依靠法律,陪儿子自首、聘请律师进行辩护、积极进行民事赔偿,赢得了被害人母亲的同情”。② 药家鑫的辩护律师曾提出药家鑫系初犯、偶犯,建议对其从轻处罚。但一审法院认为,初犯、偶犯作为从轻处罚的情节,只适用于未成年人犯罪和情节较轻的犯罪,对故意杀人这样严重的刑事犯罪,尤其是药家鑫案如此恶劣、残忍的故意杀人犯罪,显然不能因此而从轻处罚。③倘若药家鑫父母也能在这方面积极努力,而且有努力的良好传媒环境,最终获得受害人张妙家属的谅解,药家鑫从轻处罚并非完全没有可能。一旦能得到受害人家属谅解,药家鑫就有了“不死”的很大可能性。

上述三条“本土资源”理由虽有一定的说服力,但仅仅在特定的互动情境中,才有可能起作用。其基本前提是,药家鑫获得张妙亲属某种程度的谅解。在刑事司法实践中,被害人亲属的谅解是犯罪人可能免死的重要原因之一,一些应当处以死刑的犯罪人,甚至由于被害人亲属的原谅及求情而获得轻判。遗憾的是,案发后,药家鑫父母一直没有出现在公众视野中,没有对张妙亲属进行真诚的谢罪,也没有表达对公众的歉意。据被害人张妙的弟弟张显说,“药家鑫犯案到现在已经快半年了,其犯罪行为对被害人家属造成了难以

---

① 罗永鑫:《大学生犯罪的调查与思考》,载 http://www. wuhandh. jcy. gov. cn/newscontent. jsp? id = 20100511234439 0016&flag = 4,最后访问日期:2011 年 5 月 4 日。

② 黑丁、小楠:《两家母亲亲情救赎　大学生杀人获轻判》,载 http://news. 163. com/06/0805/01/2NNMHAHN00011229. html,最后访问日期:2011 年 5 月 4 日。

③ 参见陕西省西安市中级人民法院〔2011〕西刑一初字第 68 号刑事附带民事判决书,载 http://view. news. qq. com/a/20110424/000001. htm,最后访问日期:2011 年 5 月 4 日。

估量的精神损失和难以挽回的物质损失,药家鑫的父母没有表示出任何对被害方诚意的道歉”。[①] 据媒体报道,药家鑫的父亲解释,事发后之所以一直没有登门致歉,是因为他们夫妻手头根本没有足够的钱,“‘道歉’两个字太无力,我们得筹措民事赔偿款,拿不出钱,我们的诚意体现不出来”。[②] 这个理由似乎欠缺说服力。总之,在药家鑫案中,良好的互动情境并没有出现。

五、从个案效果反思传媒角色

药家鑫案成为公共事件,处于舆论的焦点,客观地说,其司法审判过程和结果会受到一些影响。[③] 第一,无论如何强调司法权独立行使,不受舆论左右,司法也不可避免地会且需要在法律范围内回应民意。第二,案件的公共化会影响当事人的判断,影响他们在诉讼中及诉讼之外的行动;尤其是在传媒讨论过程中,公共知识分子与社会公众产生了未能消弭的鸿沟,司法和当事人的行动都受到舆论的高度关注,这样,司法的评价作用和教育作用高度凸显,案件牵涉最低层次的正义能否实现这一问题。此时,司法必须有所回应,充分考虑药家鑫的恶性和残忍,否则法律系统与社会公众之间的紧张关系就无法得到缓解。从纯粹的刑法规范意义上讲,药家鑫故意杀人的恶性实在太大,手段特别残忍,应当被判处死刑。药家鑫在实施杀人行为时,缺乏最基本的怜悯之心,可以说,他几乎没有考虑到被害人张妙还是一个人。

不过,倘若没有任何外界因素介入,司法和当事人都不受影响,药家鑫也不是完全不可能免死。如果药家鑫父母与被害人张妙亲属互动较好,药家鑫及其父母有诚挚的道歉,并积极主动给予补偿,比如一次性赔偿 30 万元,就可能获得一定程度的原谅。加上前述

---

① 张显:《剥去伪人性的外衣》,载 http://blog. sina. com. cn/s/blog_3e9f92340100qwms. html,最后访问日期:2011 年 5 月 4 日。

② 杨小刚:《大学生连刺 8 刀致人亡续 药家鑫母向死者父亲下跪》,载《华商报》2011 年 2 月 26 日。

③ 舆论将个案推演为公共事件,常常会对司法构成压力。参见侯猛:《政法传统中的民主集中制》,载《法商研究》2011 年第 1 期。

几个可能免死的“本土资源”理由,药家鑫被判死刑缓期执行,社会公众应该也是可以接受的。从张妙亲属的立场来说,在接受诚挚的道歉以后,考虑到现状和小孩的将来,接受赔偿和死缓判决,也是一种较为理性的现实选择。药家鑫虽然主观恶性极大,但从法律规范意义上讲,还不是恶性最大的有计划和预谋的杀人,而是偶然突发的杀人。之前的交通事故完全是过失,之后在瞬间演变为刑事案件,这与他缺乏应对紧急情况的经验、心理承受能力差有一定的关系。激怒公众的也正是这一点,他竟然残忍地杀害一个事先因他驾车的过失而受到伤害、与他并无深仇大恨的弱小无辜者。从规范意义上讲,几年前马加爵的杀人行为更为残忍,他有预谋和计划地连续多日杀害多人。不过,由于马加爵家境贫寒、刻苦勤奋、孝敬父母、长期受人欺负、人格遭到凌辱,他的行为就是有前因的报复行为和反抗行为,从道德上讲有一定的正义性,公众因此而同情他,甚至希望司法能够宽宥他。

当药家鑫案被推上舆论的巅峰时,尤其是当案件成为传媒和公共知识分子讨论人性、宽容、文明等“普世价值”的平台时,笔者料定药家鑫再无免死的可能。因为社会公众已经被传媒和公共知识分子激怒,公众愤怒于他们对受害人张妙生命的漠视,愤怒于他们对公众情绪和感情的视而不见,愤怒于他们的高高在上、自以为是。这些愤怒最终指向的目标必然是罪已至死的药家鑫,社会公众因此宣称“药家鑫不死,法律必死”,通过诸种“本土资源”而免药家鑫一死的空间几乎不存。此时,司法不能不对民众的情绪有所回应,否则,司法会步传媒和公共知识分子的后尘,在民众心中的权威丧失殆尽。从药家鑫案来看,传媒讨论在公共知识分子和社会公众之间制造了巨大的鸿沟,未能担当社会黏合剂的角色来聚合社会共识,这逼迫司法必须在公共知识分子和社会公众之间作出选择。司法最终选择站在社会民众一边,这应当且不得不如此,却不是最好的结局。最好的结局当然是传媒讨论塑造了良好民意,弥合了公共知识分子和社会公众之间的鸿沟。

吉登斯指出,人们对抽象体系(专家系统)的信任或不信任的态度,很容易受到在抽象体系入口处的经验的强烈影响。在抽象体系入口处的糟糕经验可能会导致某种听天由命式的玩世不恭态度，或者，只要有可能，就脱离某个抽象体系。[①] 法治热点事件就是法律系统的入口处，是法律系统与社会公众的交汇口。在其中，法律人、公共知识分子和传媒的拙劣表现，甚至难以避免的错误，都会影响社会公众对法律系统和法治的信心及对法律人的信任。当传媒、法律人和公共知识分子指责社会缺乏法治精神，民众没有法律信仰时，也许首先应当反省自身，他们在法律系统的入口处——法治热点事件中，给社会公众提供了怎样的糟糕经验。倘若他们对此始终毫无警醒，一味指责社会公众，中国的法治事业终究会是空中楼阁。

---

① 参见［英］吉登斯：《现代性的后果》，田禾译，译林出版社2000年版，第79页。

第三章　法治生态:唐慧连环案

唐慧案实际上由三个案子组成:一是唐慧的女儿乐乐被强迫卖淫、强奸的刑事案件;二是唐慧被劳动教养行政复议案;三是唐慧被劳动教养国家赔偿案。三个案子中,强迫卖淫、强奸的刑事案件处于核心位置;但在不同的阶段,社会和舆论对三个案子的关注重心有所不同。2014 年 6 月,最高人民法院裁定不核准强迫卖淫、强奸案件的刑事被告人周军辉、秦星死刑,将案件发回湖南省高级人民法院重审;9 月 5 日,湖南省高级人民法院判处周军辉、秦星两人无期徒刑。这再次引起社会和媒体对唐慧案的关注。唐慧案涉及“乐乐被强迫卖淫”“唐慧上访”“唐慧被劳教”等多个互有因果但却彼此相对独立的事态,牵扯 7 个犯罪嫌疑人、唐慧、警方、几级地方法院、地方政府、媒体等多重主要参与者和利益主体。因此,这一个案可能呈现出中国法治的复杂生态。

一、唐慧的策略:上访

最近几年,因强迫卖淫罪而被判死刑的判例几乎没有出现过。从媒体公开的案例来看,仅有重庆“打黑”期间的“美女黑老大”王紫绮被判并执行死刑,但王属于数罪并罚,其有五项罪名,强迫卖淫罪只是其中一项,更严重的罪名是组织、领导黑社会性质组织罪，此外还有组织卖淫罪、非法拘禁罪、行贿罪。而且，王强迫妇女卖淫造成了多名妇女重伤、轻伤的严重后果。唐慧案中的几位刑事被告人的罪行显然难与王紫绮相提并论，而且在媒体公开的其他强迫卖淫罪的判例中，判决有期徒刑的居多。正因为这些原因，笔者在最初看到唐慧案的刑事判决时，就感觉判刑过重，此案背后“必有蹊跷”。如今最高人民法院在死刑复核中调查认定唐慧案中的几名被告人，虽强迫被害人卖淫，但可以证实在强迫卖淫中被害人并未完全丧失人身自由，甚至还经常到附近网吧上网。除有一次因不服从安排而被打脸部外，未发现被害人受到被告人的其他暴力侵害。被告人的暴力胁迫程度、犯罪情节的恶劣程度都难以达到《中华人民共和国刑法》所规定的情节特别严重适用死刑的情形。[①] 新闻媒体对案件其他相关事实的揭示，亦都印证了笔者最初的感觉。

唐慧称她年仅十岁的女儿被逼卖淫并因此染上难以治愈的性病，因此坚持所有的涉案人员都应该被判处死刑。而法院判决刑事被告人中两人死刑，四个人无期徒刑，一个未成年犯罪嫌疑人也被判了有期徒刑 15 年。如此判决已经算很重了，但唐慧并不满意，仍然要求畸重处理所有犯罪嫌疑人。然而，唐慧并没有选择正当的救济途径——向检察机关提出抗诉申请。为了达到自己的目的，唐慧另辟蹊径，选择一直上访。按照现行法律，与 14 岁以下未成年人发生性关系，无论未成年人是否自愿，都构成犯罪。但未成年人是否自愿，可以成为定罪或量刑时的考量因素。按照媒体披露，唐慧的女儿乐乐并非被逼，而是自愿卖淫，甚至对警方的解救行动都有抵触情绪。果真如此，刑事被告人构成强奸罪还是嫖宿幼女罪，也是不无疑问的。尽管彼时嫖宿幼女罪的存废引发了广泛的争议，最高人民法院也有冻结这一罪名的倾向；但无论如何，唐慧的要求大大超出了法律对相关犯罪行为的惩罚程度。之前的刑事判决之所以偏重，唐慧的“闹访”也是重要的原因之一。

---

① 参见罗书臻：《周军辉、秦星为何未被核准死刑——最高法院刑一庭就相关问题答记者问》，载《中国法院报》2014 年 6 月 13 日，第 3 版。

唐慧从报案起,就同时开启了“闹访”的“进程”。据媒体报道,唐慧6年间进京上访30多次,[①]到省城上访百余次。而由于上访“属地管理”原则,富家桥镇政府不得不对唐慧的上访负责,为了“稳控”唐慧,镇里6年里耗资80万元。2007年唐慧第一次进京上访后,因“稳控”不力,党委书记和副书记被诫勉谈话,负直接领导责任的党委委员、党政办主任则被免职。在接受媒体采访时,唐慧还曾总结上访经验:“上访的方式反映问题既能追究相关人员的责任,又可以对正在进行的司法审判起到震慑作用,保证审判公正进行。”很显然,唐慧也已经承认上访成为影响司法的重要因素之一。由于唐慧的上访,司法机关面临严峻的维稳压力,上访是唐慧取得她所希望的利益之手段,况且唐慧的诉求已经远远超出了合法的限度。由此可见,事实并不像唐慧所说的“闹访”可以保证审判公正进行,相反唐慧通过上访迫使政府对司法机关施压,司法机关独立行使权力与公正在唐慧的上访之中显得越发艰难。上访的目标应是追求司法公正,而不能把个人愿望、仇恨置于司法公正之上。[②] 因为上访,唐慧也两次被当地相关机关拘留,一次5天,一次8天。后来的劳教案也因此而起。

唐慧在上访中表现出特别强的“闹访”能力。从媒体报道的情况来看,仅在2011年3月到2012年7月,唐慧至少有7次“闹访”或在法庭取闹。例如,“跪见”永州市公安局局长;在永州市人民检察院静坐绝食或长跪不起;在永州市中级人民法院刑一庭庭长的办公室吃住18天;2011年3月15日在永州市中级人民法院立案大厅滞留15天;在法庭上追打被告人律师;2012年5月22日在湖南省高级人民法院下跪并与法警发生冲突;2012年6月2日在湖南省党代会驻地拦车喊冤,散发传单;2012年7月3日又在湖南省公安厅

---

① 参见姜洪:《陪访耗资四百万,该谁买单》,载《检察日报》2014年12月26日,第3版。

② 参见《舆论决不应支持唐慧继续上访》,载 http://opinion.huanqiu.com/editorial/2014-06/5019801.html,最后访问日期:2014年6月14日。

大门口举牌跪地喊冤并在信访接待室内以头撞墙。[①] 此外，为了引起领导的重视，唐慧在乐乐失踪时报案就撒谎说邻居王某将乐乐拐骗，办案民警郭某遂将王某列为犯罪嫌疑人，将远赴广东打工的王某叫回永州。接受调查后，王某被排除作案可能。当留置盘问期满，派出所依法要将王某放走时，唐慧与家人围在拘留所大门外不准放人。警方只得安排王某搭梯子翻墙离开。得知王某被放走后，唐慧等人冲进派出所。警方当时拍的一个视频的截图显示：唐慧和另一人跪在地上揪住郭某的警服下摆；唐慧的母亲则一手卡腰，一手抓住其衣领；郭则将双手背在身后。郭某的麻烦并未结束，唐慧随后控告他收了王某的钱。永州市公安局和零陵区纪委组成联合调查组调查此事。直到乐乐被找到，郭某在两个多月中一直被停止工作。此后，唐慧对新的办案警察杨某的处置不满，指控杨“中断侦查 19 天”，“故意错失最佳破案时机”。杨的解释是，在“柳情缘”卖淫只有乐乐自己的陈述，没有其他证据，因此未对秦星等人采取强制措施，而是跟踪蹲守，到 2007 年 1 月 24 日抓了“柳情缘”容留卖淫的“现行”，方将秦星刑拘。此后杨也成为调查对象，唐慧家人控告他渎职。在先后经过永州市公安局纪委、零陵区纪委调查之后，杨被认为“工作失职”，并于年底受到“严重警告”处分，但该处理决定并未提及杨如何“工作失职”，后来杨被内部告知，主要过错是“没有用警车将唐慧送回家”。而永州市公安局内部人士告诉记者，由于唐慧多次上访告状，前期参与办案的警察几乎全被调查。[②]

不但如此，唐慧声称公安人员和主犯秦星存在亲属关系并存在为主犯制造虚假立功情节的行为，[③]指控永州两公安交警嫖宿其女儿，[④]然而事后查明这都是唐慧对办案人员的诬陷。唐慧超强的

---

① 参见柴会群、邵克：《唐慧女儿被迫卖淫案调查》，载《法律与生活》2013 年第 8 期。

② 参见柴会群、邵克：《“永州幼女被迫卖淫案”再调查：唐慧赢了，法治赢了没》，载《南方周末》2013 年 8 月 1 日。

③ 参见刘鹏、江海轮：《是黏合还是撕裂社会？——〈南方周末〉“唐慧案”报道引发的思考》，载《新闻记者》2013 年第 9 期。

④ 参见邓小波：《唐慧指控两名警察奸淫其女儿》，载《中国妇女报》2013 年 1 月 14 日，A1 版。

"闹访"能力造成的结果便是谁办她的案谁就有麻烦。这样一来,唐慧就成了"烫手的山芋",公检法在处理唐慧案件时显得格外小心,大多保持息事宁人的态度,对于唐慧"闹访"的行为也一再纵容。即便唐慧因不断"闹访"被劳动教养,但最终也迫于媒体和民粹的压力而解除。唐慧一再尝到上访的甜头,而政府与司法机关又不能拿她怎样,唐慧的"闹访"便越加肆无忌惮。

二、维稳压力下的司法

在过去的二十多年里,信访数量先是不断增加,然后是维持在一个洪峰的高位而降不下来。中央政府无法直接面对上访所牵涉的具体事项,而上访人留在北京会影响首都的秩序和形象,干扰中央国家机关的工作,因此中央只能敦促基层政府"将问题解决在基层"。中央政府的"敦促"方式首先是从行政上施加压力,这主要体现在中央政府对地方政府、上级政府对下级政府的考评上,通过目标责任管理来实现,它构成了压力型体制的主要运作方式和手段。上级政府将上访治理指标、任务进行层层分解,将其分派给下级政府,在绩效的压力下,下级政府必须根据上级的目标进行上访治理。信访工作属于维护社会稳定的一部分,其考察标准是"一票否决",只要维稳工作出现纰漏,基层政府就受到否定评价。这就是所谓"维稳"的压力。例如,按照唐慧所居住的零陵区信访考核细则的规定,信访考核总分 100 分,减少越级上访量和及时接访劝返工作为 60 分,自接到区信访局的通知后 24 小时未及时到京接访劝返的,扣 5 分。唐慧不断到各地上访,唐慧所在的基层政府经受着巨大的考验。[①]

在维稳压力下,基层政府可能采取各种方法,这些方法有两个极端方面:一是无原则地满足当事人的诉求,典型的如"花钱买平安";二是强力打击当事人,迫使其放弃诉求,典型的如动用黑社会威胁、殴打上访人。处于两个极端的还有很多灰色地带的方法,比

---

① 参见周慧、丁壮:《维稳一个唐慧 6 年耗资 80 万》,载 http://www.21cbh.com/HTML/2013-7-3/zONjUxXzcxNTYzOQ.html,最后访问日期:2013 年 7 月 3 日。

如，通过“讲感情”以促使上访人息访，对上访人采用集中学习、信访劳教等方法。这些方法中的很多都曾被地方政府使用在唐慧身上。当地乡镇政府在她身上所花费的维稳支出达到了 80 多万元，唐慧也曾被劳教，唐慧被劳教还曾遭到媒体的猛烈批评。无论是给好处，还是劳教，似乎都没有改变唐慧上访的决心，她一直都是不达目的不罢休的姿态。而在维稳的压力下，在唐慧的固执坚持下，地方政府似乎如何做都难以让唐慧停止上访，而且似乎无论怎么做都不对。面对一个固执地认为自己所要求的才是正义、不依不饶的要求过分严厉处罚案件被告人的上访人，国家机关能如何应对？

更应该引起我们注意的是，各级政法机关一次次牺牲法律和程序，来部分满足唐慧的诉求，以希望她停止上访的脚步。几乎是唐慧每大闹一次，政法机关就后退一步，满足唐慧的无理诉求，尤其是法院最终对刑事被告人进行了死刑重判。政法机关之所以如此，当然有维稳压力的缘故，但恐怕不只是维稳的压力。例如，一审前，唐慧在永州市人民检察院立案大厅跪了 18 个小时，其结果是检察院更换了公诉人，制作了新的起诉书，特别是将“强迫卖淫罪”写入其中。该罪名最重可判死刑。重审时，唐慧要求休庭，后来就去法院住了 18 天，结果是重审比第一次又加重了刑罚。尽管有维稳的压力，但维稳的压力并不是完全的，一个人的上访在维稳的考评体系中并不是决定性的，维稳有一个立体的考评体系，一个人的上访会影响考评得分，但很难完全否定维稳工作。对于政法机关尤其如此，毕竟对上访实行的是属地管理原则，而非部门管理原则。

因此，笔者猜想，从相关政法机关对上访行为的反应来看，很可能是上级政法机关或党政机关的重要领导甚至主要领导作了意见较为明确的批示，下级政法机关不得不按其意思加重对刑事被告人的处罚力度。如果上级给出一个“官僚主义”的批示“请查明情况，依法办理”，坚持依法办事的下级政法机关还能尊重事实，在法律范围内办案，不至于对刑事被告人作出明显过重的判决。但如果上级给出一个方向明确、不容置疑的批示“此事性质恶劣，应予坚决严惩”，下级政法机关就没有太多依法办案的空间了。倘若真如此，下级政法机关在唐慧上访和上级批示的双重压力下，罔顾事实加重惩罚就很有可能。那么这更反映出了基层办案的困境和司法地位的弱化,一味地向上级请示,遵循上级的批示,批示甚至大于法律规定。因此出现违背法理的处理结果也就不足为奇。当然,上级的“批示”只是笔者的一个猜想,新闻媒体没有披露更多的事实依据,笔者也几乎不可能通过调查来获得事实依据。在笔者的经验基础上,不作“批示”的猜想,似乎很难完全理解和解释政法机关在此过程中的行为。

更重要的是,唐慧的一再上访和司法机关的一再忍让,不但使唐慧尝到“甜头”,还使人们总结出了这样一种错误的社会经验——只相信上访,不相信司法。在上访与司法之间,上访成了更有效率、更容易得到自己想要结果的救济途径。人们一旦对司法结果不满意,就会寻求上访的途径解决。这种经验对司法权威的影响是破坏性的。这不仅仅局限于唐慧案个案,错误的经验提供错误的指引,人们会互相效仿,从而会鼓励一些上访者对司法判决的不服从,进一步拆解中国现实中脆弱的司法权威,威胁司法制度的有效运行。[①]这并不是杞人忧天,根据《新京报》后来的报道,主犯秦星等七人的亲属打算向唐慧学习,轮流去上访。果真如此,此案不知何时能够真正结束。

三、民粹主义的盛行

在唐慧案发展的整个进程中,民粹主义一直是唐慧得以取得舆论支持的源泉和动力。民粹主义即一种极端平民化的倾向,认为无论平民怎么做、怎么想都是对的,都应该得到支持。一方面,自古以来,官强民弱、“民不与官斗”的思维定式就根深蒂固于人们的内心之中。这种成见系统一旦完全固定下来,我们的各种注意力就会受到支持这一系统的事实所吸引,对于和它相抵触的事实则会视而不见。[②] 再加之在过去的一段时间里,政府不依法行政、司法机关违背

---

① 参见环球时报:《社评:舆论决不应支持唐慧继续上访》,载 http://opinion.huanqiu.com/editorial/2014-06/5019801.html,最后访问日期:2014 年 6 月 14 日。

② 参见[美]沃尔特·李普曼:《公众舆论》,阎克文、江红译,上海人民出版社 2006 年版,第 89 页。

程序办案的情况屡屡发生,因此公权力机关一直无法摆脱其在公众心中的负面形象,政府权威受到影响。一些群体在社会生活中往往信奉“公权力对抗者绝对无错”的信念。他们确信在官民冲突时,错误一定在官方,公民个人不会有错,因而在官民冲突中他们总是不假思索,无条件地站在公民个人一边。① 另一方面,在舆论影响下,人们容易抽象地强调权利,在涉及公权力时,这种强调就容易造就民众与公权力的对立,政府、法院始终被置于舆论审判对象的位置。在相当长的一段时间内,在公权力和平民冲突的公共事件的舆情表达中,平民永远是弱者,舆论也总会站在民众的立场上,抽象地同情弱者,习惯性地质疑与批判公权力机关。以至于发展出唐慧案这样的极端案例。在事实真相还不清楚的情况下,只要涉事双方既有平民又有公权力机关,就不分是非曲直地反对公权力机关,支持平民的任何诉求和行为。

可以说,民粹主义在唐慧案中发展到了极致。唐慧是柔弱的、无助的、被欺凌的。她的上访是对的,甚至连撒谎都是迫不得已的。对于唐慧的撒谎,有人在网络评论中说:“唐慧母女这样做不是她们的错,她们生活在社会最底层,必然有她们生存的‘智慧’。”也有曾帮助唐慧的知名记者表示:“我从来不认为她是个伟大的母亲,她就是一个最底层的市井妇女,但为女儿报仇,用尽所有方法去哭闹堵门,但回头看公权强大和平民艰难,换你又如何?”②她不可被批评,不可被质疑,不可受到任何一门指摘;邻里乡间几近噤声,人们讳言她的错误,避谈她的缺点,甚至对“唐慧”二字避之不及。③

在唐慧案中,民粹主义的发酵是缓慢进行的。起初,只是《南方周末》的记者邓飞在微博上为唐慧声援,为其寻找援助律师。但是,微博上的舆论并没有向健康的方向发展。很多“公知”、著名律师在

① 参见童之伟:《童之伟反思唐慧案:公权力对抗者绝对无错?》,载 http://www.guancha.cn/politics/2013_08_09_164525.shtml,最后访问日期:2013 年 8 月 9 日。

② 徐达内:《唐慧形象逆转——被污染的“伟大母亲”》,载 http://star.news.sohu.com/s2013/wbzj24/,最后访问日期:2013 年 7 月 15 日。

③ 参见王燕:《“唐慧案”中的民粹幽灵》,载 http://www.topnews9.com/article_20130808_24355.html,最后访问日期:2013 年 8 月 8 日。

微博等自媒体上大肆宣扬民粹主义,声援唐慧。其次,永州市的公安司法机关在最初没能及时有效地公布案件调查的进展情况、澄清谣言。类似“假立功”“永州公安和犯罪嫌疑人有亲属关系”的传闻在社会上流传许久才被公安机关辟谣。这也在一定程度上表明,我国的公权力机关,在应对公共事件时缺乏相应的危机公关能力。公众第一时间所了解的信息往往都是由媒体提供的,然而媒体提供的信息毕竟是有限的,甚至是经过大量删减加工而成。这造成了公众、媒体与公权力机关间信息的不对称,这种不对称加深了公众对公权力机关的不信任,加重了公众与公权力机关之间的对立情绪,从而进一步导致民粹主义的盛行。

在唐慧案成为新闻关注热点的期间,几乎所有的声音都是在质疑司法机关办案不力,纵容违法犯罪嫌疑人,甚至怀疑政法机关和犯罪嫌疑人串通一气,徇私枉法。在唐慧案事件酝酿、发酵一直到爆发的整个过程中,几乎没有媒体去反思过唐慧的行为,反思唐慧对女儿的教育,反思政法机关对犯罪嫌疑人的处罚是不是真的公正合理。这种民粹主义在网上发展得最为迅速而且也最为明显,在几个“大V”发声后,几乎所有的声音都一下子被统一了。与其说网上的声音就是网民们经过独立的理性思考后内心的真正独白,不如说这是网民们在民粹主义的作用下人云亦云的结果。

民粹主义本身并不可怕,在任何一个国家、任何一种社会制度下都会存在民粹主义,它很容易破坏国家的法律和秩序,因此民粹主义需要理性的引导和约束。如果民粹主义被别有用心的人所利用,理性的思考不能有效表达,不能被广泛传播,就可能导致理性态度与民粹情绪之间的巨大张力,民粹主义则可能大行其道,甚至在商业化的新闻舆论下得到滋长,顺利占据统治地位,并在传媒的包装之下成为“民意”。然而,这种“民意”是非理性的,并非民众理性的真正体现。在唐慧案中,当这种“民意”给司法机关以巨大压力时,司法机关难免为了顺应“民意”而作出不合适的裁判。司法追求的目标之一是合法,包含裁决程序的合法以及裁决结果的适法;而网络舆论所追求的价值目标是司法结果满足公众的正义感觉,很容易被错误观点或失实报道左右而出现非理性的情形。[①] 法律所追求的是让老百姓在每一个案件中感受到公平正义，这种公平正义应当源于并且符合法律和法理，而非顺从民粹主义的“民意”而产生。

唐慧案中的司法机关和上级领导就是由于受先前新闻媒体和民粹舆论的误导，错误地将对唐慧民粹主义的支持当作了民意，并因此要求严厉处罚唐慧案中的犯罪嫌疑人，并对唐慧无理取闹、寻衅滋事的行为一再纵容。当整个事件舆论逐渐平息，公众不再那么狂热，更多的信息披露之后，人们的思考开始回归理性，才会发现所谓的“民意”是多么缺乏坚实的事实基础，“民粹”带来了不合适的裁判。

四、媒体介入的后果

在唐慧案发酵的过程中，媒体起到了不可忽视的作用。在得知唐慧因“扰乱社会秩序”被警方拘留后，《南方周末》记者邓飞连发了数条微博呼吁，一个多月后，唐慧获释。邓飞认识唐慧，缘于另一起案件。2010 年 6 月，永州的朱军枪杀三名法官，各地记者纷纷赴永州采访。此时正是唐慧女儿被强奸一案重审期间，唐慧为了吸引记者的注意，谎称朱军是乐乐的干爹，他是为乐乐的事情枪杀法官，并在零陵区街道上张贴出大量“告零陵同胞书”，将此事称为是“一位孤胆英雄的剿匪行动”。但警方立案侦查后，排除了唐慧的作案可能性，唐慧此举的目的是用枪击案引起关注。唐慧因为“扰乱社会秩序”被依法拘留，但是却被部分媒体解读为“唐慧擅自接触媒体”，从而引起了很多人的不满。

唐慧的谎言起到了很好的效果，吸引了不少媒体记者的注意，但记者都很快发现她在撒谎，《大河报》等媒体的记者在发现唐慧撒谎后便没有继续追踪此案。但《南方周末》的邓飞却格外关注甚至同情唐慧，[②]邓飞在微博上这样介绍他与唐慧的相识：“我在永州

---

① 参见张志明：《论网络舆论与司法公正的良性互动》，载 http://www.chinacourt.org/article/detail/2014/08/id/1363477.shtml，最后访问日期：2014 年 8 月 12 日。

② 参见邓飞：《唐慧事件的“微记录”》，载 http://ucwap.ifeng.com/news/opinion/news? aid =41806996&p =4，最后访问日期：2012 年 8 月 18 日。

(采访枪击案),唐慧说她熟知朱军,被我揭穿,问她为什么要骗我们,她眼泪汪汪说不这样,她能找到记者喊冤吗？令我酸楚无语。”唐慧获释后,在邓飞的帮助下,联系上搜狐网微博,由后者联系十几家媒体对乐乐案进行报道,邓飞还为唐慧介绍了北京的法律援助律师。此后,有关幼女被迫卖淫、公安渎职的信息立即获得全社会关注,唐慧以维护幼女的弱小母亲形象进入公共视野。

在这次警方妥协之后,唐慧就得寸进尺了,之后无论是闹法庭,还是住法院,显然都有携媒体之威的感觉。当地没有采取强硬措施,应该也是慑于媒体和舆论的威力。在这一过程中,媒体的报道是有严重倾向性的,例如在报道中,媒体多使用“正义”“伟大”“坚强”等正能量的词汇来形容唐慧,相反对警方则多用“假立功”“效率低下”“回避”等负能量的词汇来形容。[①] 通过揭露公安人员给主犯制造虚假立功材料的新闻,在文字上将唐慧塑造成维护幼女的弱小母亲形象,而对其在之前过程中对女儿教育的不负责任只字不提,对案件过程中唐慧撒谎、“闹访”等不利于唐慧形象的情节着墨很少,甚至没有报道、分析唐慧要求判处该案全部 7 名犯罪嫌疑人死刑、赔偿 184 万元等[②]诉求的无理成分。

媒体刻画描写唐慧的正义形象,却避而不谈其“闹访”的行为和影响;媒体深描某些事实,却对另外一些事实视而不见,其目的是利用选定的素材限制受众的思考和评价,进而使其认同媒体所给定的叙事结构和价值观念;[③]而且,在媒体长篇累牍的报道中,很少涉及几位刑事被告人及其亲属的想法和看法,也没有对政法机关的采访,甚至都没有将完整的案件事实展示给公众。新闻报道几乎都是对唐慧视角的复制,是对唐慧的支持,具有极大的倾向性和选择性。当然,也许是地方政法机关怕招惹麻烦而拒绝了记者的采访请求。然而,即便如此,采访一下唐慧周围邻居的看法,采访一下刑事被告

---

① 参见章翠翠:《从“唐慧案”女性形象的逆转看新闻报道的民粹化倾向》,载《湖南人文科技学院学报》2014 年第 5 期。

② 参见周慧、丁壮:《唐慧劳教案二审现场直击》,载《21 世纪经济报道》2013 年 7 月 3 日,第 2 版。

③ 参见陈柏峰:《城管执法冲突的社会情境》,载《法学家》2013 年第 6 期。

人亲属的看法,不算太难吧？是记者没有采访,还是媒体故意不让他们发出声音？而在社会评论环节,媒体都将重心放到了对劳教制度的批判上。一方面也许是媒体为了转移公众对唐慧无理和违法行为的关注;另一方面也许是媒体为了塑造唐慧的道德形象,就越发需要增强对劳教制度批判的力度吧。

清一色的对唐慧偏袒,一时间听不到任何反对唐慧的声音。这一切无非是媒体想将唐慧案塑造成媒体所预设的那样,用以迎合民粹主义心态和对抗公权力的心态,以此来扩大媒体自身的影响并占领更广阔的新闻市场。当今社会,舆论逐渐成了一种私人所有的物品,部分传媒的运作以商业利益为依归,直接受制于商业经营目标。"完全超脱或中立的传媒仅仅是一种道德虚构","就主观状态而言,传媒监督的具体追求与其说是为了法治的完善,莫若说是为了实现传媒自身的利益"。[①] 实际上,传媒监督的社会效益追求让位于媒体的商业效益追求。[②] 改革开放后,我国的新闻界正是像这样在不断变化发展。很多媒体从以前以公共事业为中心逐渐向商业媒体转型。如同市场自由化一样,媒体的商业化使新闻机构的运作模式彻底沦为了商业机构的运作模式。唐慧案中商业化的媒体以追求商业利益为目标,忽视本应该遵守的客观、真实的报道原则,偏听偏信唐慧一家之言,弃新闻责任于不顾。新闻成为新闻机构的私有物品,被任意塑造和改变。新闻报道如同一个"任人打扮的小姑娘",公众希望看到什么,媒体就把新闻"打扮"成什么样。

一方面,新闻媒体迎合民粹心态;另一方面,新闻媒体也在塑造民粹心态。唐慧案发生后,一些网络著名"大V"在网络上散布民粹言论,不断怂恿并鼓动唐慧闹事、上访,不断发布一些不实言论,蛊惑民心,塑造所谓的"民意"。市场化的网络新闻媒体众口一词地为唐慧鸣冤,不仅是《南方周末》,一时间,甚至连一些官媒都高喊唐慧为"伟大母亲"。[③] 互联网时代催生了很多自媒体与新闻媒体网站。

---

① 顾培东:《论对司法的传媒监督》,载《法学研究》1999 年第 6 期。

② 参见陈柏峰:《传媒监督权行使如何法治》,载《法学家》2012 年第 1 期。

③ 参见徐达内:《唐慧形象逆转——被污染的"伟大母亲"》,载 http://star.news.sohu.com/s2013/wbzj24/,最后访问日期:2013 年 7 月 15 日。

随着一些网络“大V”和著名新闻媒体网站的形成,网络上的话语权逐渐被一些门户网站和网络“大V”所垄断。相对于简单的迎合民粹心态而言,塑造“民意”可以使这些门户网站和网络“大V”获得更多的利益。相反,如果只是单纯事实的报道,无疑会被淹没在这样一个信息量无限膨胀的时代中。

试想一下,如果不是新闻媒体一味追求新闻的商业性,没有新闻记者对事实真相的隐瞒,没有网络“大V”对公众情绪的煽动,也不会有大量网民近乎狂热的支持,唐慧不会走得那么极端,公检法三方也不至于背离法治要求那么远。[①] 媒体按照自己的倾向选择性报道事实,从而煽动起民众的情绪,党政领导误以为这种情绪就是民意,因此想顺民意,就可能作出严厉批示。在这些批示的作用下,案件的裁判就可能偏离法律的轨道。

商业化下的新闻媒体失去了原来的社会责任感,他们热衷于报道社会的阴暗丑陋等极具负能量的一面。他们缺乏寻求解决社会矛盾的方法的动力,亦不会提供某种社会黏合性。相反,他们对商业利益的过分追求,使他们更愿意看到社会矛盾的尖锐和对立。新闻舆论喜欢吸引眼球的新闻,喜欢将复杂的真相简单化,将多样的矛盾尖锐化地呈献给受众群体。现代社会流行着仇富、仇官、抵制公权力的不良心态。而媒体的报道大多迎合社会上流行的这些心态,甚至在某种意义上宣扬、挑动对抗的暴力和情绪。[②] 媒体的出发点仅仅是自身利益的考虑,并不会考虑到社会整体的其他方面,更不会考虑不负责任的报道会对法治产生什么样的影响。这种缺乏社会责任感的自私行为不但无助于问题的解决,反而会制造出更多的矛盾,不断冲击社会的司法秩序,甚至撕裂整个社会。

唐慧案中,新闻媒体显然从未考虑过这样的问题:如果法院完全按照唐慧的想法,从重判决,所有的刑事被告人都处以死刑,那么他们的家属势必不服;如果他们也都到省城、到北京上访,找律师和法学界人士开研讨会,制造舆论压力,又会怎么样呢? 此时媒体的

---

① 参见童之伟:《唐慧案,站稳法治立场》,载《南方周末》2013年8月9日。

② 参见陈柏峰:《城管执法冲突的社会情境》,载《法学家》2013年第6期。

主流声音是不是会变成认为法院草菅人民,要求废除死刑呢?而为了论证废除死刑的合理性力度,是不是又会渲染那几个刑事被告人的勤劳、努力和意外的犯错呢?就像媒体在一些摊贩杀死城管案件中所做的那些新闻和评论。事实上,两个被判处死刑的被告家属在终审后就表示要去上访。毫无疑问,媒体已经深度嵌入了这些有公共影响的案件中,对政法机关施加了影响和压力。而如果政法机关尤其是法院跟着舆论走,最终无论怎么做可能都是错的。媒体非但没有使唐慧案走到正确的法治轨道上来,反而制造了新的麻烦。终审判决后媒体的表现就充分地证明了这一点。

除了媒体缺乏社会责任感的偏向性报道以外,媒体以舆论监督为名的"包打天下"式的越权调查,对案件犯罪嫌疑人的舆论审判,也给司法机关带来了很大的压力。在唐慧案中,一直流行着公安人员给被告人"假立功"和公安人员与主犯秦星有亲属关系的传言。对于这些传言,公安、司法机关都已经展开了调查。但是新闻媒体为了彰显作为"第四种权力"的舆论监督权,似乎更倾向于自己调查。以新闻自由为理由,抢先于公安、司法机关之前,调查唐慧案中公安机关的公正性。但调查仅仅停留在听取唐慧的意见,并据此妄下结论。这样未经证实就轻易得出的结论通过新闻媒体广泛传播,赚足了公众的眼球。媒体"包打天下"的欲望已经使其实际职能超越了舆论监督的范畴,影响了司法机关独立行使权力,损害了司法权威。然而,这膨胀的欲望却得不到束缚。中国媒体常常希望能拥有西方民主国家自由的新闻环境,但却不知道就算是在新闻自由得到充分保障的西方国家,媒体在报道未终审判决的案件时也有着严格的限制,一切可能影响案件审判的报道都会受到严格的约束。

唐慧案从一个普普通通的个案逐渐转变为一个公共事件,从对犯罪嫌疑人的声讨逐渐发展到对中国劳教制度甚至是司法制度的反思。根据2013年《法制晚报》的报道,唐慧已经为其和其女儿办理好护照去美国疗养,并有人为其支付60万元的保证金。不能不说,在唐慧案的前前后后,极有可能有一些反体制的政治性力量参与其中。政治性力量参与公共事件,如今已是中国的常态化情形。这些政治力量迎合民粹心态,利用新闻媒体和舆论。中国舆论场近年来充满情绪化的东西,理性的复归需要一些强有力的支点。无论多困难,新闻媒体仍是这些支点最现实的提供者。[①] 良性的传媒是自由与责任相伴而生。拥有特权地位的传媒,在当今社会具有大众传播的重要功能。因此,传媒有义务对社会承担责任。[②] 如果媒体没有这样的担当,甚至相反而行,社会必定会被撕裂。

五、《南方周末》的颠覆

在终审判决的短短两个星期后,《南方周末》的一篇报道《"永州幼女被迫卖淫案"再调查,唐慧赢了,法治赢了没?》[③]毫不犹豫地给了"羸弱无骨"的湖南省高级人民法院乃至湖南省政法系统一个深刻的教训。政法系统屈从于媒体、舆论和唐慧所带来的社会压力,给出了对刑事被告人畸重处罚的判决。然而,当政法系统放弃法治标准和原则去迎合媒体和民粹时,媒体和舆论却果断转身,再次向司法射出了致命一箭。媒体和舆论此时颠覆了唐慧的道德形象,不再谈论劳教制度的合法性,反而认为唐慧被劳教不无依据,[④]媒体和舆论不再谈及唐慧的弱小无助和唐慧所称的公安人员偏袒被告人的行为,反而指出侦查、起诉和判决过程中因迁就唐慧需求和媒体舆论而造成的种种不合理和对被告人的不公正判决,并将问题指向信访制度。媒体得出的是一个似是而非的结论,信访制度当然有问题,也是造成唐慧案的一个原因,但是它只是众多原因环节中的一环。致命之处还是媒体如何表述这一案件,舆论、社会、上级领导、政法机关如何服膺于或屈服于媒体给定的逻辑,从而最终作出错误的决定和判决。

《南方周末》的报道是一篇罕见的后发制人的颠覆性报道。它

---

① 参见《舆论决不应支持唐慧继续上访》,载 http://opinion.huanqiu.com/editorial/2014-06/5019801.html,最后访问日期:2014 年 6 月 14 日。

② 参见[美]弗雷德里克·西伯特、西奥多·彼得森、威尔伯·施拉姆:《传媒的四种理论》,戴鑫译,中国人民大学出版社 2008 年版,第 62 页。

③ 参见柴会群、邵克:《"永州幼女被迫卖淫案"再调查:唐慧赢了,法治赢了没》,载《南方周末》2013 年 8 月 1 日。

④ 参见刘鹏、江海轮:《是黏合还是撕裂社会?——〈南方周末〉"唐慧案"报道引发的思考》,载《新闻记者》2013 年第 9 期。

使整个舆论完全转向，之前所批判的问题似乎瞬间从人们思维中消失，取而代之的是媒体为社会设置的新的议题。短短两个星期时间，作为同一个媒体——《南方周末》的记者竟然可以挖掘出之前三年连续报道中“从未发觉”的颠覆性新闻，如此庞大和复杂的问题记者们是怎么在短时间内调查出来的呢？合理的推测是，媒体人从一开始就掌握了案件几乎所有相关方面的信息，包括唐慧对新闻媒体撒谎和在政法机关屡次“闹访”等不符合高大道德形象的一些污点，也包括几名刑事被告人被明显超过适当程度的加重判刑的具体处境和冤屈，还包括政府和司法机关在其中的难处与无奈。如果不做这样的推测，很难想象记者如何在如此短的时间内拿出与之前迥异的新闻报道来。换一个角度来说，那么多媒体和记者在永州对唐慧案做了那么多的调查和报道，连基本事实都没弄清楚，直到《南方周末》记者在终审判决后才挖掘出了真正的事实。如果真实情况是这样的，是不是可以说，中国的绝大部分新闻记者的基本职业能力都是有问题的呢？

事实可能是，当记者获取的信息不符合媒体所要设置的议程——渲染唐慧的道德形象、批判劳教制度时，媒体和记者们集体噤声；而当这些信息有助于媒体设置新的议程——渲染唐慧的“缠访闹访”形象，批判信访制度及其对司法的干预以博得更多的眼球时，媒体和记者们便不约而同地发表了新的信息。媒体当然有设置新闻议程的权力，可是，当一切都指向商业利益而毁损司法权威时，该做何理解呢？是媒体为了自己的新闻议程而贬损了司法权威，还是媒体为了贬损司法权威而设置了自己的议程呢？我们可以这样提问吗？唐慧案中，毫无疑问媒体是赢家，因为媒体树立了一贯正确、正义的形象，吸引了眼球，赚取了公众注意力；唐慧个人不过是想利用媒体反过来又被媒体利用了而已，她从媒体获取的所谓正义多么脆弱，一夜之间又突然失去；这一过程中的输家和终极的输家都是政法系统，媒体、公知和民粹的合流，一直都在冲击司法权威。

《南方周末》在颠覆性报道中承认“在网络舆论的压力下，该案的判决结果有加重犯罪嫌疑人刑罚之嫌”。网络舆论冲击了司法公正，《南方周末》作为舆论的引导者，恐怕也难辞其咎。然而在整篇颠覆性报道中,没有看到媒体人自己的反思,通篇报道都是在指责和批判政府和法院,媒体舆论似乎一直是站在制高点上俯瞰全局,任何阶段都可以找出别人的错误,找出值得批判的东西。毫无疑问,媒体成为唐慧案中最大的赢家,无论是先前的重判,还是后来的颠覆,看上去媒体都是在主持公道,为民请命。媒体在整个过程中都没有反思过自己的过错,是不是说明媒体人缺乏最起码的职业素养、理性观念和社会责任感呢?

究其原因,新闻机构的商业化是媒体人缺乏职业素养和社会责任感的罪魁祸首。商业化下的新闻机构如同一个企业,支持企业运作的是新闻机构背后的广告商。与其说新闻机构在销售新闻,不如说新闻机构在销售发行量。因为只有越高的发行量,才会有越多的广告收益。为了达到商业目的,新闻机构会根据自己的利益设置新闻议程,丝毫不会在意司法权威是否受到冲击。如有必要,恐怕损害司法权威也会成为他们获取利益的手段。他们一面从事着不负责任的行动,一面却将自己树立成"正义自由"的捍卫者。站在正义的制高点上,挥舞着新闻自由的旗帜,新闻机构以一个高尚的口号掩盖自己龌龊的目的,新闻责任在新闻自由的掩护下被商业化蚕食殆尽。

公众之所以会相信《南方周末》等媒体,正是基于《南方周末》的知名度和影响力,当然地认为这些媒体会客观公正地报道,还公众以事件的真相。但媒体却利用公众对他们的信任,罔顾新闻的真实性和客观性,偏离事实地进行报道并根据商业利益的需要塑造新闻报道。新闻的客观性是要让记者"置身事外",成为政治生活的观望者;记者们不可以提出主张,参与争论,不可以在争论双方之间作出判断。[①] 新闻报道不需要发挥记者的意见,抒发记者的观点;新闻的客观性只是需要给公众一个真相,只告诉公众你所知的,让他们去体验,他们有权得出自己的结论。这并不威胁新闻自由,反而是在保护新闻自由。因为自由不是为了满足记者的喜好而存在的,自

---

① 参见[加]罗伯特·哈克特、赵月枝:《维系民主》,沈荟、周雨译,清华大学出版社2005年版,第35页。

由是让人置身于充分的信息以及广泛的、不同面向的选择中。当记者的喜好是有限选择的产物时，这会将自由推向坟墓。[①]《南方周末》的记者在报道唐慧案的过程中，为了满足自己所设置的新闻议程，为了达到先发性和煽情性的侧重，在商业利益的压制之下，依据主观认定对事实进行了加工和删减，只报道对唐慧有利的新闻，使新闻受到了扭曲。而后为了制造轰动性，又将新闻翻转给观众看，揭露唐慧的丑恶，谴责司法不公，以致损害司法权威。这一切都是对新闻自由的损害，是权利的滥用。这样的危害恐怕甚于失去新闻自由。

《南方周末》等媒体，一面利用着法律之下的新闻自由，一面却又冲击并损害着司法权威。法律保护新闻自由，但不包括蓄意或不负责任地犯错的权利。[②] 当表述或出版以一种严重、公开和明显的方式侵害了个人权利或至关重要的社会利益时，法律的制裁就有了正当性。[③] 因此，新闻自由绝不是媒体可以用以规避法律规制的借口，法律不应让损害司法权威的公共表达继续在新闻自由的幌子下寻求庇护。

然而，目前的困境就在于，对于新闻媒体的这样一系列行为，还没有法律可以规制。理论上，舆论监督权被一些人认为是独立于司法权、立法权、行政权且不受公权力的干涉的"第四种权力"。因此，不应受到法律的规制。现行法律上，除非新闻记者有重大失误，否则很难有办法追究一些别有用心记者的责任。唐慧案中，《南方周末》的记者在前期的报道中隐瞒了部分事实，掌握了舆论导向并甚至因此影响了司法审判。在后期，在唐慧案即将结束时，又敢堂而皇之地推翻之前的报道，揭露出之前报道中所隐瞒的唐慧丑陋的一面进行炒作，反身给司法机关又射出一支箭。但由于我国在新闻立

---

① 参见[美]桑斯坦：《网络共和国》，黄维明译，上海人民出版社 2003 年版，第 87 页。

② 参见新闻自由委员会：《一个自由而负责任的新闻界》，展江、王征、王涛译，中国人民大学出版社 2005 年版，第 72 页。

③ 参见新闻自由委员会：《一个自由而负责任的新闻界》，展江、王征、王涛译，中国人民大学出版社 2005 年版，第 3 页。

法方面尚不健全,除非记者在整个报道中造谣造假,否则很难追究新闻记者在其中的责任,也很难规范记者们在类似报道中的行为。即便是报纸的一般读者认为自己被新闻误导,这在法律上也是找不到对策的,因为只有受害的一方才可以因诽谤中伤提起诉讼。[①] 正因此,记者们无所畏惧。当新闻媒体的商业化已经将记者的职业操守蚕食殆尽时,又缺乏良好的权力制约监督机制来约束媒体的权力,其结果必然是恶性循环。权力不受约束必然会被滥用,危害将不仅仅停留于唐慧案,更会波及我国社会的方方面面。

学界多年来讨论舆论监督,希望通过媒体的发育,培育所谓的第四种权力,对公权力的运行构成监督和制约,从而建构法治社会的均衡权力框架。然而,从唐慧案的实践来看,一方面,媒体自身所受的职业能力和制约伦理制约严重缺乏,这本身对法治构成了巨大的挑战。在一个媒体已经深深嵌入其法治生态的社会中,媒体缺乏良好职业伦理和职业能力,是多么可怕的事情啊!另一方面,媒体自认为手握第四种权力,因此不受公权力约束具有天然的正当性。但事实是,在传媒商业化严重的今天,媒体的行为逻辑如同商业机构,权力在为资本服务。到底哪些人、哪些事实、哪些版本的事实以及哪些观点应当公之于众,这是由新闻界的业主和经理们所决定的。[②] 公权力的胡作非为,还可以有各种制度加以约束;媒体权力的自利和胡作非为,在目前中国的法治框架中不但难以约束,甚至表述出来都不是一件很容易的事情。

---

① 参见[美]沃尔特·李普曼:《公众舆论》,阎克文、江红译,上海人民出版社 2006 年版,第 237 页。

② 参见新闻自由委员会:《一个自由而负责任的新闻界》,展江、王征、王涛译,中国人民大学出版社 2005 年版,第 8 页。

第四章　冲突呈现:城管执法

一、从城管执法的形象说起

随着城市化的快速发展,城市居民的各种需求不断增长,城市管理职能的重要性日益凸显,而城市发展所带来的秩序变化也给城市管理带来了挑战。面对需求和挑战,我国政府逐渐探索出了城市管理综合行政执法体制。与此同时,科技和传媒业的发展,促进了舆论监督和信息公开,城管执法越来越多地被曝光在公众视野当中,相关负面新闻不断出现在媒体之上,尤其是暴力执法和抵制执法的新闻。社会公众对城管的负面评价和反感情绪日益高涨,甚至出现了取消城管的呼声。在网络舆论中,对城管的怨恨、讽刺和嘲笑不绝于耳,城管的公共形象相当负面。而这种负面的整体形象,又通过诸如以下内容之类的一些报道和戏谑而得到再生产。

第一,城管被认为意味着暴力,城管执法被认为就是暴力执法。网络上随处可见影射、嘲笑城管暴力执法的各种诗词、漫画、笑话段子,其流传甚广。[1]一首诗这样写道:“给我三千城管,复我浩荡中

---

① 这些诗句、故事在网络上简单搜索即可见到,流传非常广泛,恕不一一标明出处。

华;剑指天山西,马踏黑海北;贝加尔湖面张弓,库页岛上赏雪;中南半岛访古,东京废墟祭祖。中国城管,所向披靡,见神杀神,见佛杀佛。拳打欧洲诸侯,脚踢北美花旗。上能打飞机,下能秒坦克。下海灭航母,飞天打卫星。”在一幅漫画中,有两个浑身背着装备的军人,其中一个问道:“敢问兄台是哪国的特种部队?”另一位回答说:“No,No,俺是中国的城管队员!”再如一个笑话段子:“五角大楼秘密报告称:中国城管队伍是一支具有强大潜力,能单靠一辆破面包车或皮卡就能全天候作战的可怕准军事组织。我国庄严承诺对外不首先使用城管。”这类诗词、漫画或笑话段子,都是通过消费城管暴力执法来娱乐受众,城管的暴力形象在娱乐过程中得以进一步强化。

第二,城管被认为意味着扰民,城管执法被认为破坏了安宁的生活秩序和自由繁荣的市场秩序。网络上有一流传甚广的组图《清明上河图之城管来了》。第一张图是《清明上河图》的局部图,贴文描述了让人感叹的“好一座繁花似锦的城池”:一座大桥中间的人行道,是一条熙熙攘攘的人流;有坐轿的,骑马的,挑担的,赶毛驴运货的,推独轮车的……街市行人,摩肩接踵,川流不息。接着,忽闻人惊呼:“城市管理者来了”,顿时马惊人慌,只见骤然飞急水,忽地起洪波,城垣尽倒,商铺皆休。数年后,城市管理系统成立十周年成就展在博物馆开幕,展区正中悬挂一巨幅清明上河图,城垣依旧,人烟不再,贴文写道:汴京城市管理者模范城!组图中的第二张图就是“博物馆展区挂的那幅清明上河图”——经过网友涂改,画面的背景都还在,只是人物全部都被涂掉,街上尽是散落的零碎物、被打翻的箩篼和篮子。不少网友认为很“写实”,很“形象”,并感慨“城市管理者早诞生几百年,就没有清明上河图了”。[①]显然,受众在娱乐、消费这一组图的过程中,也加固了城管扰民的形象。

第三,城管被认为意味着欺压,城管执法被认为就是欺压弱势群体。城管只要与执法对象发生冲突,公众就会习惯性地认为城管

---

① 参见《“城管来了”,商贩全逃走》,载 http://news.163.com/09/0410/12/56HPTJBF000120GR.html,最后访问日期:2013 年 5 月 15 日。

在欺负弱势群体。笔者所任教的大学边上有个城中村，在挨着校园的那条路上，不断有人搭建违建房做买卖。城管几乎每年都要去强制拆迁，每次都要发生一些冲突，但之后不久违建房又会重新出现。每次强拆时，学生们总会向笔者反映"城管欺负弱势群体"，他们甚至拿出"生存权"来为违建者辩护。一位网友记述了类似的事情："大学时候，学校一侧门有条'小吃街'，超多小贩，很多老爷爷老奶奶推着板车卖东西。有一次城管来了，小贩四散逃窜，有一个老伯跑的时候不小心把板车里的水果撒了一地。当时，我和几个学生还帮那老伯捡水果。那晚在学校内网论坛就有人说这事，基本都认为是城管暴力执法，推了那板车。其实，人家城管连车都没下。"①人们在不明是非的情况下推定城管欺压弱势群体，可见他们对城管已经形成了思维定式和固定印象。

第四，城管还被认为意味着素质低、腐败等。"北大的学生拿着问卷到北京某城管大队做调查，第一题就是城管的学历：A. 小学，B. 中学，C. 大专，D. 没文化。大学生们根本就不清楚，北京的城管队员都要经过公务员考试，最少也是大专学历，市局还有硕士。"②可见，在一般人看来，城管就是素质低的。一位城管队员记述说："去参加同学聚会，一说我在城管，桌上就别提多热闹了，各种打镲、各种挤兑。什么给我三千城管如何如何、什么烤白薯全拿家去了……然后就举出各种的道听途说：哪儿的城管怎么有钱、怎么腐败"，这位城管感觉"以前都是不错的同学，这会儿全成阶级敌人了"。③据这位城管队员记述，至少在北京，这些腐败的"指控"，包括罚没的灰色收入，收取保护费、管理费，将抄走的水果拿回家等，都不能成立。④

由上可见，当前城管形象之恶劣，几乎已经等同于凶神恶煞的暴力机构，而且是专门对付弱势群体的公权力机构。负面的城管形象对民众产生了影响。有问卷调研表明，在争议发生后而情况未明

---

① 宋志刚：《城管来了》，北京理工大学出版社2011年版，第54～55页。

② 宋志刚：《城管来了》，北京理工大学出版社2011年版，第28页。

③ 宋志刚：《城管来了》，北京理工大学出版社2011年版，第10页。

④ 参见宋志刚：《城管来了》，北京理工大学出版社2011年版，第33～41页。

了前,大多数民众表现出对“弱势群体”的不自觉同情,从而站在城管执法相对人一边。[①]负面的城管形象可能对学者也产生了不小影响。有学者未经实证调查即认为,正是通过非法化小摊贩,城管才“重任在肩”,得以大量行使处罚权,从而获得与处罚权相关的合法和不法的利益,其中的合法利益包括处罚权、变相许可权、将事业编制转为行政编制的可能,而非法利益则包括收保护费、默许亲朋好友设摊。[②]张永和等人虽然不否认存在相对人有意制造冲突的情形,但坚持认为,矛盾主要源于城管执法者公权意识落后,滥用权力,甚至耀武扬威,还不完全具备服务思想。[③]负面形象让城管受到了巨大压力,执法举步维艰。一位城管说:“大学时代,天涯是我的乐土,现在完全成了我的噩梦,一篇帖子浏览下来,全是城管死全家、问候城管祖宗十八代等。”[④]

应该说,某些城管野蛮执法的现象的确是存在的,但整体而言,暴力恐怕不是城管执法的日常手段,城管更不是暴力执法、野蛮执法的常设机构。至少在北京,“近几年,总局管得很严,北京的城管顶多嚷嚷两声,绝不可能打人的。每次出任务,都有队员手持录像机拍下全部的执法过程。如有纠纷,一看录像就全明白了”。[⑤]一份实证研究甚至表明,城管执法中执法者和相对人都遵循着合作逻辑。[⑥]

城管执法实践的描述与其公共形象的反差,不能不让人疑心:糟糕的城管形象是否就是城管执法状况的真实反映?实践中的城管及其执法冲突到底是怎样的?传媒是如何描述、建构城管形象的?我们到底应当如何面对并解决城管执法中的问题?本章将以

---

① 参见“城管综合执法状况研究”课题组:《西安市临潼区城管综合执法状况观察报告》,载《法学》2009 年第 6 期。

② 参见何兵:《城管追逐与摊贩抵抗:摊贩管理中的利益冲突与法律调整》,载《中国法学》2008 年第 5 期。

③ 参见“城管综合执法状况研究”课题组:《西安市临潼区城管综合执法状况观察报告》,载《法学》2009 年第 6 期。

④ 宋志刚:《城管来了》,北京理工大学出版社 2011 年版,第 10 页。

⑤ 宋志刚:《城管来了》,北京理工大学出版社 2011 年版,第 25 页。

⑥ 参见汪演元:《城管执法中的合作逻辑——宿安区整治洗车店的故事》,载张永和主编:《社会中的法理》(总第 4 卷),法律出版社 2012 年版,第 326 页。

《城管来了》为文本，展开对这些问题的深入讨论。《城管来了》是一部展现城管真实状态的"无码"作品，讲述的是作为一名城管队员，作者宋志刚亲身经历的具体执法过程，执法过程中遭遇的种种麻烦，以及执法生活中的日常见闻等。这是一部颇有影响的作品，其内容最早发表在天涯论坛，引起了广泛关注和热烈讨论，后汇集成书出版。以此人所熟知的写实著作为经验基础，展开对城管执法问题的讨论，可以节省交流成本。更为重要的是，与社会调研基础上的分析相比，研究者不可能垄断材料和故事，更不可能垄断对材料和故事的解释，[①]因此可以展开更具有多面性、包容性的讨论。

二、城管综合执法体制的形成

基于糟糕的城管形象，媒体和网络中有一股很强的舆论，认为城管是政府专门用来对付弱势群体的机构，应当予以取消。也有学者认为，城管是特定历史时期需求的产物，当前的存在主要是体制性既得利益的惯性作用。[②]当然，"取消城管"属于极端言论，理性面对问题就不会认为城管的作用完全是负面的。张永和等人的问卷调查显示，69.5%的受访群众认为，如果没有城管，城市状况会变得更糟糕。[③]不过，传媒和网络上很难见到这种声音。可以肯定的是，城管执法的需求在传媒中尚未能得到足够的表达，甚至在学术研究中也没有得到应有的重视。

与媒体和网络上的"常识"相反，城市管理古已有之，也需要面对与今天城市管理中类似的问题，例如越区经营、占道经营。[④]而且，

---

① 苏力曾讨论过以文艺作品展开法律社会学研究的优势，参见苏力：《法治及其本土资源》，中国政法大学出版社1996年版，第40页。其道理与此有些类似。

② 参见何兵：《城管追逐与摊贩抵抗：摊贩管理中的利益冲突与法律调整》，载《中国法学》2008年第5期。

③ 参见"城管综合执法状况研究"课题组：《西安市临潼区城管综合执法状况观察报告》，载《法学》2009年第6期。

④ 参见张春兰：《唐宋城市管理制度的演进》，载《光明日报》2010年11月3日，第7版；张春兰：《唐五代时期的城市管理制度》，载杜文玉主编：《唐史论丛》（第11辑），三秦出版社2009年版，第120～128页；张春兰：《由唐入宋都城管理制度的变革》，载姜锡东主编：《宋史研究论丛》（第12辑），河北大学出版社2011年版，第88～102页。

当前城管所承担的一些职能，自新中国成立以来一直就有管理机构履行。例如，对摊贩的管理，就一直是由工商行政管理部门承担。[①]一般认为，城管开始于1997年国务院法制办以批复的方式启动"相对集中行政处罚权"试点工作。在城管体制形成之前，城市管理职能分散在不同部门，包括公安、工商、交通、卫生、城市监察等。某部法律、法规所规定的行政处罚权，实践中往往就设置有相应的执法队伍。这样，执法队伍就多得泛滥。国务院法制办工作人员称，在1996年前后，"北京市按照法律、法规要求设立的市一级行政执法队伍有127支，上海市市一级有142支，浙江省的杭州市有207支，苏州市有80支，山东省东营市虽然规模不大，也达到42支"；"北京市的127个市一级行政执法队伍中，共有行政执法人员6万多人，另外还有高达17万人的各类群众协助执法组织"。[②]

这种城市管理和执法体制带来了严重的问题，不但扰民，而且效率低下。众多的执法队伍，执法范围重叠交叉，普遍产生"重复执法""依法打架"的现象。例如，在市场管理中，就有工商、食品卫生、环保市容、园林、技术监督、规划、物价、市政等部门交叉介入。在有利可图的执法环节，各种执法队伍一拥而上，重复处罚，企业和市民不堪其扰；在无利可图的执法环节，各执法队伍又互相推诿，无人过问，官僚主义泛滥。而且，执法力量分散在众多部门和队伍，每个部门和队伍的执法能力非常有限。由于山头太多，分得过细，单个执法队伍的资源和权限都十分有限，稍微牵涉广一点或者深一点的问题就难以单独解决，因此产生"七八个大盖帽，管不住一顶破草帽"的现象。于是，诸多问题需要依赖联合执法。出现问题后，各个执法队伍都不积极执法，等到问题发展到一定程度，往往是面临上级考评压力或引起了领导关注，于是在领导指示下，不同部门才开展联合执法。

联合执法必然是运动式的，难以成为日常执法机制，这导致了

---

① 参见黄冬娅：《转变中的工商所：1949年后国家基础权力的演变及其逻辑》，中央编译出版社2009年版，第79～83页。

② 江凌、张水海：《相对集中行政处罚权：发展历程、实施情况与基本经验——城管执法体制改革12年回顾》，载《行政法学研究》2008年第4期。

诸多问题。首先,联合执法运动治标不治本。联合执法运动过后,问题会出现反弹,单个执法队伍仍然难以解决,于是干脆回到从前放任不管的状态。执法者和执法对象逐渐形成了默契,共同等待新的联合执法运动的到来。在这种环境下,执法队伍的惰性和官僚主义得以培养,执法对象的机会主义心理也不断膨胀。其次,联合执法运动导致侵害执法对象权益的责任不明。联合执法运动往往由地方政府发动,但行政处罚需要具体执法部门作出,而且要比日常处罚重。一旦出现问题,具体执法部门往往不愿意单独为联合执法的错误承担责任,事实上联合执法中的责任也难以区分,而所谓的"联合执法队"又无法成为责任主体。据一位城管讲,北京市城管队伍成立的机缘就是,一个综合执法队的执法活动侵害了相对人的合法权益,相对人提起行政诉讼,联合执法队却没有法律资格来应诉,市政府因此下决心搞城市管理相对集中处罚权的改革。①这位城管所言也许不是事实的全部,但应当是执法体制改革的诱因之一。

在这种背景下,城市管理综合行政执法成了改革的方向。1996年《中华人民共和国行政处罚法》第16条规定:"国务院或者经国务院授权的省、自治区、直辖市人民政府可以决定一个行政机关行使有关行政机关的行政处罚权,但限制人身自由的行政处罚权只能由公安机关行使。"这为城管部门相对集中地行使职权提供了法律依据。在无须对有关法律、法规作出全面修订的情形下,可能较好地解决行政执法领域职权交叉、多头执法、重复处罚、效率低下、机构膨胀等问题。1997年3月7日,国务院法制办颁发了《关于在北京市宣武区开展城市管理综合执法试点工作的复函》(国法函〔1997〕12号),同意北京市在宣武区开展综合执法试点工作。城市管理中,涉及城市居民生活各个方面、原本分属于城市中多个政府职能部门的行政处罚权,被高度集中于城管综合行政执法机关。

继北京市宣武区(现已被撤销)试点工作后,全国不少城市看到了城管综合执法的优越性和可行性,纷纷向国务院提出请求,国务

① 参见刘阳:《北京城管研究》,北京大学2011年博士学位论文,第17页。

院不断批准设区的市在城市管理领域开展相对集中行政处罚权的试点工作。2000 年 9 月 8 日,国务院办公厅下发了《关于继续做好相对集中行政处罚权试点工作的通知》(国办发〔2000〕63 号),对加强试点工作作了具体规定,进一步明确了试点工作的方向,要求积极稳妥地扩大试点范围,把试点的经验运用于市、县机构改革。此后,试点范围进一步扩大。2002 年 8 月 22 日,国务院颁布了《关于进一步推进相对集中行政处罚权工作的决定》(国发〔2002〕17 号),明确规定国务院授权省、自治区、直辖市人民政府可以决定在本行政区域内有计划、有步骤地开展相对集中行政处罚权工作。这标志着试点工作的结束,城管执法体制得以全面推进。

应该说,城管执法体制是改革的产物,是过去的多头执法体制难以适应转型期城市管理的产物,它顺应了发展潮流,符合现实需求。例如,武汉市在建立城管执法体制后,就取得了一些明显成效,精简了执法机构,减少了执法人员。一份权威报告指出,武汉市撤销了原市政、市容环卫、规划和街道城管等 70 多支城市管理方面的监察队伍,执法人员从 2060 人减少到 1550 人。[①]与旧有的执法体制相比,城管综合执法体制有诸多优点:可以避免前述多头执法、重复处罚、执法扰民的弊端;可以形成执法合力,显示行政执法职能合理配置的积极效果;可以实现城市管理执法的经常化,改变过去分散执法时的突击执法、运动式执法的做法;可以解决执法的利益驱动问题,使执法行为与执法机构、人员的利益脱钩,减少以收代管、只罚不管等现象;更重要的是,可以强化责任约束,实现执法职能分化。相对集中行政处罚权,把与市容市貌密切相关的行政处罚权统一交由城市管理执法局行使,可以使众多行政部门从大量的执法事务性工作中解脱出来,初步实现管理权、审批权同监督权、处罚权的适当分离,从而减少因分散执法带来的推诿、扯皮、职责不清、“有利争着管、无利都不管”等问题,明确执法责任,集中执法力量,加强监

---

① 参见《关于武汉市开展相对集中行政处罚权试点工作情况的汇报》,载 http://www.whfzb.gov.cn/site/publish/whfzb/C1201110271420300071.shtml,最后访问日期:2013 年 5 月 30 日。

督处罚力度，从整体上提高执法透明度和执法效率。

从城管综合执法体制的形成来看，这种体制是符合社会发展需要的。然而，遗憾的是，城管执法体制从一开始就成为负面新闻的多发地带，成为社会公众争议的对象，甚至是敌视的目标。很多人因此呼吁取消城管，甚至视城管为黑恶势力一般。这背后当然有很多方面的原因。无论如何，从本节的梳理来看，完全敌视城管执法体制的论调，显然缺乏历史感，没有意识到城管执法体制形成的历史缘由。道理很简单，不能因为执法过程中存在问题，就取消执法。倘若撤销了城管执法体制，按过去的多头执法体制进行执法，或联合执法，相关负面事件仍然有可能发生。现实的做法应当是，探索城管执法的实践逻辑，发现城管执法中存在的问题，尽力完善执法体制。

三、城管街头执法的冲突

北京的城市管理综合执法范围涉及 14 个方面，“包括市容环境卫生、园林绿化、城市规划、工商行政、公安交通、城市节水、停车管理、环境保护、施工现场、城市河湖、公用事业、导游业、市政、交通等”。[①]城管执法主要发生在街头和社区空间，其负面形象主要因街头执法而起，因此笔者将以街头执法为主来展开讨论。

城管的街头执法主要是针对无证摊贩。无证摊贩主要是城管在巡查中发现的，甚至是在无照经营多发区域“人盯车巡”时发现的。巡查可能是上级城管督查部门交办的，也可能是“线人”提供了线索，“线人”往往是与无证摊贩有生意竞争关系的合法经营门面或报亭。城管执法的空间，绝大多数是在具有流动性和陌生性的街头，这就将执法者暴露在一个没有安全保障的环境中。街头是人来车往的城市街面，是没有主人的共享空间，也是不具备排他性的开放空间。人们行色匆匆，只有非常短暂而无意义的擦肩而过，也许偶尔会有一些交谈，但归根结底每个人都只是过客。这种喧嚣杂乱

① 马怀德、王柱国：《城管执法的问题与挑战——北京市城市管理综合行政执法调研报告》，载《河南省政法管理干部学院学报》2007 年第 6 期。

的环境,本身就蕴藏着危险和不确定性。[①] "即使不考虑暴力,街头空间也是执法负担最重的环境;而对警察而言,街头空间则属于高危环境。"[②]这种环境中的执法与在办公室里开罚单当然是两回事。城管对执法对象和环境较为陌生,缺乏明确预期,其控制局面的能力当然会受制约。与公民去政府机关窗口办事不同,街头上的无证摊贩因违法而成为城管的"顾客",被迫成为执法对象,这使城管的工作充满了对立冲突,增加了矛盾纠纷的可能性。如果考虑到当前社会矛盾凸显、"仇官"情绪激烈等因素,街头执法的危险性会更高。宋志刚的记述生动地呈现了这种危险:

话说有一段时间,我们辖区里开"河北大奔"卖水果的小贩特别多,他们逆行、闯红灯、上便道,相当强悍。那种柴油车劲儿特别大,而且为了对付城管车,四周都包上了铁丝网,根本没法下手。唯一的办法就是趁他们停车售卖的时候上去堵住驾驶舱,开门就拔钥匙。只要速度慢了,司机一脚油门下去,就算没戏了。

那天,我们盯住了一辆停在路边售卖的柴油车,驾驶舱里的司机位居然是空的。我和同事们悄悄靠近,堵住了车门。我以迅雷不及掩耳之势拉开车门,伸手就去拔钥匙。当时,我全部的注意力都在方向盘上,完全没在意车里副驾驶上还坐着另一个人。在这时,副驾驶上的那个年轻人突然抄起车头仪表盘上放的一把水果刀,狠狠地砍了过来。那一瞬间,我的视线忽然变得很奇特,那把刀就像慢动作一样划过我的眼前……

刀,没砍中我,却砍在了车座子上。后面上来的同事把我一把推开,拔下了车钥匙,控制住了那个年轻人。当时,如果我再往前一丁点儿,或者水果刀再长点儿,我的脖子绝对会被豁开。[③]

在街头空间中,每个市民都可能针对特定事件有所作为,城管难以事先预料这些作为,但却需要在当场作出恰当的反应。除了制

---

① 参见韩志明:《街头官僚的空间阐释——基于工作界面的比较分析》,载《武汉大学学报》(哲学社会科学版)2010年第4期。

② Michael Lipsky, *Street-level Bureaucracy: Dilemmas of the individual in public services*, New York: Russell Sage Foundation, 2010, pp. 57–58.

③ 参见宋志刚:《城管来了》,北京理工大学出版社2011年版,代自序,第4页。

服及其所代表的公共权力，城管并不拥有令人畏惧的其他要素，甚至只有恶名和负面形象。城管需要在事件当场独立作出正确的判断和决策；如果反应不妥，轻则难以完成执法任务，重则导致矛盾激化，甚至危及自身生命安全。更麻烦的是，如果街头执法现场聚集了围观群众，就会对城管构成巨大的挑战。在群体心理作用下，城管队员在语言沟通或执法策略上稍有不妥，就可能会演化成群体性事件，甚至现场任何人的任何一个偶然行动，都可能使局面失控。宋志刚记述，有一次执法时，突然跳出一个大学生来，义正词严地指责他，手都指到脸上了："是不是城管一起的，为什么执法不穿制服，是不是怕打人被认出来是城管？"宋志刚气愤之下对大学生吼了起来，要不是副队长及时阻拦，很可能跟学生打起来。①宋志刚还记述了这样一起经历：

违建小棚子里弄个小饭馆，我们三个人去查，刚说限期搬走，还没真轰，吃饭的就呼啦一下把我们围住了。店主把刀拎在手里跟我们说话，路人甲乙丙丁都骂我们。记得骂得最多的一句话是："你们不给穷人活路，穷人卖饭给穷人吃。你们端了小店，两种穷人都没饭吃了。"我们也是接到举报才去的，可当时就被围着骂。没有一个人来帮我们说一句话。围观的也有小区居民，但当时他们好像一点也不介意小区环境，就跟着骂我们。②

另一位城管队员在跟帖中说，阻止一个早餐摊贩挡道，会挨几群人骂——小贩们（原因略）；吃早点的人们："靠，这些城管真是土匪，吃个早点都不让我清静"；家属院的住户："你们这些城管干嘛？把摊子都赶到小区里，还让不让我们走路啊？别说汽车了，自行车也过不去啊"；家属院的物业、保安们："你们这些城管真不是东西，害得我们天天被业主投诉，你们就让他们在外面摆呗，外面那么大空地呢"；不明真相的群众："这帮土匪，还让不让弱势群体活了？摆个摊卖个早饭也管"。③显然，在执法过程中，尤其是强制执法，这些

① 参见宋志刚：《城管来了》，北京理工大学出版社 2011 年版，第 17 页。

② 宋志刚：《城管来了》，北京理工大学出版社 2011 年版，第 121～122 页。

③ 网友评论，参见宋志刚：《城管来了》，北京理工大学出版社 2011 年版，第 121～122 页。

人群都可能成为不稳定因素。

按宋志刚的概括,无证摊贩有如下几种不同的人群,有些人群是不会闹事的,有的则有群体性闹事的风险:[1]大学生趁着节假日在景区卖伞、花、国旗、纪念品之类的,年轻白领为了好玩或应对生活压力而摆地摊,他们很少对抗执法。北京市区的一些无业人员("北京大爷")拉着乡下的亲戚租个小房,无照经营,范围广泛,从早餐到衣服、水果等。城管一执法,当家的北京大爷就会出现,台词一般就是:"街道不给我解决,我吃什么、喝什么?我自己找个事干,不用你们政府解决,再管我们,全家去街道主任家吃饭去!"即使街道办给他们找经营的地方,他们也会说"摊位费高交不起""离家太远不想去"。[2] 他们虽然抵制执法,"将无照经营进行到底",但是不太可能动用暴力。北京近郊的农民,赶着马车或开着农用三轮车,进城贩卖蔬菜瓜果,很多人起初是季节性的,农闲时才去,逐渐就变成常年的了。这类人,抵抗执法的劲头颇大。

外地来京摊贩是城管街头执法风险较高的人群。第一类是有点手艺的外来务工人员,文化不高,听说北京钱好挣,可来了一看,根本不是那么回事,有一部分人干两天就回去了,这种人一般比较老实,不会对抗执法。但还是有一部分人靠手艺扎根下来,于是将家里人也弄来,挣到一些本钱后就回老家做小生意去了。第二类是没什么手艺,到京后没挣到钱,回老家又怕丢面子,于是逐渐进入了小贩大军,干一些技术含量较少的工作。他们饿不死,但也挣不了钱,无法衣锦还乡,只能留在北京。他们有帮派,还干缺斤短两、强买强卖的事情,也不怕对抗城管。第三类是那些曾从事无照经营的"退役"人员。在城管执法时,这类人负责挑事、吵闹、吸引围观群众。他们自己不会动手打城管,但可能在群众围观环境下挑动前两类人动手。人群聚集,常常就意味着执法现场的控制难度和风险加大。

在这种执法环境下,城管必须保持足够的敏感性和警惕性。在

---

① 参见宋志刚:《城管来了》,北京理工大学出版社 2011 年版,第 63 ~ 70 页。

② 参见宋志刚:《城管来了》,北京理工大学出版社 2011 年版,第 67 页。

日常巡查中,有时即使发现无证摊贩,但如果城管队员太少,一般也不能轻举妄动。在街头执法过程中,北京的城管队员会用摄像机全程记录,这既可以在现场出现意外情况或事后发生法律纠纷时保存证据,也可以敦促城管队员依法文明执法,敦促摊贩守法,减少暴力执法或抗法的发生率。全程摄像在不发达地区可能还难以做到。取缔重要地段或影响可能较大的摊贩,一般会有三四辆执法车形成一个车队前往执法。第一辆是“侦查、控制车”,是“前线”侦查“敌情”的“侦查兵”,一般是租来的民用面的,它能保证开到摊贩面前而不被发觉。第二辆往往是“指挥车”,或指挥车与“运兵车”的结合,负责指挥行动的业务队长坐在这辆车上,通过呼叫电台指挥执法车队;有时指挥车后面会再紧跟一辆“运兵车”,加强查扣时的“兵力”。最后是一辆皮卡或小型货车,用来装载查扣的物品。①在接近目标区域时,指挥车会与侦查车保持适当距离,既不至于被商贩发现,又要保证在侦察车行动后及时赶到。

从理论上讲,查处无证摊贩的行政执法步骤应当是:发现违法行为—提取证据—处罚违法行为。但是,倘若在街头空间中按照这一步骤操作,城管执法将面临巨大的风险,甚至可以说,几乎每件查处行为都可能会演化为群体性事件。因此,对无证摊贩的查处在现实中就遵照以下程序:控制经营工具—暂扣经营工具—处罚违法行为。充满风险的执法环境常常使法律程序失去意义。为了保证执法行动成功,需要在无证摊贩尚未察觉的情况下,迅速控制他们的经营工具。为了保证城管队员自身的安全,在控制和查抄经营物品时,要第一时间控制经营工具中的危险品,包括水果刀、铁铲等,以防摊贩情绪失控而用这些危险品伤害城管队员。而在城管执法体制形成之初,城管执法往往会首先将卖馄饨、饺子或炸油饼、油条的摊锅踢掉,以免万一某些彪悍的摊贩在怒气之下可能用锅往城管队员身上泼油。②公众看起来较为暴力的执法形式,也许并非出于城管队员天生的暴力执法倾向,而是在复杂而危险的街头执法环境中的

---

① 参见刘阳:《北京城管研究》,北京大学 2011 年博士学位论文,第 69 页。

② 参见宋志刚:《城管来了》,北京理工大学出版社 2011 年版,第 210 页。

自我保护。

在查抄的过程中,城管行动很快,以尽量减少群众围观;因为围观群众一多,群体互动就会产生心理激励作用,[①]“暴力抗法”的概率就大大升高。因此要迅速把摊贩与经营物品隔离开来,在摊贩没有对物品查扣行动强烈阻挠的情况下,尽快将物品装车、拉走;然后将摊贩带到执法车上开暂扣单,并让其到城管队接受处理。在街头空间中,相对而言,执法车是城管队员所能实施有效控制的一个小空间,它也能隔断摊贩与围观群众之间的交流,防止群体心理发酵。现场处理完之后,所有人员迅速撤离。等到摊贩来城管队接受处理时,执法活动就完全发生在城管所能有效控制的空间内,毫无风险。执法过程中,如果城管未能完全控制执法现场,最可能出事的环节就是经营工具被人掀翻(往往是存心生事的无业围观人员),此时倘若有人喊“城管打人”,围观人群拥上来,城管就必须在更危险、更大的压力下完成经营工具装车。稍有不慎,就可能发生暴力冲突。

四、执法冲突的结构性原因

正因为城管执法遭遇了诸多冲突,甚至是执法队员或执法对象死伤的严重冲突,城管执法体制成为社会公众所争议的对象,很多人因此呼吁取消城管。这种论调显然失之于简单,没有意识到冲突背后城管执法的积极面向,也没有在现实基础上探讨执法冲突的影响因素。城管执法的社会需求没有得到充分揭示,并不为一般人所了解。在这方面,城管队员宋志刚的著作《城管来了》做了很好的工作,从一线揭示了城管执法工作的社会需求和积极面向。

第一,在食品安全方面,城管执法可以起到积极作用。无证摊贩的食品卫生状况,完全超出了人们通常的想象。[②]摊贩本人是肝炎患者、肝炎携带者的颇为普遍,肝炎携带者的老乡帮在妇幼医院门口卖糖炒栗子、摊煎饼、煮玉米。甚至还有艾滋病患者卖盐水菠萝,

---

① 科尔曼详细解析了这种心理过程,参见[美]詹姆斯·科尔曼:《社会理论的基础》,邓方译,社会科学文献出版社 1999 年版,第 264 ~ 267 页。

② 参见宋志刚:《城管来了》,北京理工大学出版社 2011 年版,第 96 ~ 103 页。

手上被菠萝扎得全是血口子，还是很敬业地往盐水里泡菠萝，他的生意很好，因为过路人全不知情。麻辣烫摊贩将前一天的渣滓放到第二天接着炖，汤里甚至出现黏痰，咬一口不熟不入味的食物，带着“哈喇子”又放回锅里。烧烤摊贩以猪肉、流浪猫狗肉、獭兔肉、狸子肉等当羊肉卖。还有摊贩用人造奶油做爆米花，这种人造奶油就是所谓的反式脂肪酸，口感好，却有极大危害，使冠心病、乳腺癌、哮喘、糖尿病、不孕不育等严重疾病的概率大大升高。

第二，在城市交通畅通上，城管执法可以起到疏导作用。无证摊贩往往是哪里人多往哪里摆，因为有人气才有生意。有网友说：“初中时我家这边有条街上全是卖东西的呢，本来回家需要 5 分钟，可是通常都要半个小时才能到家，根本就走不动啊，全是人啊。然后我同学每次放学都先打电话给城管，之后就能顺顺利利地回家了，没准路上还能捡个好的苹果啥的。”[①]还有网友说：“以前家住南三环，那叫一个乱，便道两溜儿摊，中间是顾客，根本走不动，只能到行车道上走。走过卖日用品这儿，又是小吃一条街，就是最流行那种露天的麻辣烫摊子，熟不熟、脏不脏的就吃下去了，没得肝炎就是万幸。曾经看过几次城管抄摊，现在一抄摊都上百人围观，城管可能动手吗？而且摆摊的也不是善茬儿，还没怎么着呢，就扯脖子喊城管打人了。一般都是城管开着车，举个喇叭警告一下，小贩便收拾东西，等车走了，再摆回来。”[②]

第三，在人身财产安全上，城管可以起到维护作用。有的无证摊贩强买强卖，几个摊连着卖小商品，专门坑学生。组队摆摊的小贩基本都有分工，除了摆摊的之外，还有望风的和“尾行男”。“尾行男”就是在摊子周围转悠的闲人，乍看是路人，在发生买卖纠纷的时候负责观察周围动静，顺道向事主施压。[③]有专门卖假药的、卖小动物的，基本上靠坑骗；有卖烟花爆竹的，危害人身安全；[④]还有卖氢

---

① 网友评论，参见宋志刚：《城管来了》，北京理工大学出版社 2011 年版，第 92 页。

② 网友评论，参见宋志刚：《城管来了》，北京理工大学出版社 2011 年版，第 112 页。

③ 参见宋志刚：《城管来了》，北京理工大学出版社 2011 年版，第 16 页。

④ 参见宋志刚：《城管来了》，北京理工大学出版社 2011 年版，第 75 ~ 76 页。

气球的,发生过严重的爆炸伤人事件。[①]

毫无疑问,城管执法有着诸多社会需求和积极面向。由于多种原因,城管执法在回应社会需求上还存在不足,未起到预期作用,但不能因此就完全抹杀城管执法的积极面向。至于将城管执法过程中发生的冲突完全归结为城管暴力执法,则无疑过于简单。城管执法冲突常见,不仅有街头执法特性上的原因,还有结构性的体制原因。

第一,城管综合执法体制下,执法矛盾向城管部门集中。为了解决行政执法领域职权交叉、重复处罚、执法扰民、效率低下等问题,改变多头执法体制,形成执法合力,在城市管理中,涉及城市居民生活各个方面、原本分属于城市中多个政府职能部门的行政处罚权,被高度集中于城管综合行政执法机关。这样,原本分散于社会不同领域、本由政府不同部门执法的各种矛盾就向城管部门集中。这种体制虽然有利于执法,却造成了政府不同部门间的权限和责任分配失衡。规划、审批的权限都集中在工商、规划、市政、土管等部门,这些部门的工作在理论上都是为市民服务的,不会与市民发生直接冲突。即使与市民打交道,其工作环境也是在办公室的"窗口空间"中完成的,他们最多需要到市民间做一些调研,工作环境几乎没有危险。而几乎所有部门的处罚职权都转移给了城管部门,城管部门直接与市民打交道,并行使行政处罚权,因此与市民发生冲突的可能性大大超过其他政府部门。而且,在城管综合执法体制下,其他行政部门没有管好的事情,都会让城管来负责。比如食品安全卫生问题没解决好,警察、城管是负责的终端;土地管理、房屋管理问题没解决好,城管是负责的终端。一位网友评论说:"俺是搞卫生监督的,说白了就是城管哥哥说的那些管坐店餐饮的。自打有了城管哥哥,俺们算是解放了一大块。再也不用满街追着卖毛鸡蛋、炸香肠的小摊贩跑了,可总要有人追啊,重担就落在你们身上

① 参见宋志刚:《城管来了》,北京理工大学出版社 2011 年版,第 108 页。

了……”[1]在城管综合执法体制下，很多执法部门的责任被城管执法部门所承接，甚至可以说，城管和警察集中了绝大部分基层一线矛盾。

第二，在城管综合执法体制下，政府行政决策的风险向城管部门转移。因为城管综合执法体制的存在，地方政府越来越习惯于将城市管理中的复杂难办事务交给城管部门，城管越来越成为地方政府改革的“断后”力量。这样，城管承接了很多不良政府决策的风险。不少地方政府领导急于追求政绩，盲目上马面子工程，罔顾基层社会现实，政策一旦推行，社会矛盾突出，城管又必须冲到第一线，为不良决策承受骂名。一些地方政府完全无视当地的现实，提出建设“无摊贩城市”，甚至连郊区农民偶尔上街卖菜也要予以取缔。一些地方政府取缔摊贩，却没有相应的辅助措施，摊贩只能在街头与城管玩起“老鼠与猫”的游戏。甚至北京市也存在类似问题，为了申办和筹备奥运会，城市管理的思路从之前的以“搞活经济”、解决市民的“菜篮子”问题为主，转为以治理市容环境为主，因此撤销了大量合法的市场。这一过程中政府并没有给出明确的说法，而是通过“合法加害权”[2]的方式模糊处理的，以各种其他理由，冲击摊贩的经营，迫使他们撤离或转行。[3]这使很多原本有证的摊贩，变为街头流动的无证摊贩，他们与城管在街头拉锯数年。这一政府改革决策的实质，就是成本和风险实际上由摊贩和城管来承担。

不良政府决策分配给城管的执法目标，直接指向了底层人群的基本生存。他们当中的很多人为了到城市发展而自谋生路，本来应该是政府扶助的对象，却因为涉嫌违法而成为城管打击的对象。当下层人群的生存碰到盲目的行政决策时，街头执法的风险可想而知。盲目的行政决策，实际上寄予了城管过高的期望，赋予了他们难以完成的任务，进而使他们成为“众矢之的”。上级的要求、市民

---

① 网友评论，参见宋志刚：《城管来了》，北京理工大学出版社 2011 年版，第 223 页。

② 参见吴思：《潜规则：中国历史中的真实游戏》，复旦大学出版社 2009 年版，第 5 页。

③ 参见刘阳：《北京城管研究》，北京大学 2011 年博士学位论文，第 68 页。

的抱怨和相对人的抵触,将成为城管所不能承受之重。由于城管机构由地方政府自主设立,中央政府并无对口部门,这种有“块”无“条”的制度架构,显然为地方政府将行政决策风险转移给城管部门提供了便利。

第三,城管执法面对的是难办事项,却得不到群众的支持。城管的执法,除了违法者的非法利益受损外,往往是对一部分人有利,对一部分人不利;或者说一部分人欢迎,另一部分人反对。例如,某大学门口有摊贩卖食物,方便学生自习后吃饭。校长觉得挡道,因此坚决要求城管取缔,还拒绝了联系有卫生保障的食品点的建议。城管取缔时,只能遭受学生的使劲责骂。①另有一个很有意思的个案:一个小伙子打电话说车道被摆摊的占了,还把车刮了,非要城管过去取缔;城管过去后,一位老太太出来与城管争执,说取缔了市场她买菜不方便。这位老太太是小伙子的母亲。②一些群众往往是,摊贩摆在他的家门口,影响到他了,他就激烈反对,要求取缔;没在他家门口,他就很乐意,愿意享受摊贩带来的方便。而在执法现场,即使得益的群众也不会表态支持城管,而受损的群众却可能激烈反对。

也就是说,城管执法往往是在为“沉默的大多数”群众服务。拆除违建物就是这样。“违法建设”最初出现的时候,周围的人往往碍于情面不会声张,接下来大家就争相效仿,于是违建成了普遍情形,直到严重影响公共利益或其他市民利益,城管不得不出来执法。在一起因违建影响了地下水管线路的案件中,城管执法仍然得不到群众的支持,违建房主与城管斗智斗勇,群众却缩头不出。③由于服务对象的沉默,执法缺乏充满正气的环境,违法者可能无所顾忌地抵制执法,作出过激行为,而执法者也可能因缺乏安全感而作出过度行动,从而引发执法冲突,甚至暴力冲突。在这种执法环境下,甚至从城管执法中受益的人,也可能因不理解或受违法者的行为表象感

① 参见宋志刚:《城管来了》,北京理工大学出版社 2011 年版,第 59 ~ 60 页。
② 参见宋志刚:《城管来了》,北京理工大学出版社 2011 年版,第 75 ~ 76 页。
③ 参见宋志刚:《城管来了》,北京理工大学出版社 2011 年版,第 126 ~ 129 页。

染而反对城管执法。例如黑车问题,那些出门不好打车的人就不反对黑车,而被黑车抢了生意的出租车司机、嫌黑车占道影响通行的人,就支持打击黑车。但是,一旦城管整治黑车,街头尽是围观群众,得益的群众往往也不会出来支持城管,甚至还会跟着批评城管"钓鱼执法"、执法不规范。

五、执法冲突的传媒表达

城管执法的矛盾和冲突多发,尽管有城管人员暴力执法的原因,但很难说这是主因;客观来说,既有社会矛盾本身的原因,也有城管执法体制下的结构性原因。但是,传媒在涉及城管执法冲突时,似乎所有的社会情境都不存在了,似乎暴力执法就是城管的天性,而冲突都是由暴力执法引起的。关于城管执法的新闻,几乎从不谈及城管执法的合理性,而总是或明或暗地建构城管专制、暴力、进攻性的形象。举两个例子如下:

贩夫走卒,引车卖浆,自古便是良民的正当职业,是盛世通衢的繁荣之景。而这些在今日之城市却成了某些人眼中一道褪不去的疮疤,自然也就成了城管的"专政"对象。于是乎,暴力执法和暴力抗法的恶性循环,一次又一次地在中国的城市里上演。①

城管执法,执的是什么法?执的是"维护公共秩序法"还是"砸烂小商小贩饭碗"之法?假设是前者,目的是维护公共交通秩序、市场秩序、干净整洁秩序,完全可以用劝说、动员的模式。还可以向小商小贩提供摊位、提供场地的模式达成"维护"目的,而今却是兴师动众"会同"街道办事处、派出所进行联合执法。如此模式,实在是一种直接平推驱逐模式,根本未用劝说加提供摊位模式,又怎么可能令小商小贩们信服?……大量的事实表明,城管打人属于"常态",被城管暴力致伤者绝非少数。②

这些媒体讨论基本没有做任何深入的调查,对城管执法的社会

---

① 参见景锦:《深圳城管扒裤:典型制度下的典型事件》,载《南都周刊》2007 年 5 月 14 日。

② 参见李振忠:《城管"暴力执法"是否也是"抗法"》,载腾讯网:http://view.news.qq.com/a/20120128/000010.htm,最后访问日期:2013 年 5 月 30 日。

情境和机制并不了解,仅仅根据被不断爆料的暴力执法对城管做总体判断;却对城管执法的风险,对摊贩暴力抗法常常视而不见,对城管被杀缺乏基本同情。网易的“另一面”栏目最近将城管执法的相关负面新闻收集在一起,标题分别是“管的越来越多”“罚得越来越狠”“腐败越来越重”。栏目丝毫没有提及城管扩权的历史背景和综合执法体制的形成过程,只谈城管执法队伍的扩大,不谈其他部门执法队伍的减小;只谈城管执法范围的扩大,不谈其他部门退出执法一线。专题也没有深究其列举的那些城管违法腐败个案的代表性和普遍性问题,而是将 2007 年杭州西湖景区的某处罚做法当作城管执法的一般处罚模式,将 2009 年上海浦东出现的“钓鱼执法”当作城管执法的一般方式,最后却以确证的口吻得出结论:“城管背负的骂名越来越多、舆论争议越来越大,但却因为能够创造实实在在的政绩,所以还是深受上级领导信赖,于是进一步促使更多的职能职责、执法权限向城管部门倾斜集中。”①一些门户网站甚至很不严肃地调侃城管,腾讯网曾有一期节目这样描述城管:

论其制,律法之内无所授,法外之域起衙司;论其伍,青皮无赖结其帮,酷吏残刻领其队。论其酬,公帑税金养其众,劫夺民财肥其私。论其兵,褐衣大帽壮其势,狼牙镣铐助其威。论其行,哀哀之民夺其口,嗷嗷之辈断其炊。一国之内,无论大都小邑,此辈结队横行。动则呼啸指斥,立则狼蹲豺伏。无论老弱男女,群殴见血则快意;任尔贩夫走卒,追打跪地迫罚金。②

一些媒体甚至以这种表达来为调侃城管确立正当性:

城管打人已经不算是新闻,城管打死人也不再是新闻。城管与小贩的矛盾似乎已经变得不可调和,更何况城管还准备和警察联手。对城管的讨伐之声从来没有停止过,但是暴力执法事件也从来没有停止过,只是每次的暴力执法事件都会有着不同的情节。各地都在净化城管形象,各种声音也在讨论谁之过,谁之责。我们一直

① 《城管扩权:从临时机构到无所不管》,载网易网:http://view.163.com/special/reviews/chengguan0823.html,最后访问日期:2013 年 5 月 30 日。

② 《〈我的城管我的城〉“剧组招募”》,载腾讯网:http://news.qq.com/zt/2009/cg/cnm325.htm,最后访问日期:2013 年 5 月 30 日。

谴责,我们表达愤怒,可是于事无补。无奈之余,一种新的民意表达方式开始出现,那就是“调侃”。网络上“城管”作为名词被解释成专门欺压租不起商铺、办不起执照商贩以及其他弱势群体的黑社会组织,作为形容词的解释是残暴、血腥、恐怖,作为动词等同于打、砸、抢。除此之外,网络上还流传着很多关于城管的笑话,曰“你太城管了”,生动幽默地讽刺着城管执法。……暴力不能解决问题,谴责也无法解决问题;打累了,骂累了,用一种“调侃”的方式表达想法或许可以更好地增进沟通,会心一笑解千愁。①

传媒的这种表达,实际上是对城管的“污名”,②将个别城管暴力执法、专横腐败等负面特征进行刻板印象化,进而使其成为本质上与城管群体对应的“指称物”,由此掩盖了城管的其他特征。传媒通过强势的话语权,通过“贴标签”的方式,完成这一污名过程。暴力、腐败、“没有人性”等标签,最初可能只与部分城管个体相连;随后,通过媒体的反复炒作,标签被更多人接受用来指称城管执法的特征,标签指称的物件特征泛化,并与城管群体之间的关系凝固僵化。这样,标签就似乎成了城管群体的“固有本性”,对城管群体的污名化过程于是完成。传媒对城管的污名化,有多方面的原因,既与极端观点容易引起关注的传媒介入特性有关,也与传媒追求商业利益的倾向有关,还与作为各种力量斗争平台的传媒特性相关。③

这种污名化的传媒表达,对受众产生了不可小觑的影响。那些对城管工作不了解、缺乏社会经验的人,在看了这些描述之后,很容易就会对城管心生憎恶,而不会去思考城管执法的社会需求。新闻报道之后的评论或跟帖,几乎都是“城管全家死光光”之类的暴戾表达;偶尔有人发表持中之论,也会遭到网民讽刺甚至围攻。如果在暴力冲突中执法相对人受伤或死亡,媒体上自然是一片骂声。即使

---

① 《“城管来了”,商贩全逃走》,载网易网:http://news.163.com/09/0410/12/56HPTJBF000120GR.html,最后访问日期:2013 年 5 月 30 日。

② 参见[美]欧文·戈夫曼:《污名:受损身份管理札记》,宋立宏译,商务印书馆 2009 年版,第 3 ~ 5 页。

③ 具体可参见陈柏峰:《传媒监督权行使如何法治》,载《法学家》2012 年第 1 期;陈柏峰:《法治热点案件讨论中的传媒角色》,载《法商研究》2011 年第 4 期。

是发生冲突后,执法相对人回家后因其他原因的死亡,人们也会当成“城管打死人”。[①]在暴力事件发生后,权威报告尚未发布,但不少人就会理所当然地认定城管打人。即使执法过程中发生城管伤亡,传媒也几乎不谈论城管执法的积极面向,不劝导市民远离暴力,网民则往往欢呼“又死了一个狗城管”,以此来发泄生活怨气,就好像城管死了不算人死、城管的生命就不是生命一样。

在城管形象被污名化的同时,违法犯罪摊贩的形象被大众媒体圆形化。扁型人物(flat characters)与圆型人物(round characters)是小说理论家福斯特(E. M. Forster)提出的概念。前者指的是特征集中且单一的人物形象,他们在叙事中的一切言行和一切情节,都是以单一特征为导向的;后者则相反,具有多个不同的特征,有些特征甚至是互相矛盾的。[②]在摊贩杀害或者伤害城管后,摊贩的形象通常会被媒体圆形化处理。摊贩崔英杰杀死城管李志强一案发生后,《南方周末》的报道没有违背证据和基本的事件线索,但所有的描述都围绕“崔英杰其实是好人”展开,重点放在崔英杰的个人经历上,讲述他是个优秀的转业军人,曾被评为优秀士兵,勤劳工作、孝顺父母、能说会道、心地善良、人缘极佳,强调崔英杰的农民工身份、进城务工的艰辛经历、被拖欠工资的情况。该报道甚至处处将崔英杰与李志强进行对比,从家庭到工作,他们都是平凡的好人,相遇却是一个血案的发生,而“那一刻,崔英杰为何会行凶?没有人知道”。他并没有恶意抗拒执法,仅仅想保留自己新买的三轮车,它是在被拖欠工资、生活非常拮据情形下,借钱所买的最后的谋生工具。[③]在这种叙事下,他的奋力抵抗是可以谅解的,而且,他离开现场后又回去是为了寻找同伴,发生流血事件是由于现场的混乱引起了误会,杀人只是惊慌失措的意外。

---

① 参见金林:《昆明城管被指围殴三轮车夫致其死亡》,载《生活新报》2009 年 10 月 30 日;庞继光、曲鸣飞:《昆明通报三轮车夫潘怀用死因》,载《都市时报》2009 年 11 月 10 日。

② 参见刘燕:《案件事实的人物建构——崔英杰案叙事分析 》,载《法制与社会发展》2009 年第 2 期。

③ 参见赵凌、郑焰:《城管副队长之死》,载《南方周末》2006 年 9 月 14 日。

摊贩夏俊峰杀死两个城管、重伤一个城管的案件发生后，媒体采取了类似的叙事策略，来讲述案情的“背后”。网易视频讲述道，“夏俊峰夫妇自幼生活困难，全部的希望都寄托在儿子身上。摆摊的‘巨额’收入让他们实现了一直以来的最大愿望：送儿子去上画画班”。该视频暗示夏俊峰在城管执法过程中挨打，因此才在暴怒之下杀害城管；暗示夏俊峰案在审判过程中存在程序问题、伪证嫌疑；并渲染夏俊峰亲人为“化解冤仇”所做的努力。①凤凰视频更是极力渲染夏俊峰生活的艰辛，为了给儿子创造好一点的学习条件而辛劳摆摊，渲染城管执法的粗暴及其对摊贩的心理伤害，甚至公开挑拨官民矛盾。②媒体还不断讲述夏俊峰儿子的故事，渲染夏俊峰“为了儿子，我什么都不怕”，渲染他儿子的绘画天赋。③还通过他儿子“被同学打不敢还手”，来隐喻夏俊峰与城管的关系：父亲杀死城管被判死刑，孩子在被人欺辱时就不敢还手。④跟踪报道甚至通过描述夏俊峰在监狱里的生活来渲染他的绝境，⑤通过强调“事发地如今交钱即可摆摊”，来暗示城管执法不具正当性。⑥这些描写和渲染，其目的都是为了表明，夏俊峰并不是一个十恶不赦的杀人犯，而是一个有着与常人一样感情的父亲、丈夫，是一个需要尊重和尊严的底层劳动者。

传媒对摊贩形象的圆形化描述，并非什么都“圆形化”，而有其视点的特别选择。作为杀人犯的崔英杰、夏俊峰，其凶残的一面始终没有被呈现，其杀人在细节上几乎从来没有被呈现。但是，这并不代表他们就只有传媒特意呈现的勤劳善良，而真的没有恶。即使

---

① 参见《夏俊峰案：小贩刺杀城管的背后》，载 http://v. 163. com/jishi/V7HIQFQDL/V89K7P12K. html，最后访问日期：2013 年 5 月 30 日。

② 参见《小贩夏俊峰》，载 http://v. ifeng. com/documentary/society/201105/d8019665 - c5f2 - 4c26 - a6af - d1b1869f9e1c. shtml，最后访问日期：2013 年 5 月 30 日。

③ 参见周华蕾：《儿子与童话》，载《南方周末》2011 年 9 月 16 日。

④ 参见《夏俊峰杀城管获死刑续：其子被同学打不敢还手》，载 http://news. qq. com/a/20121016/002036. htm，最后访问日期：2013 年 5 月 30 日。

⑤ 参见周华蕾：《和夏俊峰、蔚少辉一起蹲班房》，载《南方周末》2012 年 6 月 28 日。

⑥ 参见张国栋：《沈阳小贩刺死城管追踪：如今事发地交费即可摆摊》，载《南方都市报》2012 年 9 月 3 日。

只从生活常理出发,拿刀杀人该是一种多大的恶,需要多大的狠心和仇恨?城管暂扣非法经营的工具,就是一种难以忍受的、非要杀人而后快的屈辱吗?媒体津津乐道于城管“暴力执法”给摊贩所造成的创伤,渲染杀人犯的父母妻儿是多么可怜、多么无助,却几乎不提摊贩杀人对城管家人所造成的创伤。难道城管就不是人,就没有父母妻儿?传媒当然不会否认摊贩杀人的事实,但杀人者和被杀者的某些身份、特征,却可以被用来消解对杀人者、杀人行为的仇恨。

传媒对城管形象污名化、摊贩形象圆形化的描写,刻画了城管和摊贩的部分特征,避而不谈另外一些特征。深描某些事件,对另一些事件视而不见,其目的就是利用被选定的素材来呈现执法冲突,限定受众的思考和评价,进而认同传媒所给定的叙事结构和定性。顺着传媒的思路,一般人就会提出“是什么原因迫使一个好人走上绝路”的疑问,对这个问题的回答则指向了公共权力与公民权利、政府管理与个人生存之间的矛盾。[①]这种描写诱导受众选择性地注意被害人的城管队员身份,并借题发挥式地将焦点放在城管的“暴力执法”上,让民众将死伤城管与恶劣的城管公共形象建立起联想,从而让杀人摊贩看上去更值得同情,甚至增加了某种英雄色彩,并最终抽象地指向制度。重庆的任建宇在看完视频《小贩夏俊峰》后转帖说:“这是怎样的悲哀。这个社会恶人当道,好人不得善终,而我们这代人的使命就是消灭恶的制度,并使之成为善的守护神。”[②]夏俊峰的妻子收到网民上百万元的捐款,而网络上则是一片“又死了一个狗城管”的欢呼声。“涉及案情的一系列事件,经过挑选、裁剪、解释,编织到一个由语言来呈现的戏剧化故事当中,情节塑造出人物,再使用人物在叙事中的形象引发受众对他的评价,诱导受众期待判决会给予这个人物他应得的结局,这结局当然正是叙事者希望给予该人物的,也是叙事者期待受众认同的。”[③]

传媒通过叙述可怜的善良的底层人陷入困境,暗示法律对他应

---

① 参见刘燕:《案件事实,还是叙事修辞?——崔英杰案的再认识》,载《法制与社会发展》2007 年第 6 期。

② 刘俊:《重庆“不正常”青年》,载《南方周末》2012 年 10 月 18 日。

③ 刘燕:《案件事实的人物建构》,载《法制与社会发展》2009 年第 2 期。

当与对待残暴的歹徒不同,正义的做法不是置他于死地,而是给他改过自新的机会。在崔英杰案中,刑法专家登场表态说“要对整个案件的综合考察才能作出正确的定罪量刑”;宪法、行政法专家则质疑城管执法权限和执法行为的合法性,甚至搬出了《经济、社会、文化权利国际公约》。[①]在夏俊峰案中,律师、学者、新闻评论员对审判发表意见的更多,大多以所谓的正当防卫、防卫过当、程序瑕疵来说事。[②]在微博上,关于“夏俊峰案”的搜索结果有数十万条,公共知识分子广泛参与传播并发表“专业意见”。例如徐昕说:“小贩夏俊峰的行为是典型的私力救济,是针对城管申凯、张旭东等十多人野蛮执法的被迫抵抗,是正当防卫,至多是防卫过当,即使构成犯罪,亦罪不当死。关注夏俊峰案,并希望以此案推动中国的死刑限制/废除运动。”[③]这些说法,在法律上很难成立,而且与案件审判量刑很难有直接联系,但却可以从社会舆论上影响案件。崔英杰没有被判处死刑立即执行,夏俊峰的死刑复核在最高人民法院搁置了一年多,也许就是法院面临压力的反映,虽然没有直接证据证实。

为了强化给定的叙事结构和定性,微博上的公共知识分子顺势把问题推向所谓的体制。李承鹏说:“这一个违章摆摊的父亲,却是要努力养活儿子的父亲。这一个杀了人的父亲,却是为保住最后尊严才杀人的父亲。这个前技校生,后二级车工……辗转最后,竟至杀人。试想一个小贩格杀当世两大城管之际,内心该多激愤。此时该羞愧的到底是这父亲,还是这街、这城、这国。”[④]斯伟江这样回复夏俊峰的妻子:“会好的。包括夏俊峰,和我们这个时代。钟摆不会

---

① 参见赵凌:《崔英杰案判决在即,学界呼吁慎用死刑》,载《南方周末》2007 年 2 月 1 日。

② 参见胡雅君:《夏俊峰案凸显城管困境:暴力是否源于制度》,载《21 世纪经济报道》2011 年 5 月 12 日;《夏俊峰案:需要有公正的司法给民众信心类别》,载《南方都市报》2011 年 5 月 14 日;邓子滨:《公正必须看得见》,载《南方周末》2011 年 5 月 20 日;谭翊飞:《追问夏俊峰案》,载《财经》2011 年 6 月 7 日;伍少安:《夏俊峰案中的司法是否公正应当给出答案》,载 http://view. news. qq. com/a/20110516/000044. htm,最后访问日期:2013 年 5 月 15 日。

③ 徐昕微博:http://weibo. com/poetjustice,最后访问日期:2013 年 5 月 15 日。

④ 李承鹏微博:http://weibo. com/lichengpeng,最后访问日期:2013 年 5 月 15 日。

永远在一边的。”[①]媒体和公共知识分子,借着给杀人摊贩争取免死的机会,顺便也挑动了一些人对体制的怨恨情绪。如同对微博的实证研究成果所指出的,都市精英知识分子以“豪民”的身份不容置疑地代表“人民”、“草民”、“老百姓”或“公众”的意见,在法律过程中以“动员”代替“程序”,“将个案转为体制”。[②]

六、执法冲突的呈现与弥合

应当承认,城管执法冲突的传媒表达,成功引导了受众的思考。它建构了执法冲突的人物和语境,其中有暴虐的城管,有受压迫的摊贩,然后就是城管暴力执法,遭到凌辱的摊贩奋起反抗。这种描写与被传媒“污名”后的城管形象高度一致,符合受众的先在经验和价值判断。然而,城管执法冲突却未能得到全面真实地呈现,城管执法因此未能得到理性讨论,城管执法中的问题也难以得到实质性解决。即使传媒和公共知识分子的努力使个案的处理结果符合他们的期待,也并不意味着城管执法的问题得到了解决,不意味着城管执法冲突就得到了弥合,更不意味着社会管理秩序就可能更好。实际情况可能恰恰相反。杀害李志强的崔英杰被判处死刑缓期两年执行,传媒和受众满意,李志强的同事宋志刚却说:“如果我是志强队长的亲人,我会为了我的亲人不停上访,就算穷尽我的下半生,也要让那个凶手得到应有的惩罚,以告慰亲人的在天之灵!”[③]他坦言:

我不愿意去志强队长家。我害怕。我害怕,我去多了,就会丧失工作的勇气。看见志强队长的家人,就像看见我自己的家人一样。如果有一天我不在了,他们会怎么生活?如果我脖子上的大动脉被豁开……如果我满身鲜血地躺在急救室里……如果我爹妈在外面痛不欲生……会不会有人说我是个敬业的好同志?会不会有人为这个二十来岁的年轻生命感到惋惜?会不会有人同情这对痛

---

① 参见斯伟江微博:http://weibo.com/u/2729816327,最后访问日期:2013年5月15日。

② 参见王维佳、杨丽娟:《“吴英案”与微博知识分子的“党性”》,载《开放时代》2012年第5期。

③ 宋志刚:《城管来了》,北京理工大学出版社2011年版,代自序,第6页。

失爱子的年迈老人？我想，或许不会……我能得到的，或许只是满篇欷歔甚至奚落的报道……我能得到的，或许只是网络上大家的振臂高呼："又一个狗城管被干掉了……"①

传媒表达远远没有呈现城管执法冲突的社会情境，它强化了受众的一部分常识，同时故意遮蔽、限制了另外一部分常识。对于摊贩艰辛生存的一面，传媒广为宣传，受众广为接受；但对于摊贩动手杀人那一刻的凶残，传媒却故意回避；对于城管执法的艰难和无奈、维护城市管理秩序的需求，媒体都避而不谈；对于城管与摊贩在街头空间中的斗争与纠葛，媒体不理解也不愿去理解。由于社会科学话语、概念、理论对指涉对象有着反思性建构作用，指涉对象自身可能以社会科学的方式来思考，"专业观察者所宣称的知识重新又进入到它所指涉的对象之中，从而又改变着他所指涉的对象"，②因此，媒体的描写客观上可能鼓励摊贩在街头抵抗城管的执法，制造新的社会不稳定。同时，媒体上出现的公共知识分子，虽然根本不了解底层生活与基层执法，却以底层民众的代言人自居，以人民的名义发言，他们不是呼吁底层执法者与底层人民互相理解，不是呈现彼此不同的社会经验以获得谅解和共识，而是在某种意义上宣扬暴力，甚至挑动反政府情绪。显然，媒体对真实的城管执法并没有兴趣。宋志刚记叙了这样一件事情：

前几年，通州区的城管队员查抄路边小贩，收缴气球。不想气球突然爆炸，破气球皮就糊在了一个年轻城管兄弟的脸上。氢气球爆炸瞬间温度据说不低，那气球皮一下就黏住了他的脸。等到了医院，医生把气球皮取下来，这哥们儿已经毁容了。哥们儿的未婚妻看见他受伤后的脸，也跟他吹了，他难受得不行。当时他的队领导就想让媒体给说说这事，一个是为这兄弟宣传宣传，好歹宽宽他的心；再一个是想跟广大市民说说，别给孩子买氢气球了，太危险。结果媒体"谢绝"了，因为没"爆点"……这些媒体也不知道怎么想的，

---

① 宋志刚：《城管来了》，北京理工大学出版社2011年版，代自序，第5页。

② ［英］安东尼·吉登斯：《现代性的后果》，田禾译，译林出版社2000年版，第38～39页。

就爱报道城管打人、城管追小贩的事,怎么就不提醒提醒老百姓,这小贩卖的东西危险啊?①

只有关于摊贩和城管的常识都呈现在人们面前,城管执法冲突才有可能从制度上得以化解。只有相关信息得到全面呈现,社会才能真正深刻理解城管执法及其冲突。如果公众对城管执法的社会需求缺乏认识,对城管执法体制的形成历史毫不知情,对执法冲突的街头场景毫无体会,对街头执法冲突的结构性原因毫不理解,对媒体表达的叙事结构毫无警醒,城管执法的冲突也许就永远都无法弥合。一个真实的世界都没有得以呈现,却去讨论其中冲突的弥合,这岂不是在沙堆上建设高楼大厦?毫无疑问,在现代社会,向大众呈现真实的世界,只有依赖传媒,必须让公众了解他们尚未了解的常识,让所有的人共享经验。

在一个传统的乡土社会中,不但所有成员共享经验,而且不同世代的人也可以共享经验。乡土社会安土重迁,人们生于斯、长于斯、死于斯,流动性很小,社会分工也不明显。"在这种不分秦汉、代代如是的环境里,个人不但可以信任自己的经验,而且同样可以信任若祖若父的经验。一个在乡土社会里种田的老农所遇着的只是四季的转换,而不是时代变更。一年一度,周而复始。前人所用来解决生活问题的方案,尽可抄袭来作自己生活的指南。"②而在现代社会,社会流动加速,社会分工日益发达,每个人都只了解自己职业领域的一小块,只对自己的专业领域才精确熟悉。对专业之外的领域不但不理解,而且缺乏理解的基础,因为信息爆炸使人们很难对离日常生活稍远的领域有深入了解。人们很难从日常生活过程去分享他人的生活经验,因为现代社会的复杂性使其丧失了经验共享的生活机制。传统乡土社会是同质社会,而现代社会则是异质社会。在现代社会中,人们必须借助传媒这一平台来共享经验,传媒的重要性也因此凸显。

传媒应当客观全面报道城管执法,充分展现执法冲突的社会情

---

① 宋志刚:《城管来了》,北京理工大学出版社2011年版,第109页。

② 费孝通:《乡土中国　生育制度》,北京大学出版社1998年版,第51页。

境，帮助不同的人群共享经验、凝聚共识并塑造民意。“经验分享可以促进社会互动，让人们拥有共同话题、任务和关心对象。经验分享提供了一种社会黏性，让不同的人相信他们拥有相同的文化。他们借由创造共同记忆、经验和共同的进取精神，打造一个分享的文化。”①大众传媒在经验分享中担当重要角色，若处置不当则可能会制造分裂。在城管执法冲突的描述中，传媒显然未能较好地履行责任，扮演恰当的角色，促进经验共享。传媒的描写未能摆脱对城管的污名，未能全面提供城管执法的图景，城管的执法需求、执法困境、执法场景在媒体中都不存在，这样不能帮助受众全面理解城管执法。不同人群不能从传媒中分享不同的经验和知识，社会黏性不仅没有增加，反而在质疑体制的呼声中遭到腐蚀。如此，公共讨论不但不会凝聚社会共识，反而会进一步制造对立情绪，孕育暴力的种子。

传媒未能在分享经验的基础上塑造健康的民意，基层社会仍然处于分裂状态。城管执法仍然举步维艰，得不到公众的理解；人们仇视执法者的情绪进一步加强，并没有因为杀人摊贩的从轻处置而得以缓解；城管执法的受益者进一步沉默，甚至不自觉地加入了反对执法秩序的浪潮中。这越发强化了城管执法的危险环境，未能缓解社会张力。媒体和社会对此都应有所反思。健康的传媒立场，应当是全面客观地呈现社会困境、共享社会经验、达致互相理解、弥合社会矛盾。当然，健康的传媒立场，科学全面地呈现执法冲突，这些仅仅是起点。要从根本上解决城管执法冲突问题，至少还需要加强以下四个方面的工作：一是进一步优化城管执法体制，促进城管依法执法，提高城管系统的法治化水平；二是提高政府行政决策的科学化程度，避免城管部门成为承担政府行政决策风险的“专门机构”；三是继续保障民生，提高人民生活水平，以使城管执法目标远离底层人群的基本生存线，从而降低执法难度；四是加强对城管执法需求和积极面向的宣传，寻求社会对城管执法的理解和合作。显然，城管、传媒和社会，都任重道远。

---

① ［美］桑斯坦：《网络共和国：网络社会中的民主问题》，黄维明译，上海人民出版社2003年版，第69页。

下　　编

第五章　传媒的商业性

当前,中国传媒业发展欣欣向荣,传媒在市场化条件下如鱼得水,在社会问题和法治建设过程中发挥着重要作用。传媒被认为具有独立性、中立性和公共性,传媒权力也被认为是立法、行政、司法之外的“第四种权力”。改革开放之前,传媒作为党政系统的一部分而存在,受党政系统直接控制,因此,市场化改革被传媒人赋予了促进传媒独立性发展的期望。然而,在市场经济条件下,商业性是传媒与生俱来的特征,它对传媒的独立性、中立性、公共性产生了难以忽略的影响。这一点常常被传媒和传媒人有意无意地忽略。从理论上看,传媒的公共性源自社会契约论的预设;从现实去看,近代以来传媒独立性是在与封建王权的斗争中逐渐获得的,在政党控制报刊之后才在一定范围内实现。本章将在考察实践的基础上,分析当代中国传媒的商业性和利益场。与传媒独立性、中立性、公共性的预设不同,商业性贯穿了传媒的发展史,从而对传媒的独立性、中立性、公共性构成了巨大挑战,对传媒行业和职业伦理有着非同小可的影响。

一、传媒商业性的一般原理

传媒被认为具有独立性、中立性和公共性,传媒权力被认为是“第四种权力”,这些是在自由主义思想传统中得以强化的。自由主义思想往往认可并倡导传媒的市场化，认为政府对传媒进行管理，必然会使传媒成为政府的传声筒；而市场化可以让传媒保持自由和独立，在最大程度上反映民意，给民众提供中立的信息，实现民众的表达权。总之，市场化可以防止政府对传媒的控制和干涉。从实践来看，市场经济条件下，传媒仍然存在较强的政治性（笔者已在其他文章中论述）；而传媒市场化带来的更大问题，在于传媒的商业性。商业性对传媒的独立性、中立性和公共性构成更大的挑战。新闻在本质上就是商品，传媒从一开始就是提供商品者；其商业性与生俱来，贯彻于新闻发展的各个历史阶段。

新闻与所有的商品一样，都有满足人们需求的价值，也有其生产和交换形式。传媒是生产新闻的企业。它有着与其他企业类似的成本投入和利益产出形态，新闻生产的首要目的也是经济利益。作为最早的传媒，报刊的生产经营活动就是直接依靠出卖刊载有新闻的报刊来赚取利润，后来发展到刊登广告来获得主要利润。报刊的经营者是企业，消费者是社会公众，重要的资助者则是广告商。经营者在采写新闻、印刷报刊过程中需要付出成本，而在出售报刊和刊登广告过程中获得收益、赚取利润。赚取利润是生产新闻的基本动力，没有利润报刊将无法生存，新闻生产也就失去了载体和意义。即使到现在，大型垄断媒体也还是按照这样的基本逻辑进行商业运行，互联网空间中传媒的商业运作也没有脱离这一基本赚取利润的原则。不过，现代社会的垄断性传媒和互联网媒体生产的是更为复杂的、满足人们更多层次需求的文化产品。这些包括新闻在内的文化产品的生产，处在一个更为复杂的产业链条中，通过垄断性地位或互联网技术手段，这些文化产品可以大幅度降低生产成本，垄断消费市场和广告市场，从而获得更为丰厚的利润。目前，在世界范围内，媒体行业几乎是金融行业之外利润最高的行业。

传媒行业发展到今天，报刊购买必备材料（纸张、印刷设备），通过记者、编辑的工作制作新闻，最后印刷成报纸出卖，居然还能成为利润特别丰厚的行业，这从成本收益的直接计算去看，似乎不可能。因为一份数十页的报纸，不到一元的售价连支付纸张、印刷成本都不够,遑论新闻采写环节的更高成本。况且,广播、电视、互联网的新闻信息几乎是免费的,社会公众并未为新闻付出足够成本。传媒行业如何盈利?奥秘在于广告。传媒不但制作新闻,而且刊登广告,它通过新闻来吸引公众注意力,通过公众注意力来吸引广告客户。新闻是商品,传媒将它出售给社会公众,从而获得公众的社会注意力;媒体再将公众的社会注意力商品化,进而出售给广告商。传媒出售新闻是第一次出售,出售公众注意力是第二次出售。传媒的巨额利润来自第二次出售行为,它从广告商那里获得丰厚的利润。传媒的商业性体现在广告上,这种商业性对传媒的独立性、中立性和公共性构成巨大挑战。

从理论上说,只要传媒将新闻做得有吸引力,吸引足够多的受众,然后再以受众来吸引广告商,广告收入一定可以保证其有足够多的利润。在西方传媒发展早期,市场化和商业化模式促进了传媒摆脱政党政治的直接控制。因此,传媒的商业性并不必然导致新闻的不客观,影响传媒的中立性和公共性。问题在于,商业行为的逐利本质,会将传媒带入诡异的尴尬境地,甚至引入歧途。例如,美国现代报业的奠基人普利策,在办《世界报》时,一方面揭露时弊,反映民情,提倡改革,注重对社会热点问题的报道;另一方面采用煽情主义和耸人听闻的手法来吸引读者。而此后赫斯特的《纽约新闻报》在煽情手法上更进一步,大量刊登充满性、犯罪、暴力等内容的新闻,赫斯特也因此成为黄色新闻的始祖。[①] 为了利润,19 世纪末的报纸,黄色新闻泛滥,一些报道甚至不惜伪造照片、捏造访问记录来行骗。

时至今日,西方媒体上虽然虚假新闻有所收敛,但丑闻、刺激图片还是依然充斥其中。在世界范围内,严肃传媒普遍有小报化的趋势,丑闻和膻腥成为主流,深度节目缺乏,互联网时代的传播还加速了这一趋势。新闻报道和公共讨论有时候像连续剧般持续进行,以

---

① 张允若编著:《外国新闻事业史教程》,高等教育出版社 2003 年版,第 111 页。

小说的方式详细讨论“真实生活的事件”。[①] 这些都是商业化媒体为了吸引受众而“自然而然”去做的。因为受众意味着广告，广告意味着传媒生存和利润。正如马克思所说，如果有100%的利润，资本家们会铤而走险；如果有200%的利润，资本家们会藐视法律；如果有300%的利润，那么资本家们便会践踏世间的一切！最早，当传媒依靠广告收入可以生存和获得利润时，人们欢呼雀跃于“独立”职业的实现；然而，传媒从政党的直接控制中解脱出来，却套上了广告者新的锁链。时至今日，广告仍是传媒公共性的沉重枷锁。

在西方传媒的垄断发展过程中，广告是极为重要的推动性力量。最初的传媒主要是地方性的报纸，广告因此受到地域限制。伴随着资本主义的工业化、城市化发展，交通和通讯体系不断建设，市场越来越超出地方，成为全国性甚至世界性的。在这一过程中，逐渐出现了全国性的垄断企业甚至跨国企业。这些企业的广告需要超出地方范围，成为更大范围内的，因此它们会向那些能在更广泛的地域内吸引受众的传媒投放广告，也只有那些有着更大范围受众的传媒才能接到这种广告业务。这些传媒能够获取更多的利润，从而可以在更大范围内以更低的成本出售报纸，这些传媒企业因此可以进一步扩张。而那些局限于固定地域的报纸因接不到大广告而获取不了利润，在垄断化传媒不断降低报纸售价情况下，竞争压力更大，最终不断破产。传媒市场因此逐渐被这些跨地域的传媒所占领，可以毫不夸张地说，广告对传媒的生存有着生死存亡性的作用，广告也因此推动了传媒产业的兼并和垄断化发展。

在传媒发展的历史上，工人报纸的衰落与广告也有很大的关系。例如19世纪英国的《北极星报》等工人报纸，最早主要依靠工会组织工人购买报纸来获得利润，因此可以有巨大的发行量。在19世纪60年代以后，英国取消了针对传媒的广告税、印花税、纸张税等，工人报纸情况却每况愈下，最终相继破产，核心原因在于市场化后的广告因素。当时，报业进入产业化发展时代，全国性报纸不

---

① 参见[美]桑斯坦：《网络共和国：网络社会中的民主问题》，黄维明译，上海人民出版社2003年版，第125页。

断发展，印刷设备、人员、纸张因需求增多而价格上涨，办报的成本因此不断攀升。工人报纸因为缺乏广告收入，销路越大，亏损因此也越大。因为工人报纸的消费群体主要是社会底层的工人，他们因为贫穷而缺乏消费能力，资本家认为在面向底层群体的报纸上投放广告得不偿失。在广告强烈影响媒体的背景下，无法迎合广告主需要的报纸只有四种结果：关门；迫于广告压力转向上层市场；将读者群限制在小范围内；成为捐赠机构的附属。①

当大广告可以决定媒体的生存和利润时，获得大广告的媒体就可以战胜其他媒体而逐渐发展到垄断地位。因此，实力雄厚的企业就可以以大广告的形式在一定程度上控制媒体，甚至通过参与媒体股份、董事会互设、购买媒体等多种方式实现与媒体的一体化。投放大广告的企业，对传媒施加影响的方式多种多样。对媒体报道有关于自身的负面消息，一般以撤除广告来威胁。为了广告效果，这些企业往往还会关注媒体的其他内容。而媒体为了广告收益，当然会尽量刊登能够吸引公众注意力的新闻。为了维护广告主的利益，传媒不但刊登广告，隐瞒不利于广告主的真实信息，而且刊登有利于广告主的新闻，甚至隐形地把广告置于新闻之中。对于政府这种大广告客户，更是可以通过控制信息来源来操控媒体。政府对某些信息是垄断的，为了获得新闻信息，传媒必须小心翼翼地处理关系。此外，为了取悦大广告主，也为了节约成本，传媒甚至可能使用企业的公关材料进行新闻报道。

从商业性角度来说，传媒可能受四个方面因素的制约：媒体公司股东、广告主、消息来源和受众。广告主手握广告，是影响媒体的决定性因素。股东关注投资收益，传媒运营必须为股东利益服务。消息来源则掌控媒体的信息源头，某种程度上可以决定谁获得信息、获得怎样的信息，并借此来达到操纵目的。作为政治新闻的最大源头，政府就可以通过这种方式操控媒体，美国总统和白宫就娴熟地使用取消或威胁取消采访权的手段，来威胁那些提出尖锐问

---

① 参见[英]詹姆斯·卡瑞、珍·辛顿：《英国新闻史》，栾轶玫译，清华大学出版社2005年版，第29页。

题、不配合的记者和媒体。[①] 与其他主体相比，公众处于最弱势的地位，对传媒的影响力最小；但作为市场化条件下的消费者，传媒还是需要“讨好”消费者，迎合消费者的低级趣味和需求，因此传媒中充斥着无聊的娱乐信息、名人隐私、负面新闻、暴力事件、黄色信息等。制约传媒的四个方面的因素，有时是单独起作用，有时则是综合起来起作用。

二、传媒商业性的内部机制

中国的传媒在市场化之后，逐渐在商业领域获得了自主性；而与此同时，由于缺乏市场化经验，媒体行业的职业伦理发育不够，法律规制也缺乏足够的针对性。因此，市场化传媒的利益性表现得更加突出，甚至可以说市场化传媒本身就是利益场。以广告为核心特征的传媒商业性在其中当然有所体现，并与西方媒体趋同，因此不必再重复刻画相关机制。从依附于传媒的个体去看，市场化传媒更像是一个利益场，其间活跃着许多极端重视利益的行动者。新闻记者是市场化媒体中最重要的个体行动者。新闻记者追求利益与传媒组织的商业性之间，存在内部制度性的关联，也即传媒商业性的内部机制。

市场化传媒中的新闻记者，是商业主义生产链条上的一颗螺丝钉，一切要服从传媒的商业性逻辑。这种商业性逻辑，深入渗透于传媒企业的内部管理中，并通过绩效考评制度贯彻实现。传媒企业对一线记者的管理和考评甚至有些残酷，不少一线记者甚至因此自嘲为“新闻农民工”。传媒企业的内部考评制度往往规定，记者每月需要完成一定数量的稿件，稿件数量与工资、奖金挂钩。完成稿件越多，奖金越多，不达标则会被扣工资；连续数月不达标则有解聘的可能性。传媒企业内部按月、季度、年为时间单位评比“好新闻”，全国、省、市各级每年或每两年还有新闻奖，不同等级的奖项都对应相应的奖励。正是通过这样的内部管理考核制度，市场化媒体的商业

---

① 参见[美]海伦·托马斯:《民主的看门狗?》，夏蓓、蒂娜·舒译，南方日报出版社2009年版，第51页。

性才深入传媒企业内部的组织结构中，传媒企业获得市场影响力的目标被传递给每一位新闻生产者。

在考评制度的约束下，对于一线记者而言，工作中最要紧的事情就是寻找新闻线索、写稿、上稿、上好稿。对于事件线索，记者考虑的是有没有新闻价值；如果没有新闻价值，就考虑能否挖掘出新闻价值；挖掘不出新闻价值，就考虑能否通过干预而产生新闻价值。从事件线索中发现新闻价值，本来就体现记者的能力。然而，在管理和考核压力下，一些记者不满足于开动脑筋寻找、挖掘新闻线索，常常为了发稿、写稿而参与策划、制造事件，进而让这些事件成为新闻。这就走上了极端。一些记者为了发稿、上稿，在采访中策划、诱使、教唆当事人改变和制造事实，或与当事人合谋，使事件变得具有斗争性、观赏性、离奇性，从而具备发稿的"新闻价值"。

媒体上过一段时间就会出现"典身救父""典身救母"的类似新闻，大多是遇到困境的年轻女孩在新闻记者提示、怂恿、策划下合谋的。最初女孩往往只是向媒体求助，未必想要"典身"，而记者需要其他新闻点，"卖身"就是这样的新闻点。"宜黄事件"中，记者能够第一时间在非常好的角度拍摄钟家自焚的照片，不能不让人怀疑，记者是否参与了事件的策划。[①] 记者参与策划新闻，在娱乐圈更是司空见惯。娱乐圈的新闻往往先是捕风捉影，然后接着当事人出来澄清，媒体进一步提出新说法，当事人进一步出来解释，似乎永无止境。记者为了吸引观众的眼球，添油加醋地进行娱乐八卦新闻的报道，以失真的新闻事件换取观众更多的关注。很多失真新闻也是记者与明星的经纪人之间的合谋，在不断制造新闻泡沫的过程中，传媒和明星都获得了关注，明星提高了知名度，媒体获得了广告收益。无论是记者参与策划新闻，还是诱导当事人，甚或与当事人合谋，这些都违背了忠于事实的新闻职业伦理。

传媒企业对记者的考核，除了"量"的方面外，还有"质"的方面。传媒根据影响力、点击率、专业错误等因素对新闻稿件进行定性，并区分为不同等级，不同等级的稿件与奖金、稿酬等挂钩，而且

---

① 陈柏峰：《传媒监督权行使如何法治》，载《法学家》2012 年第 1 期。

要求记者每月必须有高等级的稿件。在这种考核制度的压力下，不少记者为了完成高等级稿件，不惜一切在新闻稿写作中想方设法弄出“人造炸弹”，使新闻有“爆炸性”和“含金量”，夸大事件的意义，甚至不惜故意夸大事实。[①] 媒体同行往往能够知道新闻的真相，但因为同行之间的“惺惺相惜”，对一些假的、失真的报道也心照不宣，不会轻易揭破真相。这几乎成为记者同行之间的潜规则，这种潜规则成全了记者和传媒的私利，却误导了公众。

在管理考评机制下，记者必须考虑新闻的生产成本，在行业伦理不彰的情况下往往导致假新闻。在考核任务下，记者时时刻刻关注自己的采访成本。如果花大量精力、做大量调查，最终事件的疑点被澄清，事件也许就不具备新闻价值了。如此，之前的投入就没有收益，考核任务就无法完成。因此，与其好好做新闻调查，不如将疑点忽略或故意回避，甚至干脆以假乱真。有时，在调查中采访对象拒不配合，无法获得有效信息，记者甚至可能凭空捏造，或者根据道听途说臆想编造。这样，就放任了新闻失真，甚至主动做成了假新闻。最近的一个例子是，所谓的“双十一节”期间，“妻子急于抢购导致丈夫命根断裂”的新闻。[②] 已经有媒体人分析这则新闻的虚假性。[③] 在管理考评压力下，发稿成为记者的第一追求，事实真相、事件本质都变得不重要，发稿的追求使新闻的客观性、真实性成为牺牲品。

考评机制下记者追求利益导致新闻失真，这还只是记者违反职业伦理，而大量的新闻失真发生在记者违法甚至犯罪的背景之下。有偿新闻和有偿不闻是最常见的两种形式。在市场经济条件下，传媒能够吸引公众的注意力，因此可能以有偿新闻的方式被市场主体利用来打击商业对手。曝光、放大商业对手在经营中的违法行为和

---

① 参见黎勇：《真实掌握在记者手中?》，载《青年记者》2005 年第 1 期。

② 参见刘睿婧：《亲热中妻子急拿手机抢购，致丈夫命根断裂》，载《重庆晨报》2015 年 11 月 12 日。

③ 参见曹林：《急于抢购导致丈夫命根断裂，典型的三无新闻》，载 http://search.10jqka.com.cn/snapshot/news/9bea777d452d9ab9.html，最后访问日期：2015 年 11 月 12 日。

弱点，可以导致公众恐慌，使相关企业的利益受损。有的记者和媒体在收到商业企业的利益输送后，可能被利用来打击竞争对手。与此相同的道理，有偿不闻也颇为普遍。例如，记者采访到企业的违法行为准备曝光，而企业老板可能用金钱来买通记者，将这些记录下来的素材花高价钱买回，这样就避免了违法行为被曝光。大量记者因为无法抵制金钱和利益的诱惑，而放弃了自身的职业道德和精神底线。此外，一些记者因为长时间涉及某一行业的新闻，人际关系广泛，可能利用这种身份谋取腐败利益。例如，王林案中，南方都市报记者刘伟因涉嫌犯罪被捕，他自称是为了获取独家信息而参与腐败。[①] 实际更可能是，他与各方都比较熟悉，从而成为王林家人和情妇腐败的中介人和"拉皮条者"。

三、互联网传媒的利益场

互联网传媒的崛起，尤其是自媒体的发展，显然为公众突破传媒商业性提供了一些可能。自媒体时代，传统媒体的单向传播特征得以突破，信息不再只是从传媒到达受众，内容和形式总是被规定的，受众总处于被动地位；自媒体独有的开放性、互动性重构了传播秩序，受众不再沉默无声，而可以独立成为信息发布者，人人都可以是媒体。这突破了垄断媒体在信息传播上的垄断权，从而可能打破垄断媒体的商业运营模式。然而，现实不容乐观。第一，自媒体传播制造了大量的信息冗余和垃圾，甚至成为谣言和谎言的温床，自媒体逐渐成为新闻炒作的重灾区，甚至出现恶意诋毁、中伤他人的事件；第二，迎合低级趣味和需求在网络媒体上表现得更加淋漓尽致，自媒体植入"三俗"内容，以此来换取点击率，偏离了媒体公共性的正确方向，民众甚至进入了"娱乐至死"的状态。

自媒体中的负面特征在热点事件传播过程中成倍放大，致使自媒体公信力和权威性受损，从而为传统的垄断媒体和网络精英重新将民众带入商业运营模式提供了机会。传统垄断媒体向互联网进

---

① 《南都记者首次回应涉王林案：代价太大　以我为戒》，载 http://www.guancha.cn/Media/2015_10_31_339543.shtml，最后访问日期：2015 年 10 月 31 日。

军,互联网媒体企业也逐渐大企业化,两者相向而行,互联网传媒很快也达到了垄断状态。传统媒体利用互联网和自媒体来加快传播速度,互联网利用传统媒体获得权威性和可信度。传统垄断媒体的商业性丝毫没有改变,并且迅速而深入地扩展到互联网传媒之中。当然,这一过程中传媒界不断兴起把握了时机的新贵,它们利用互联网获得利益,却没有因为互联网而改变传媒的商业特性。

互联网条件下,传媒商业性可以体现在技术平台上,技术平台成为谋取利润的工具,甚至成为谋取非法利益的工具,最为典型的案例是快播涉黄案。快播公司自 2007 年成立以后,基于流媒体播放技术,通过向互联网发布免费的媒体服务器安装程序和快播播放器软件的方式,为网络用户提供网络视频服务,网络用户将之用于发布、搜索、下载、播放淫秽视频。快播公司高管在明知淫秽视频传播的情况下,为了巨额经济利益,仍予以放任。① 当然,在法庭上,快播公司及其高管辩称无辜,宣称快播公司也是受害者,并认为技术是中性的。这只是一种狡辩,连普通网友都知道快播是如何登上中国视频播放软件高峰的,快播公司的高管怎么可能不知道呢?其他公司并没有从技术上普遍纵容淫秽视频的传播,即使存在一些盲点。核心问题还是在于谋取巨额利益,为了利益不顾一切。而在此典型案件之前,公安部门经过了艰苦的网络扫黄和整顿。多年以前,网络色情一度泛滥,近年来在一定程度上有所好转。但是,涉黄技术也是不断翻新,网络直播室甚至有时变成涉黄交易平台。

在互联网平台上,传媒商业性的重要体现还在于对广告形态的改变。在传统模式下,媒体市场准入门槛很高,一般商家只能有针对性地在主流媒体上投放广告,以吸引顾客;企业公关部门和职业的公关代理,负责与媒体打交道,为商家造势,可以起到广告作用,他们与媒体搞好关系,防止负面信息传播。互联网改变了一切。互联网提供广告的方式、渠道和时间几乎没有限制,价格却很低廉;网

---

① 参见《快播涉黄牟利案开审:淫秽视频认定为 21251 个》,载 http://news.163.com/16/0107/12/BCNOK17F00014JB5.html? f = jsearch,最后访问日期:2016 年 1 月 7 日。

站向网民提供免费的信息内容，以换取网民对广告的注意力；搜索引擎可以出售关键字提供搜索结果靠前的服务，广告还可以按点击次数计费分成。[①] 这对商家来说更加科学，也更容易接受，大量小公司可以随意刊登广告。广告形态的变化，与互联网媒体垄断发展的结合，让互联网平台表现出更为肆虐的商业性。百度公司的情形是臭名昭著的典型，"百度贴吧"、搜索引擎竞价排名搜索等都是生动的例子。

"百度贴吧"问题最先从"血友病吧"爆发出来。"血友病吧"是由中国血友病患者自发组建，用于科普血友病知识、病友互相交流经验、寻找治疗方法的网络虚拟社区。然而，百度公司居然将该"贴吧"经营权出卖，买方则是之前在"贴吧"卖假药、声名狼藉的骗子，百度公司还大量删除对骗子不利的帖。"沦陷"的不仅仅是"血友病吧"，还包括大量与疾病相关的"贴吧"，这些"贴吧"的经营权不是被卖给正规的大医院，而是被卖给一群不具高医疗水平的"江湖郎中"似的公司，他们在"贴吧"里宣传各种偏方，拒绝科学治疗方法，误导患者。

搜索引擎是互联网最大的入口，其重要性不言而喻。搜索竞价排名，就是搜索引擎服务商将搜索结果网页作为一种稀缺资源分配给广告主，采用拍卖的方式确定价格，按点击次数进行收费，本质上是关键词拍卖。从具体机制来说，先是由广告主向搜索引擎服务商提交关键词、报价和文案等，然后由搜索引擎选取广告并排序，最后在网民点击广告后广告主向搜索引擎支付广告费。搜索引擎服务商常常拥有垄断地位，如谷歌公司在美国、百度公司在中国。这种垄断地位在为服务商带来巨额收益时，也可能伤害公众利益，百度搜索引擎就一直被人诟病。例如，与疾病相关的关键词多被民营医院购买，当网民输入某个疾病名词后，排在最前的搜索结果是某某医院主页，它们参与了百度搜索引擎竞价排名。在过去十多年，百度公司与大量医疗水平并不高的"牛皮癣"医院合作，大量患者受百

---

① 参见胡凌：《商业网络推手现象的法律规制》，载《法商研究》2011 年第 5 期。

度搜索信息误导，未能自主选择合适的医院进行治疗。① 最近，西安大学生“魏则西事件”②就充分暴露了这一问题。

删帖是与竞价排名原理类似的盈利方式。竞价排名通过关键词搜索显示的方式盈利，删帖则是通过搜索不显示的方式盈利。例如，当年闹得沸沸扬扬的“三鹿毒奶粉事件”，在事件刚被一些纸媒披露出来时，百度对此默不作声。当时三鹿公司进行了“危机公关”，花重金请百度公司删帖，将患儿家属的帖子删除，并在搜索结果中将相关媒体对三鹿公司的不利报道全部屏蔽，那段时间百度搜索“三鹿＋三聚氰胺”根本没有结果，只有三鹿奶粉的广告。直至三鹿公司接受审判，真相才大白于天下，但大量婴儿已经成了三聚氰胺的受害者。③ 三鹿公司受到了法律的惩罚，而百度公司却继续以这种方式牟利，有偿删帖现象时有发生。

在互联网条件下，传媒商业性可以变得更为广泛，任何公司都可以利用互联网平台将商业利润最大化，甚至个人也可以利用互联网作为商业平台进行盈利活动。一些社会精英由于从互联网和自媒体中获得了巨大的社会影响力，因此可以利用这种影响力来盈利。普通民众在自媒体上的发言丝毫不具有权威性，而娱乐明星、文化名人、维权律师等成为自媒体中最有影响的人，他们可以影响民众，或者可以说，他们窃取了对民众的领导权。在资本主义条件下，这种影响力和领导权很容易兑换成实际经济利益。依附并活跃在网络新媒体上的“大 V”和“公知”，是互联网媒体中重要的个体行动者，他们有巨大的利益牵涉其中。

这些“大 V”和“公知”，往往是某一行业的知名人士或专家，如律师、大学教授、企业老板、行业高管、娱乐明星、著名媒体人，在行业内有相当的知名度和权威性，但是他们往往喜欢越界发言。其中很多人关注热点事件，并在新媒体上踊跃讨论，并为报纸、电视做评

---

① 参见《谁与百度共谋病人“救命财”?》，载 http://toutiao.com/i6239922145846100482/，最后访问日期：2017 年 8 月 6 日。

② 参见互动百科对“魏则西事件”的叙述。

③ 参见王易见：《三鹿事件暴露的百度公关问题》，载 http://blog.sina.com.cn/s/blog_49d329f70100amyw.html，最后访问日期：2008 年 9 月 15 日。

论。其中不少人的利益牵涉其中。他们因新媒体而出现越界的声名,这种声名有助于提高其“身价”,这体现在演出、演讲、出庭诉讼的出场费以及企业的公众知晓度等多方面。以“大V”律师为例,他们常常在热点事件中宣布无偿帮助弱势一方维权,看起来大公无私、为弱者服务,其实他们从热点案件的无偿辩护中获得了声名,从而在其他案件中抬高身价。甚至一些“大V”,由于非常有名,公众关注度很高,拥有大量的粉丝,申诉案件在其微博、微信上进行转载、评论,都会向申诉者收取不菲的费用。新媒体成为他们牟取暴利的有效工具。

普通人也可以从互联网平台中发现商业机会,例如微信平台上的个人经营者“微商”。还有些互联网平台,公司和个人都参与其中,共同谋利。例如,最近兴起的网络直播行业,网站提供平台,主播以个人身份加盟在其中表演,网络平台和个人共同分享利润,利润来源主要是观众的“打赏”。主播们为了挣钱“不择手段”,挖空心思,使出浑身解数,力求节目新、奇、特,在节目中与观众调情,做出各种媚态,从而出现各种奇怪的节目,直播吃饭,直播睡觉,直播换衣服“涉黄内容”,①甚至“直播造人”。② 这些都是金钱至上的商业性的体现,只要有利益,就总有人愿意去尝试。

四、传媒市场化改革的实践反思

无论是从历史还是从现实来看,商业性都是传媒不可回避的特征。但是,从目前中国的情形来看,商业性嵌入程度深,而职业精神几乎不彰,传媒沦为利益场,传媒工作者受职业伦理约束微弱。在西方国家,传媒固然也有商业性,但职业伦理对之构成了一定制衡和约束,因此可以不断看到传媒从业者反思传媒商业性的著作,资深媒体人都以坚持职业伦理为自豪之事。在共同的商业性特征之下,造成上述差别,恐怕有更为深层的原因,值得我们深入反思。

---

①　参见《网络女主播镜头前一件件换衣服60万人观看》,载http://news.163.com/16/0119/13/BDMQNLE700011229.html,最后访问日期:2016年1月19日。

②　参见《某网络直播平台主播在线直播“造人”被举报》,载http://ent.qq.com/a/20160111/000635.htm,最后访问日期:2016年10月21日。

从市场化改革启动开始，新闻从业人员和学者就有意识地从专业主义角度试图确立新闻业的自主性，过去党领导新闻的体制逐渐被等同于“政治干扰”，而排斥党的领导的传媒活动日益被赋予“科学”的内涵。在专业和科学的名义下，传媒行业操作的规范体系包括三个层面：一是自我评价层面，从业者强调新闻专业的独立性、特殊声誉等非凡特性；二是规范层面，赋予新闻专业独特的伦理规范，从而将社会授予新闻业自我规制的特权合法化；三是知识层面，要求新闻工作者经过必要的训练以便掌握必备的专业知识和技能。① 确立专业的特殊门槛，其意义在于确立传媒的独立性。一方面，强调传媒业应该独立于社会和政治，对各种权力进行监督；另一方面，强调从业门槛，从而赋予从业人员服务、代表、引领公众的资格。新闻专业主义的核心内涵是新闻业和从业人员的独立性，而专业技能和行业伦理的强调只是为这种独立性提供合法性基础。

新闻专业主义给传媒带来了非常复杂的影响。一方面，专业主义的业务规范和伦理成为传媒独立的合法性论证和理论基础，促进国家向传媒放权，逐渐退出对传媒日常运转的管制，对传媒的管制也越来越缺乏合法性基础。另一方面，在专业主义的口号下，西方发达国家的传媒运作方式和新闻生产标准逐渐被中国传媒接受和施行。随着传媒垄断的发展，传媒运作的流程越来越细化，新闻产品以及广义上的文化产品的生产，是垄断传媒帝国复杂生产线上的产物，生产线上有着复杂的劳动分工、管理层级、制度流程。在复杂生产线上，传媒工作者的个人特色不断被消磨，“创造性”越来越成为神话，传媒从业者个人的创造意识也不断降低。新闻等传媒产品从内容到形式都有趋同的倾向。这样，专业主义和新闻伦理的意识形态，杜绝了从生产关系和劳动控制角度理解媒体生产的反思性视角。商业媒体一方面掩盖了它高度发达的观念生产控制机制，另一方面又为自身从社会中分割更大权力创造了合法性，可谓一举两得。② 新闻专业主义伦理为传媒争取了独立空间，却并没有获得真

① 参见王维佳：《追问“新闻专业主义迷思”》，载《新闻记者》2014 年第 2 期。

② 参见王维佳：《媒体改革的政治意义》，载《经济导刊》2015 年第 9 期。

正的创造性空间。

在这套传媒生产机制的作用下，传媒产品的生产处于独立领域，有着自己的生产机制，包括国家权力在内的外部力量都缺乏干预它的合法性理由，具体管制传媒的措施可能被科以破坏新闻自由的恶名。这导致两个方面的后果：

第一，传媒组织的内部运转围绕利润进行，最能创造利润的部门受到重视，更有话语权，更能支配其他部门。在传媒垄断背景下，传媒的新闻内容、形式、受众选择乃至内部组织结构、规章制度都可以被大企业控制。从组织结构来说，传媒组织内部一般有管理部门、广告部门和采编部门，管理层要对股东负责，因此会看重利润，广告部门也直接关注利润，而采编部门往往会有新闻职业主义的理想和操守；但在广告决定生存和利润的垄断传媒背景下，管理部门一定会与广告部门站在一起。大广告也因此从推销产品发展到了经济甚至政治控制，传媒故而成为商业帝国机器上的一个重要齿轮，成为商业帝国的宣传部门。传媒的私人所有和垄断地位，使维系传媒公共性理想的“观点的自由市场”[①]理论失去了实在的基础，大多数人接受的新闻都是由垄断媒体提供的，服务于具体的商业利益和政治利益。“观点的自由市场”理论所设想的，“让所有人自由表达意见，真实和正确的会存留下来，虚假和错误的会被抑制”，这从来没有实现过，它至少受到了传媒商业性的制约。

第二，传媒从业人员的行为难以受到外部规制，如果传媒组织内部缺乏足够控制，从业人员的越轨行为就会越发普遍，所谓的专业主义操作规范和职业伦理并不能起到约束作用。而在传媒企业发展到垄断之后，一切将以利润和利益为导向，而当国家权力和法律无法深入传媒组织运转内部时，利润和利益的追求必然促使个别从业人员走向违反职业伦理、违法犯罪的道路。直到现在，有偿新闻、有偿不闻，在中国传媒业中仍然半公开地存在，而在几年前这种现象更为普遍，甚至一些官方通讯社、日报社都是如此。党的十八

① 参见[美]弗雷德里克·西伯特、西奥多·彼得森、威尔伯·施拉姆：《传媒的四种理论》，戴鑫译，中国人民大学出版社 2008 年版，第 36 页。

大以后，随着反腐的持续深入进行，这种现象才有所收敛，但绝没有灭迹。与此同时，假新闻、偏颇新闻、新闻从业人员利用职业机会谋利等现象比比皆是。

改革开放后，尤其是传媒的市场化改革以后，传媒从业者和学者认为，一旦摆脱国家权力的干预和控制，传媒就可以获得独立，新闻工作的专业水平将会提高，新闻也会更客观、更真实，人们甚至认为市场化是传媒独立的基础。正是在这种观念促使下，中国传媒改革走上了征程。然而，传媒市场化开始之后，在新闻专业主义的号角下，传媒业确实更加独立了，也成就了巨大的社会权力，在制造话题、设置议程、左右舆论、炒作事件等方面拥有巨大的威力。然而，传媒自身的品质并没有得到提高，甚至倒退了，传媒组织和传媒从业者越来越变成仅仅为了利益而运转的机器，他们眼中只有利润和利益。一旦缺乏外在的国家权力的规制，为了利益，他们便可以胡作非为。传媒从业人员的职业伦理未能有效重建，他们按照市场的需求和传媒组织内部的管理流程来完成工作，越来越像韦伯所说的“专家没有精神”。一旦没有精神，他们便会为了利益置职业伦理于不顾，甚至走上违法犯罪的道路。传媒市场化改革并没有导致传媒从业群体独立，其所导致的传媒独立，本质上只是背后的资本和利益的独立而已。这种传媒独立并不能通向真正的专业化、自由化。

第六章　传媒的政治性

当前，中国传媒业发展迅速，报纸、杂志等传统媒体已经市场化，而新型媒体互联网，自媒体微博、微信等更是蓬勃发展。传媒在社会发展和法治建设过程中发挥着越来越重要的作用，在社会热点问题的议程设置、进程引导、事件分析、方案探寻等多方面，都处于引领性位置，传媒对公共事件的介入也达到了前所未有的高度和深度。与此同时，传媒和传媒人则不断宣称其具有中立性和公共性，将传媒权力比喻为立法、行政、司法之外的"第四种权力"，声明其对社会热点问题的讨论、对公共事件的介入、对政府和企业的监督，都秉持着客观中立的立场。

然而，传媒公共性问题的复杂性超出想象。从理论来看，传媒的公共性源自社会契约论的预设；从现实去看，近代以来传媒公共性是在与封建王权的斗争中逐渐获得的，它局限于资产阶级内部。与传媒公共性的预设不同，传媒的政治性和商业性贯穿了传媒的发展史，对传媒的公共性构成巨大挑战。本章将在梳理理论和实践历史的基础上，分析当前中国传媒的政治性及其对公共性的挑战。从政治性方面而言，传媒是政治力量追求政治利益、实现政治目标、宣扬政治价值的场域和工具，传媒不可能脱离政治而独立运转。传媒的政治性至少包括政治权力和政治价值两个方面，前者是对政治利益和政治权力的争夺，后者是政治价值和意识形态的竞争。政治性从来都是传媒的重要特性，今天中国的传媒也不例外。当然，不同的历史时期，在政治权力和政治价值之间的侧重点会有所不同。承认现实才能超越现实，承认并有效约束传媒的政治性是重建传媒公共性的基础，也是从政治、法律、职业伦理等多方面对传媒进行规制的必要条件。

一、传媒公共性的预设与现实

（一）传媒公共性的预设

传媒的公共性与传媒在公共领域中的职能密切相关。现代意义上的传媒，是近代社会公共领域转变的产物，也是公共领域的重要构成部分。按照哈贝马斯的说法，“公共领域”最早起源于奴隶制时期的广场集会，建立在自由发表意见和对话基础之上。现代意义上的公共领域诞生于资本主义发展时期。公共领域指一个国家和社会之间的公共空间，公众在这个空间中自由言论，不受国家的干涉，“它以公众舆论为媒介对国家和社会的需求加以调节”。① 通俗地来看，在公共领域中，公民自由讨论公共事务、参与政治活动。这是不受政府侵扰的自由空间，民众以阅读为中介、以交流为中心进行公共交往。在理想的民主政治下，国家只能承担公共领域的担保人角色，是保障自由的权力机关，而不能干预公共领域的运行。

公共领域隐藏了一种民主理论和视角，它被假定为实现民主的重要渠道，在实现民主过程中起到了重要作用。在公共领域中，公众可以对公共事务自由发表意见、交流看法，这是公众的基本权利。资产阶级革命早期，这种权利的实现形式主要是在小规模的咖啡馆、图书馆、大学等场所，人们在其中谈论时政。后来，这种权利主要通过传媒来实现。具体的媒介形式先是报纸、杂志、出版物，在媒介创新之后则是广播、电视，进入网络时代之后则是互联网及各种网络通信工具（例如微博、微信、facebook 等）。公众从传媒获取真

---

① ［德］哈贝马斯：《公共领域的结构转型》，曹卫东、王晓珏、刘北城、宋伟杰译，学林出版社 1999 年版，第 35 页。

相，在传媒上表达意见，协助解决政治和社会问题，防止政府越界，不受政府干预。[①] 这是理想型的公共领域。

公共领域以及传媒在其中的功能和作用，主要基于自由主义理论。自由主义为传媒在公共领域中的功能提供了政治和社会结构方面的理论基础。当今世界，大部分国家和地区都遵循自由主义的基本原则。自由主义思想从自然状态出发，以社会契约论来构建政治秩序的正当性，认为人们在自然状态下享有自然权利，由于自然状态的种种缺陷，人们订立社会契约，建立政府。政府的目的在于保护个人利益，维护社会秩序。个人是本源性的、第一位的，维护个人权利是建立政府的目的；国家从个人权利派生而来，是维护个人权利的手段和工具，是第二位的。政府权力来源于人们对自然权利的让渡，因此政府权力是有限的，政府行使权力需要人民的同意和授权，不能侵犯个人的天赋权利。人民有监督政府的权利，甚至有推翻政府的权利。[②] 舆论是人民监督政府的重要方式，传媒则是舆论的主要表达渠道。在传媒的自由主义理论谱系中，霍布斯、洛克、孟德斯鸠、卢梭等人的思想起到了奠基作用，而在弥尔顿、密尔、杰斐逊等人的努力下，最终形成了“观念自由市场”的理论雏形。

以自由主义理论来看，传媒作为信息传播的载体和意见表达的平台，是民主社会的重要组成部分，在公共领域中承担着不可替代的功能。传媒监督权力因此被称为行政、立法和司法“三权”之外的“第四种权力”。传媒是民主实现的主要渠道和途径，它是大众参与公共讨论、表达意见的渠道和工具。传媒权力是保障人们参与公共生活的基础，可以实现对国家机器和民主进程的批判和监督功能。传媒权力还是社会公众行使包括知情权、表达权等在内的言论自由权的体现和必要保障。因此，自由主义理论强调传媒和传媒业不受

---

① 参见［美］弗雷德里克·S. 西伯特、西奥多·彼得森、威尔伯·施拉姆：《传媒的四种理论》，戴鑫译，中国人民大学出版社 2008 年版，第 43 页。

② 如施米特所言：“自由主义在政治方面从来都不激进。不过，自由主义对国家和政治的否定，它的中立性、非政治性以及对自由的主张，同样具有某种政治含义，在具体情况下，这一切便会导致激烈地反对特定的国家及其政治权力。”参见［德］卡尔·施米特：《政治的概念》，刘小枫编，刘宗坤等译，上海人民出版社 2015 年版，第 73 页。

政府干预，任何人都可以不受限制地传播信息、发表意见。从弥尔顿等人的思想出发，当代形成了"观念自由市场"理论：一切人都能自由表达意见，自由竞争和自由选择可以使正确的意见最终得到承认，因为理性是判断是非的标准，虽然公民个人在运用理性的时候可能会犯错误，虚假思想可能会取得暂时胜利，但是真理会吸引更多的支持力量，通过自我修正过程达到最终胜利，大多数人作为一个整体最后必然可以作出正确的决定。[①] 为了推动这个过程，需要让社会成员接受教育，了解社会信息，而传媒是重要的信息来源和向导，需要其在民主社会中正确发挥功能，因此就不能受到政府控制。

中国虽然不接受自由主义作为政治和社会结构的基础，但也面临自由主义传媒理论的压力，学者讨论问题时常常将之作为隐含前提。有学者将传媒对公权力的监督当作法治文明的最典型特点，认为舆论监督是公民的基本权利，是民主和真理之间矛盾的真正解决方式，保障舆论监督是法治政府的职责。[②] 有学者认为，传媒与司法的关系实质是公民的社会权利与国家的司法权力之间的关系，由于权力来源于权利，当权利和权力发生冲突时，权力应当让步于权利，因此司法对传媒要宽容，要让权力在阳光下运行。[③] 在热点事件中，公权力对传媒的议程设置、公共舆论质疑的消极回应，容易被认为是一种"抵抗"策略，甚至顺应民意诉求的政府行动也被认为是"表面上的"，其实质则被认为是公权力对法治进程的抗拒与阻碍。[④] 这些观点都显示了自由主义传媒理论在中国有着强大的现实影响力。

（二）传媒公共性的获取

传媒公共性预设源于自由主义理论，而自由主义理论则是在资

---

① 参见［美］弗雷德里克·S. 西伯特、西奥多·彼得森、威尔伯·施拉姆：《传媒的四种理论》，戴鑫译，中国人民大学出版社 2008 年版，第 36 页。

② 参见蒋德海：《舆论监督和法治文明》，载《学术研究》2010 年第 1 期。

③ 参见刘斌：《让权力在阳光下运行——再论传媒与司法的关系》，载《政法论坛》2008 年第 2 期。

④ 参见马长山：《公共议题下的权力"抵抗"逻辑》，载《法律科学》2014 年第 1 期。

产阶级革命过程中逐渐形成的，其所描述的传媒公共性只有到这个时候才有了现实可能性。18 世纪初，欧洲的国王逐渐放弃了对传媒的管制，教会管制传媒的权力也不复存在，传媒才成为公共领域的重要构成要素。在此之前，尽管欧洲已经存在传媒，但都处于严厉的管制之下，英国都铎王朝、法国波旁王朝、西班牙哈布斯堡王朝皆是如此。当传媒处于管制之下的时候，王室与公共领域是重合的，并不存在独立的公共领域。

在封建时代，媒体常常是不被信任的，其经营者会妨碍王室利益和国家目标的实现，因此媒体处于国家的控制之下。具体的控制方式可以是国家直接控制，也可以是由半独立的机构来经营。一旦半独立机构有危害王室利益的倾向，其经营媒体的资格就会被撤销。英国亨利八世是把出版纳入管理的第一位执政者，他采取多种措施把控印刷出版：禁止外国出版商入境，任命皇家出版官员负责出版，授予特权保护及管制出版事业，授予独占专利防止任何反对的出版品面世。① 在英国都铎王朝期间，国王对经营媒体者颁发令状特许，只要他们不危害王室利益，就可以依靠垄断经营来获取利益。这种制度最终发展为周密的印刷管理制度。17 至 18 世纪，大多数王室和政府都积极经营传媒，政府出版各种“官方”刊物，向大众传输政府活动的“真相”画面。媒体经营者出于对新闻垄断权的报答，只刊登那些对王室和政府有利的消息。特许制度最终发展出了垄断性组织——同业公会，它代表政府来管理出版业。

中国封建时代传媒的境遇与欧洲类似。中国古代曾长期存在朝廷官报，即官方的邸报，主要为维护皇帝统治服务，宣传皇命，统一思想，并受到严格控制。② 报纸编发都在国家的行政体系范围内，其内容主要是皇帝诏命和政事消息，宣扬纲常伦理，报纸的读者也主要是各级官员，以及在朝或在野的士大夫知识分子。封建统治者决不会允许自由报道一切消息、自由发表一切意见。统治者用它作

---

① 参见沈固朝：《欧洲书报检查制度的兴衰》，南京大学出版社 1999 年版，第 59 ~ 62 页。

② 参见杜宝花：《浅议唐以降国家对“邸报”的控制》，载《史学月刊》2010 年第 9 期。

为工具来维护和实现对国家的统治与管理。民间曾出现过小报，冒名“朝报”发卖，刊登的内容以朝廷政事和宫廷消息为主，目的是满足人们了解政治形势的需要。它是非法的，历代屡遭镇压。明代中叶以后还曾出现过《京报》，它是政府允许公开出版的民间报纸，由政府默许的民间报房编辑发行，内容基本是官方邸报的翻版。[①] 无论是邸报、小报还是京报，都与近代报刊有本质差别，其信息都比较单一，发行对象有限，内容都受到严格限制。

随着技术进步和资本主义发展，封建王权垄断传媒的难度越来越大。印刷业的垄断者急于扩大生产、增加利润，因此其规模不断增大；与此同时，由于教育的普及，人们对出版物的需求也不断增长，国家垄断传媒逐渐变得困难，各种违法的地下出版物越来越多，并且这些出版物还能有读者。在民主主义政治的传播下，国家逐渐丧失了垄断印刷业的能力。为了将私有印刷纳入政府管理事业，逐渐发展出了出版物许可的“新闻审查制度”。国家要求特殊领域（宗教和政治领域）的出版物送交新闻审查，而这种审查当然是为了贯彻政府意志。新闻审查制度常常与许可制度一起被政府使用。随着资本主义的发展，需要审查的出版材料越来越多，而资讯要求却越来越高，审查低效率，落后的审查制度根本跟不上出版业的发展需求，从而遭到印刷商的不满和抵制。

此后，政府的新闻审查方式也有所创新。首先是通过政治压制和法律入罪来进行新闻审查。政府通过叛国法、诽谤罪、煽动罪等罪名来限制新闻内容，[②]强制新闻从业者就范。只要传播的信息或观点不利于政府，印刷者和传播者就可能遭到指控。其次还通过经济手段来压制媒体发展，例如对报纸征收“知识税”、印花税、广告税以及纸张税；[③]同时实行津贴制度，对支持政府政治观点的报纸给予

---

① 参见孙琳园：《试论明清时期的〈京报〉》，载《新闻世界》2009 年第 10 期；程丽红：《清初京报的沉浮与小报之兴衰》，载《探索与争鸣》2013 年第 12 期。

② 参见［美］弗雷德里克·西伯特、西奥多·彼得森、威尔伯·施拉姆：《传媒的四种理论》，戴鑫译，展江校，中国人民大学出版社 2008 年版，第 14 ~ 16 页。

③ 参见［英］詹姆斯·卡瑞、珍·辛顿：《英国新闻史》，栾轶玫译，清华大学出版社 2005 年版，第 16 ~ 32 页。

津贴，培养政府的“喉舌”。这样，有反对声音的报刊受到惨重打击，许多反对派的声音被埋没于商业破产中。

随着资本主义的发展，民主思潮不断高涨，政府的新闻垄断和新闻审查不断遭到思想家的批判。弥尔顿在《论出版自由》中全面批评了新闻审查制度。他认为，人在接受智慧方面应当有“知”的权利，强调人民的言论出版自由是与生俱来的权利，是一切权利中最重要的自由权利。书报检查和许可制即使是为了查禁坏书也是无用的、有害的。只有保障言论出版自由，才能使真理在争论中战胜谬误。① 杰斐逊尽管深受当时传媒诋毁之苦，却坚定认为，无论媒体有何错误，如何谩骂，政府都应该尽量少干预。因为新闻出版自由是言论自由的具体体现，是自然权利，先于国家而存在。他在致麦迪逊的信中说：“缺少一个权利法案，明确无误地规定信仰自由、言论自由……”②

马克思也曾对书报检查制度提出过尖锐批判：“在实行书报检查制度的国度里，国家没有新闻出版自由，但是，有一个国家机关却享有新闻出版自由，那就是政府。且不说政府的公文享有充分的新闻出版自由，难道书报检查官不是每天都在实践绝对的新闻出版自由吗？”③他认为，自由是人的本质，就连自由的反对者在反对自由的现实的同时也实现着自由。反对自由的人最多也只是反对别人的自由。自由有时表现为特权，有时仅表现为普遍的权利而已。书报检查制度并没有消灭新闻出版自由，但是却剥夺了全社会的、普遍的自由，而变成少数人的、局部的特权。“如果作为‘普遍自由’的实现的‘自由的新闻出版’和‘新闻出版自由’应当被摒弃的话，那么，作为特殊自由的实现的书报检查制度和受检查的书报就更应当被摒弃。”④马克思认为，书报检查制度是对人的思想、精神的桎

---

① 参见［英］弥尔顿：《论出版自由》，吴之椿译，商务印书馆 1958 年版，第 52 ~ 58 页。

② ［美］托马斯·杰斐逊：《杰斐逊选集》，朱曾汶译，商务印书馆 2011 年版，第 431 页。

③ 《马克思恩格斯全集》（第 1 卷），人民出版社 2002 年版，第 167 页。

④ 《马克思恩格斯全集》（第 1 卷），人民出版社 2002 年版，第 167 页。

梏；而没有一种动物，尤其是有思想的人，是戴着镣铐出世的。

总结来说，资产阶级在与封建王权的斗争中，逐渐控制了国家经济的命脉，促使封建国王放弃了管制；工业革命和印刷技术的普及拓宽了媒体的领域，改变了社会关系的模式，新闻自由的理论和理念进而产生并逐渐普及，新闻自由也在斗争中获得。在此过程中，先是资产阶级处于无权状态，封建统治者对之进行管理和镇压。一方面，封建王权出版封建官报，为自己的统治利益服务；另一方面又通过出版许可制、新闻审查制、法律入罪手段、经济压制措施等，压制资产阶级诉求的传播。随着资产阶级对封建王权斗争的兴起，资产阶级报刊也广泛兴起。资产阶级高举新闻自由的旗帜，喊出言论出版自由的口号，宣扬民主自由理念，不断挑战乃至冲破封建王权压迫，逐渐获取了新闻出版自由的胜利。传媒因而成为公共领域的构成要素，传媒的公共性也因此成为可能。

二、传媒政治性的实践

（一）西方资本主义国家的实践

尽管从社会契约论出发，从自然状态、自然权利、言论自由可以推导出，传媒具有公共性，传媒权力是“第四种权力”。然而，社会契约论本身是资产阶级革命过程的产物和理论。从现实来看，传媒的独立性和新闻自由权是在资产阶级向封建王权的斗争和挑战中逐渐获得的，是一个曲折而长期的过程。资产阶级在与封建王权的斗争中取得胜利之后，传媒获得了独立性，传媒的公共性才成为可能。言论出版自由的理论，最早是资产阶级的斗争工具。随着资产阶级民主政治的完善和稳定，法律确立了言论出版自由的基本原则。以传媒作为重要构成要素的公共领域在多大程度上是公共的？传媒在何种意义上具有公共性？从实践来看，传媒公共性的理想，自始至终都受到传媒政治性的制约。

资产阶级革命后，西方诸国逐渐确立了议会民主和多党竞争选举体制。欧美各国一般经历了以“政党报刊”为主的阶段。不同党派创办或控制报刊，作为政治斗争工具，宣传政见，争取舆论，激烈论战。例如，美国建国初期，以汉密尔顿为首的联邦党人和以杰弗逊为首的民主共和派，都有各自的党派性报纸，围绕具体的政策主张展开讨论，讨论非常激烈，甚至常伴有人身攻击。后来，美国政坛的政治力量出现分化，联邦党人逐渐衰落瓦解，民主共和派分化为民主党和辉格党（共和党的前身），新的党派又有各自的报刊，原有的报刊在新的角逐中也重新站队，从而形成新的对峙局面。[①] 美国在革命之后很长一段时间，都处于政党控制报刊时期。政党控制报刊的方式各异，时间也有所不同，一些甚至沿袭到现代。

同时，资产阶级对工人和无产阶级的报刊进行打击。尽管无产阶级及其报刊，曾在反抗封建王权的斗争中对资产阶级予以支持，推动了资产阶级民主秩序的建立。但国家政权和社会财富一旦被资产阶级掌握，资产阶级获得了新闻自由权，却通过政治、法律、经济等手段，来限制无产阶级的新闻出版自由。例如，在美国 19 世纪曾出现多种工人报纸，但随着经济危机爆发，资本家拒绝雇佣工会会员，工会解体，工人报纸也随之停刊。[②] 在曲折的争取过程中，无产阶级不得不采取各种合法或非法的斗争，也因此涌现了一些优秀的报刊，如恩格斯曾高度赞扬英国《北极星报》“在各方面都成了欧洲最优秀的报纸之一”。[③]

在西方国家，获得新闻自由后出现了“党报时期”，传媒当然具有很强的政治性。“党报时期”之后，政党不再直接控制媒体，因而进入了自由报刊时期，又称商业报刊时期，商业报刊后来也延伸到广播电视领域。这一时期，出现了大量的传媒企业。在经过竞争之后，传媒逐步兼并集中，出现了拥有多家报纸的报业集团，这些报业集团逐渐获得了跨国的垄断性地位。在广播电视、网络等传媒兴起之后，这些报业集团又发展成了大型传媒集团。美国时代华纳、法国维旺迪环球、德国贝塔斯曼、美国新闻集团都是当今世界的巨型传媒集团。无论是自由报刊，还是巨型传媒集团，都以赚取市场利

---

① 参见张允若编著：《外国新闻事业史教程》，高等教育出版社 2003 年版，第 47 ~ 49 页。

② 参见张允若编著：《外国新闻事业史教程》，高等教育出版社 2003 年版，第 53 页。

③ 《马克思恩格斯全集》（第 2 卷），人民出版社 2005 年版，第 668 页。

润为目的,但这并不意味着商业化的传媒就不具有政治性。虽然传媒宣称客观性,但实质上,所谓客观性的兴起过程"是西方由私人资本所掌控的商业化新闻媒体在替代狭隘的资产阶级党派新闻的过程中把激进的并已开始培育工人阶级意识的劳工新闻边缘化,把资本的利益当作社会的'普遍利益'、把资产阶级主流价值和统治意识形态转化为不需对其'客观''中立'与'平衡'的'社会共识'的过程"。[①]

传媒在市场条件下运作,它有自身独立的利益,是一个独立的利益集团。在此逻辑的支配下,传媒必然会产生出影响其公共性的取向:出于保护自身利益的需求,传媒经常与国家、政治集团或其他利益群体达成妥协。[②] 因此,传媒并不是一般的工商企业,而始终是同政治密切相关的行业。资本势力为了控制经济就必然要求控制政治,要求控制政治就要控制舆论工具。曾任白宫记者团团长的海伦曾说:"白宫任何一届政府都说他们从来没有试图去操纵新闻,对此我毫不相信。"[③]她认为,历届美国总统都通过各种方法来对传媒进行新闻管制、新闻操控,阻止人们获得真相。[④] 尤其是当总统及其政府要制定某种政策,需要面对公众的评判时,更有操控新闻的必要。典型的一个例子是,在2003年伊拉克战争中,号称独立、客观的美国重要媒体在战争发起之前和初期从未对小布什总统的决策提出过异议和质疑。政治活动需要通过传媒来宣传,政治造势也需要通过传媒来实现。控制了传媒,资本才能根据自身需要为政治经济政策做宣传、造舆论,压制和排斥任何损害其政治经济利益的言论和思想。

而传媒发展到垄断阶段之后,传媒自身也获得了独立自主的政

---

① 赵月枝:《为什么今天我们对西方新闻客观性失望?》,载《新闻大学》2008年第2期。

② 参见汪晖、许燕:《"去政治化的政治"与大众传媒的公共性——汪晖教授访谈》,载《甘肃社会科学》2006年第4期。

③ [美]海伦·托马斯:《民主的看门狗?》,夏蓓、蒂娜·舒译,南方日报出版社2009年版,第48页。

④ 参见[美]海伦·托马斯:《民主的看门狗?》,夏蓓、蒂娜·舒译,南方日报出版社2009年版,第51~68页。

治能力，作为一个利益集团，传媒可以防止或抵御政府和其他权势集团的压力。传媒报道因其设置议程的能力提高，甚至对政治过程可以施加很大影响。例如，美国著名的“水门事件”，《华盛顿邮报》在事件初期就起到了重要作用，而事件的发展更是离不开传媒的跟踪和追问。传媒垄断导致少数富人拥有媒体，控制了大众接收的信息，这本身是一种巨大的权力。“随着大众媒介自身成为巨大的、经济实力强大的机构，它们成为政治科学家赖特·米尔斯所称的‘权力精英’，属于民主社会的统治阶级。权力不仅存在于金钱和军队中，它也存在于信息里。”①在西方国家，新兴资产阶级由于其优势地位，控制了传媒，以传媒为媒介的公共领域也带有资产阶级的性质，为资产阶级利益群体表达意见、讨论时政、表达政治诉求、误导劳动人民提供了广阔的公共空间。垄断资本主义造成的财富不均衡导致了对公共领域的不平等控制，媒介的民主功能不断下降。

（二）社会主义国家的实践

在社会主义国家，传媒的政治性同样凸显。列宁曾深入思考出版自由。在“十月革命”前后，他认为俄国的大报纸都是资产阶级的，因此为了人民的利益，就要剥夺资产阶级报纸，把所有的纸张和印刷所拿来公平地分配。这样才能供所有人而不是仅供富人享受的真正的出版自由。“十月革命”后，苏维埃政府第一次会议就发布了《关于出版的法令》，对通过报刊从事反革命宣传的资产阶级报刊进行惩罚，并关闭所有资产阶级报刊，大规模肃清国家、社会及私人图书馆中陈列的有害出版物。《关于出版自由的决议草案》中列举了无产阶级与资产阶级在处理出版自由方面的不同点：“资产阶级认为，出版自由就是富人有出版报纸的自由，就是由资本家霸占报刊。这种霸占的实际结果是使包括最自由的国家在内的世界各国到处都有卖身投靠的报刊。工农政府认为，出版自由就是使报刊摆脱资本的压迫，把造纸厂和印刷厂变成国家的财产，让每一个达到一定人数的公民团体都享有使用相应数量的纸张和印刷劳动的同

① ［美］菲利普·帕特森、李·威尔金斯：《媒介伦理学：问题与案例》，李青黎译，中国人民大学出版社 2006 年版，第 197 页。

等权利。”①

新经济政策时期，苏联承认文化事业单位作为经营单位，民营出版社和报纸重新出现。斯大林掌握苏联最高权力以后，列宁时代的新经济政策无疾而终，他以保密的名义实行新闻审查，采用预检和事后审查两种方式。所有传媒的主要作用都定位于宣传鼓动和组织群众，以事实的政治意义作为新闻传播的首要标准。此后，逐渐形成了从中央到地方的一元化领导的各级各类传媒（报刊、广播、电视）的基本格局。

苏联的新闻体制对新中国影响很大。新中国的新闻体制在理论上主要受马列主义毛泽东思想的影响，在实践上一方面受到苏联新闻实践的影响，另一方面受到20世纪30年代至40年代共产党报刊实践的影响。② 报刊、广播电视等传媒定位，突出政治性和人民性。毛泽东曾说：“胡风所谓‘舆论一律’，是指不许反革命分子发表反革命意见。这是确实的，我们的制度就是不许一切反革命分子有言论自由，而只许人民内部有这种自由。我们在人民内部，是允许舆论不一律的，这就是批评的自由，发表各种不同意见的自由。”③强调报纸的主要功能是传达党的指示和号令，宣传教育、动员组织群众。“报纸的作用和力量，就在于它能使党的纲领路线、方针政策、工作任务和工作方法，最迅速最广泛地同群众见面。”④中央和各级党委宣传部统管传媒工作，传媒作为党组织的重要组成部分而存在。对传媒的领导和管理主要依靠党的工作手段，即思想政治、组织人事和纪律约束。新闻工作者不能像西方媒体记者那样，自称为“无冕之王”，而是如同各级干部一样自称为公仆，是党和人民事业的公仆。传媒被要求“做党的喉舌，发出人民心声”。媒体的主要功能在于统一全党思想，把握舆论方向。

改革开放以后，新闻传播体制虽然有一些变化，市场化、商业性

---

① 《列宁全集》（第33卷），人民出版社1984年版，第47页。

② 参见童兵：《中国共产党和中国的新闻学研究》，载《新闻与传播研究》2001年第3期。

③ 《毛泽东选集》（第5卷），人民出版社1977年版，第157页。

④ 《毛泽东选集》（第4卷），人民出版社1991年版，第1319页。

媒体在中国蓬勃发展,但“党的喉舌”传统依然有所保持,政治性和人民性仍然是主流媒体的宗旨和要求。习近平主席曾强调,舆论宣传要培育和践行社会主义核心价值观。① 西方学界以及受其影响的中国学者在讨论当代中国传媒的政治性时,往往习惯于批判国家对传媒的管制,强调言论自由,批判“喉舌”传统,学者普遍认为媒体审查的目的是维护政权稳定。② 有人根据具体允许或禁止的网络内容来讨论国家的政治动机,尤其是降低群体性事件的可能性。③ 也有学者从批判国家理论出发,认为审查制度的目的在于压制不同意见,因为这些意见往往指出国家部门、政策或领导人的错误。④ 甚至有人认为,在阿拉伯之春、西藏分裂主义运动和许多地方抗议活动之后,中国政权仍然安全,这本身就是对媒体控制的结果。⑤ 与此同时,市场化媒体带来的政治性问题却长期被忽略。伴随市场经济发展起来的市场化媒体,并非没有政治诉求;相反,在改革开放和市场经济条件下,各种政治力量和社会群体活跃于其中,其政治诉求的表达也时而清晰、时而隐晦,一种不同于党政主流的政治性在传媒中逐渐发展起来。对此,后文将详细解析。

(三)当代的发展及其限度

互联网的产生和发展,对民主政治的发展有巨大的推动作用,但它并没有改变互联网时代传媒的政治性特征。无论在西方还是中国,皆是如此。在互联网时代,网络越来越成为人们最广泛的社

---

① 参见习近平:《在文艺工作座谈会上的讲话》,载 http://www. guancha. cn/culture/2015_10_14_337575_1. shtml,最后访问日期:2015 年 10 月 14 日。

② Susan Shirk, *Changing Media, Changing China*, New York: Oxford University Press, 2011; Martin Whyte, *Myth of the Social Volcano: Perceptions of Inequality and Distributive Injustice in Contemporary China*, Stanford, CA: Stanford University Press, 2010.

③ Gary King, Jennifer Pan, Margaret Roberts, "How Censorship in China Allows Government Criticism but Silences Collective Expression", *American Political Science Review* 107(2):1－18, 2013.

④ Peter Marolt, *Grassroots Agency in a Civil Sphere? Rethinking Internet Control in China*. In Online Society in China: Creating, Celebrating, and Instrumentalising the Online Carnival, ed. David Herold and Peter Marolt, New York: Routledge pp. 53－68, 2011.

⑤ Tai Qiuqing "China's Media Censorship: A Dynamic and Diversified Regime", *Journal of East Asian Studies*, 14(2):185－209, 2014.

会联系和社会交流媒介。由于互联网的交互性、脱域性、非中心化、去权威化等特征，每个人都可以在其中直接发表意见、表达诉求，而不用再通过精英来间接表达自己的政治诉求；从技术层面而言，国家、社会强势群体或统治阶级很难隐瞒基本事实，也很难从技术上禁止人们发声；人们相互之间的交流超越了空间和时间的限制，互联网技术为人们提供了一个较为理想的商谈情景。互联网时代的网络民主前景被看好，一个真正意义上民主、平等参与、自由讨论的社会成为可能。

然而，现实并没有完全朝着良好的方向发展，由于各种缺陷，互联网时代的民主政治存在各种问题，这为传媒在新条件下的政治性奠定了基础。第一，由于互联网上的民众缺乏组织性，也没有形成组织结构，不能作为一种独立力量沿着正式的组织体制参与政治过程，只是零散的传播信息，表达政治诉求，其作用较为有限，其诉求很容易被湮没在互联网的信息海洋之中。第二，由于文化素质、投入时间和精力等方面的差异，网民会与现实世界一样产生分化；又由于网络传播的内在特性，其中影响力更大者很容易绑架广大网民的意见，广大网民容易被各种政治力量利用。第三，由于网络交流的非理性因素，使理性讨论比在现实生活中更为困难。网络上除了真实、有效信息外，还会掺杂许多无效、虚假甚至恶意信息。受情感、情绪因素的影响，网民并不会甚至不愿去追究信息真实性，因此容易被失真的信息所左右，政治判断和评价就会发生偏差，甚至陷入民粹主义的陷阱中。

在此背景下，传媒的政治性会更为隐蔽，政治控制技术也会有新的发展，更能混淆视听。有政治意图的人或利益集团在互联网中可以成为一个普通的信息形成者、传播者，他完全可以基于特定的政治立场和意识形态的主观目的，而故意提供不真实、不客观的信息，其目的就在于误导公众。如“庆安事件”中少数利益集团将犯罪嫌疑人美化成为无辜访民，攻击党和政府，攻击司法制度。[①] 这种做法甚至有国际化趋势，在国家竞争中媒体常常被用作打击对手的工具，如西方媒体广泛存在的对中国歪曲报道甚至恶意攻击的现象。在西方民主制度下，被煽动起来的公众情绪，常常让领导人在强烈的公众情绪面前无法保持正确方向，从而作出错误的决策。这种情形在当下中国也日趋显现，例如唐慧案中的舆论干预司法。[②] 此外，传统的报刊、广播电视等媒体也不断向互联网进军，目前几乎所有的报刊、电视都有了自己的互联网窗口，传统的传媒集团也凭借强大的财力在互联网中创办新的媒体。它们将现实社会中强大的影响力带入互联网，把传统媒体左右、控制民众思想的方式带入互联网中，从而在互联网条件下继续左右国家乃至跨国的公共决策，谋取利益集团的政治利益。

三、当前中国传媒的政治性

（一）伴生于市场化的传媒政治性

改革开放以后，中国传媒业也开始了渐进的市场化改革，媒体日益成为市场化运作的商业机构。传媒的发展经历了两个阶段：一是从计划经济体制下的事业单位向市场经济体制下的“事业单位企业化管理”的过渡阶段；二是市场经济体制下的产业化发展阶段。在第一阶段，对传媒的行政管理方法逐渐得以摒弃，传媒的经济内涵逐渐在宣传功能之外得以发展。在第二阶段，传媒市场化步伐明显加快，传媒行业整体上呈现出市场化局面。许多机关报得以重整，成为“创收”大户，广告成为传媒的主要收入来源；在互联网兴起之后又从事跨媒体经营，传媒集团跨区域办报现象也不断出现。

目前，中国有 2000 多家公开发行的报纸、9000 多份杂志、1700

---

① “庆安事件”发生后，自媒体各大门户媒体将徐纯合塑造成为因贫困进京上访的无辜访民，并在事件真相出炉之前不断攻击当地政府和涉事公安民警。事后查明，系北京锐锋律师事务所所谓“死磕派”律师在背后对舆论进行操纵。参见《北京锐锋律所律师被拘　曾策划炒作庆安枪击案》，载 http://news.youth.cn/gn/201507/t20150712_6852656.htm，最后访问日期：2015 年 7 月 12 日。

② 参见陈柏峰：《从唐慧案看中国法治生态》，载《中国法律评论》2014 年第 3 期。

多个电台频率、1100 多个电视频道、1000 多家广播电视台、2 家通讯社，另有大量的网站，这些传媒大多数是国有或被国家控股的。这些报刊、电台、电视台、网站等，大体可以分为三类：一是党委和政府直接创办并管理的官方媒体；二是有关行业或部门创办并管理的行业或部门媒体；三是企业创办和经营的商业媒体。经过市场化改革后，行业、部门媒体大多已商业化，官方媒体也有一些实行商业化运作的子媒体。这些媒体的运营目的主要有两种：一是承担政治宣传职能，例如《人民日报》、中央电视台、各省市党委政府主办的电视台、日报；二是以商业经营为目的，以商业利益为依归的传媒，主要包括各个城市的都市报、晚报，各大门户网站。在以商业经营为目的的传媒中，既有传媒市场化以后兴起的私营媒体，以各大门户网站最为典型；也有市场化以后的国有控股传媒，主要是各类都市报；此外，主要承担政治宣传职能的传媒，也有不少商业运营的成分或频道，例如各省的卫视。

传媒的市场化，最早国家算的是经济账，可以从财政上卸掉一些包袱，让一些报刊到市场上挣钱上缴利润。但是，一旦传媒市场化，新闻、政治方面就会有新的变化。与市场结合，媒体就有了很大的空间。在推动公共参与、推进政府信息公开、推动社会民主进程、维护公共利益等方面，传媒发挥了重要作用。这些作用的发挥，与传媒关注焦点事件是分不开的。如果没有传媒的有效参与，日常生活中的事件就不可能被带入公众视野，也就成不了公共事件，事件背后的公共性、普遍性问题就挖掘不出来，公共利益也无从凸显。然而，一旦人们对公共事件的关注依赖于传媒，传媒作为一种独立的力量就可以凸显，进而就可能有独立的政治利益、政治诉求，同时一些有特定政治倾向和政治诉求的社会群体也可能聚集在传媒平台上，传媒的政治性由此表现出来。它以“新闻专业主义”为理论支撑点。[①]“新闻专业主义”批判传媒从属于政治目标的传统实践，提出独立性诉求。“国家”“政府”“政党”等被视为外在于社会公众，与公众利益相对立，传媒则被预设为社会公众的天然代表，公权力

① 参见王维佳：《追问“新闻专业主义迷思”》，载《新闻记者》2014 年第 2 期。

对传媒活动的限制被视为民主发展的障碍。摆脱公权力而获得独立的传媒，被预设得更客观、更真实。“新闻专业主义”最终的成效，是使被资本力量附身的传媒机构获得独立性。

传媒及其从业人员、活跃其中的知识分子、有特定诉求的利益集团，可以运用传媒进行议程设置，引导人们关注特定的事件，制造特定的舆论。尤其是在互联网时代，网民素质良莠不齐，网络交流的非理性特征凸显，这种引导就非常容易。由于执政党非常关注社会舆论，就容易被特定利益集团利用网络舆论设置的议程所牵制，从而可能在决策上受到影响。因此，在传统社会主义传媒“党的喉舌”的政治性之外，传媒生发出另外一种“去政治化”的政治性。汪晖曾指出，新自由主义全球化伴随当代世界的“去政治化”，“通过新的、政治性的安排置于‘去政治化’表象之中，新的社会不平等被‘自然化’了”。[①] 表面上看起来，传媒议程中的公共事件都是些日常生活中发生的事件，是民众较为关心的问题，似乎是去政治化或非政治性的，牵涉到的是具体的治理性问题；然而，将这些问题系统地来看，却有着某种政治意图，被媒体所推动的一连串公共事件可能是按照某种政治路线图实施的，面向的是公共政策和政治诉求。

作为市场化条件下独立政治力量的传媒，以及围绕传媒的各种政治力量，有其明确的政治利益目标；一些利益集团和 NGO 组织混迹其中，甚至有政治性的纲领。在面向公众时，这些目标和纲领是秘而不宣的，他们会将自己打扮成公共事务的热心者，公共利益的代言人。在其政治目标和纲领下，报道什么、不报道什么、积极屏蔽什么，都有其特定指向，指向其最终的政治意图。民众处于传媒灌输的信息之中，受这些信息所主导，按信息所给定的思维框架去看问题，从而产生所谓“民意”，对政府或其他对象产生压力，进而影响公共政策甚至政治决策。当前，各级政府特别关注网络舆论，因此也特别容易被传媒有意激起的舆论所左右和支配。例如各地的 PX 事件、狗肉节事件，都有利益团体联合媒体在背后推动。

---

① 汪晖:《去政治化的政治》,生活·读书·新知三联书店 2008 年版,第 47 页。

（二）传媒政治性的运作规律

传媒实现其政治意图，在新闻炒作上有一定的规律可循。第一波推动往往是针对某个或某类事件形成调查报告。具体事件需要精心选择，要能够抓住受众的“眼球”，调动受众某一方面的情绪；调研报告并非完全客观，而是用看似客观的事件、材料和数据来引导受众的思维；调研报告一般不会作假，但可能只引用支持传媒意图表达的材料和数据，而对相反的材料和数据轻描淡写地带过，甚至置若罔闻。仅仅有调研报告还不行，还需要进一步的第二波推动，那就是带动受众进入公共讨论环节，这主要由评论来完成。评论不是随意的，而一般由特定的写手完成，写手中有著名的传媒人、律师和学者，他们的共同点是认同传媒所持有的政治理念和政治意图。这些评论的主要目的是引导受众，将受众对公共事件的思考引到传媒试图导向的轨道上去。这些评论最终要指向第三波推动，就是要推动公共政策的变化。这种公共政策的变化，可能在政治经济上有利于特定利益群体，但推动过程本身对政府信誉、执政党合法性可能都有所损害。

在西方传媒中，类似于中国传媒写手的人群被称为“公共知识分子”，他们是依赖自己的专业知识和思考，用言论关怀和介入公共事务的知识分子。公共知识分子在西方本是中性甚至是褒义词，他们是有学术背景和专业素质的知识者，是对社会进言并参与公共事务的行动者，是具有批判精神和道义担当的理想者。然而，在中国，参与传媒评论的这些人，人们很容易发现其基本的言论立场就是反对，而不论是非曲直；其基本价值结论最终往往是政府失德、无信、作恶，而不管事实真相如何，不分个别和一般；他们甚至故意捏造、剪辑一些所谓的历史阴暗面、领袖人物丑闻，来达到混淆视听的目的。[①]

---

① 一个例子是，巴黎恐怖袭击后，ISIS 声称对此事负责。国内有人扒出《环球时报》的一篇旧报道，标题改为“环球时报：ISIS 是不是恐怖组织，仍很难定论”，各路“大V”纷纷转发。实际上，这篇报道原标题是“美国号召打 ISIS 夹带不少私货”；而且，文中其实很明确地将打击 ISIS 称为反恐任务：“‘伊斯兰国’兴起是美国错误中东政策所致，美国有责任承担反恐任务。”证据摆在眼前，始作俑者很快删除微博，但转发指责《环球时报》的各位“大 V”，几乎无一转发辟谣信息。参见《巴黎发生枪击爆炸后谣言四起　中国媒体躺枪》，载 http://www.guancha.cn/society/2015_11_14_341311.shtml，最后访问日期：2015 年 11 月 14 日。

因此，“公共知识分子”在中国逐渐变成贬义词，通常被简称为“公知”。在推动公共事件的过程中，一些传媒与“公知”是互相利用的关系，传媒利用“公知”的专家和名人身份来增强权威性，“公知”则利用传媒的平台和影响力扩大影响。因此，伴随传媒市场化，“公知”群体也迅速崛起，成为活跃在传媒、网络和自媒体上的著名人物。转型中国的各种社会问题和社会矛盾，为传媒以及附着于传媒的利益群体提供了大量的机会。

在互联网和自媒体中，政治性表现得更为突出。传媒和“公知”不断通过“学术”的方式搞历史虚无主义，以重写历史的旗号宣扬反动意识形态，用小历史的名义反对主导意识形态。网络上的演员、记者、学者、“大V”等，周围都聚集着大批的追随者和“粉丝”，这些追随者往往以维护政治领袖一样的心态来维护这些名人。这些人日益成为体现传媒政治性的重要节点。而互联网和自媒体平台的管理者，往往凭借个人好恶来删帖、封号，他们实质充当了政治化的传媒的“新闻检察官”。每当那些网络“大V”以公共利益代表者的身份提出某个问题，设置舆论议题，各大门户网站、自媒体平台便在主页上力推，各路追随者便一拥而上进行支持，造成一种“民意”汹涌的假象。在汹涌的“民意”面前，政府不敢表态，怕卷入更深的麻烦之中；官员更是不敢表态，担心前程尽毁。政府常常被挟持，从而作出并非基于事实的决策。在这种状况下，舆论并不基于事实和常理，而是制造恐惧和恐慌。时至今日，各级政府对传媒、网络舆论唯恐避之不及，原因之一便在于此。

从表面上看，中国的传媒还受党委宣传部门指导，但在资本操控市场经济的传媒环境，尤其是互联网环境中，无论是官员，还是知识分子，发出独立的声音都是非常困难的，更不用说平民百姓了。人们可以自由使用门户网站、社交媒体，但在其中传播独立思想十分困难。在互联网舆论环境中，人们似乎只能选择成为“乌合之众”之一员，独立的思想可以表达，但其实很难被人听见。在市场化传媒环境中，媒体、资本与某些利益集团的权势结成了具有政治性的同盟关系，对公共性构成了极大的压制。① 作为另外一些政治力量的“喉舌”，一些门户网站和社交媒体的能力其实大大超过了作为“党的喉舌”的《人民日报》、新华社的号召力，尤其是在城市中产阶级群体中。西方学者对中国网络的试验性研究也表明，支持政府的网络言论比批评政府的言论更容易遭到屏蔽，而社交媒体对内容审查的力度不均，国企运营的社交网站尺度比私企严格，但最大的用户群体却属于私企。② 一如汪晖所指出，“在今天，压制公民言论自由的形式发生了变化，媒体权力也常常是压抑性的机制之一。在这场斗争中，呼之欲出的是政党化的媒体与滋生这一媒体权力的传统政党之间的政治竞争，如果说前者比后者更具有政治的能量和特点，那么后者就更像是一个丧失了意识形态功能、左支右绌的权力机器”。③ 在当前传媒环境中，很难进行真正有理性的公共讨论。传媒通过持续创造和设置议题，在互联网中成为日常政治的主导性力量。

四、传媒政治性的规制现状

目前中国传媒可以分为三种类型：一是承担政治宣传职能的党报党刊及其网络载体；二是大多数以商业经营为目的的市场化传媒及互联网传媒；三是各种组织和个人借由微博、微信等平台形成的“自媒体”。不同类型传媒的规制有相同之处，也有不同之处。

（一）传统传媒的规制方式及问题

对所有的党报党刊、市场化媒体和新媒体，宣传部门常用的管理规制方式是分级负责、内容管理。不同层级的宣传部门负责管理

---

① 一个典型的例子是最近的“赵薇事件”，赵薇导演的电影《没有别的爱》因起用疑似“台独”的演员戴立忍，以及辱华的日本女星水原希子，被大量网友质疑并遭到抵制。即便如此，“赵薇事件”还是上不了“热搜”，共青团中央的相关微博也遭到删除。参见《赵薇用资本控制舆论？细思极恐，一会儿可能就被删帖了》，载 http://toutiao.com/i6307541140161692162/，最后访问日期：2016 年 7 月 19 日。

② Gary King, Jennifer Pan, Molly Roberts, *A Randomized Experimental Study of Censorship in China*, APSA 2013 Annual Meeting Paper; American Political Science Association 2013 Annual Meeting. Available at SSRN: http://ssrn.com/abstract=2299509.

③ 参见汪晖：《“后政党政治”与中国的未来选择》，载《文化纵横》2013 年第 1 期。

同一层级的相关传统媒体和新媒体，根据媒体单位的性质和级别，中央、省、市、县各有负责的具体传媒单位；在宣传部门内部，不同科室部门负责联系、监督具体传媒单位。宣传部门对媒体的具体管理，主要体现为“内容管理”，即在联系媒体单位，监督其运转过程中，指示媒体单位如何开展宣传，具体包括哪些要宣传、哪些不能宣传、不同性质事件的宣传侧重点等内容。宣传部门长期坚持“宣传讲纪律”的理念，并对各类传媒如此强调，而“纪律”的落实，就体现在宣传口径的统一，落脚于内容管理。

当然，不同性质的媒体，宣传部门指示的侧重点会有所不同。党报党刊的规制，沿袭“社会主义传统”，体现为宣传工具的管理和运用。我国党报党刊一直被定位为政治宣传工具，用于传达党的路线、方针、政策，对党和国家重大工作安排、党和国家领导人的重要讲话及讲话精神进行宣传，促使党员群众较快较好地了解党和国家的路线、方针、政策，从而起到提升认知、统一认识、凝聚民心之功用。党报党刊直接受宣传部门领导，本身就是宣传部门的重要构成部分。宣传部门对党报党刊的领导，主要通过行政指令、思想政治、组织人事和纪律约束来实现。在具体工作中，宣传部门常常直接指示党报党刊如何宣传、如何评论；在重大事项的新闻发布和评论场合，则以指令“发通稿”的方式来贯彻方针政策。与党报党刊作为宣传工具的管理和运用稍有不同，宣传部门对市场化媒体在政治性方面的指示往往是否定性的，即要求具体媒体不报道什么，不应该如何评论等。

目前，上述管理和规制方式存在一些问题。第一，随着社会日益多元化，党报党刊的新闻和评论范围极广，宣传部门不可能面面俱到、事事顾及，就所有新闻事件下达直接指令；第二，受新闻专业主义的影响，一些媒体从业人员（包括一些党报党刊的从业人员）不赞同“党管媒体”的原则，他们从所接受的自由主义传媒思想出发，批判“党领导舆论工作”的社会主义新闻观，不认可公权力对传媒活动的限制。在此背景下，在宣传部门的指令所未触及的地方，一些新闻从业人员就可能按照其他诉求编辑新闻、发表评论，表现出另外一种政治性，其中不少还是党报党刊的从业人员。此种情况，中央领导已有所注意，并从思想政治层面进行了回应。2016 年 2 月 19 日，习近平总书记在党的新闻舆论工作座谈会上要求“党媒姓党”，强调党的新闻舆论工作坚持党性原则，最根本的是坚持党对新闻舆论工作的领导。①

在人们的印象里，党报党刊是舆论宣传阵地，当然是高度政治化的；市场化媒体是国有媒体市场化改革的产物，虽然隶属党报党刊集团，但其面向城市居民发行的带有娱乐、休闲性质的晚报或都市报，主要关注地方社会议题，话题性较强，而政治性应该很淡。但现实情况并非如此。党报党刊无论是版式风格还是行文风格，都越来越僵化，因此其政治宣传作用不断弱化。与之对照，一些市场化传媒的另类政治性却越来越强。因此可以看到很有趣的媒体现象：市场化的大众媒体越来越敢于批评各级政府，以舆论监督自任，以弱势群体代言人、社会公共利益捍卫者的姿态出现。对此，党报党刊等官方媒体往往要么默不作声，要么跟随大众媒体的腔调批评各级政府。简单说，应该有政治性的传媒越来越不讲政治，而非政治性的市场化传媒越来越政治化了。

在互联网时代，任何一家地方性媒体，只要运作得法，都可以获得全国性的政治影响力。例如市场化运作的《南方都市报》，是隶属于南方日报集团，在广东省内发行的都市类报纸，近年来却已成为一家具有全国性影响的报纸，经常曝光全国各地的各种违法乱纪现象，俨然已经成了国内的媒体“意见领袖”。事实上，不少媒体获得全国性影响力，靠的正是大量报道各种负面新闻，不少传媒甚至是通过推动某一个案成为事件而“一夜爆红”。市场化媒体上流行的曝光和批评，有些是合理的，或有合理的成分，但鱼龙混杂，常伴随有其他商业和政治性意图。对此，宣传部门在日常管理中难以辨别，工作人员常有力所不逮之处。也许正因此，习近平才强调新闻舆论工作各个方面、各个环节都要坚持正确舆论导向，党报党刊、都市类报刊、新媒体都要讲导向；新闻报道、副刊、专题节目、广告宣

① 参见《习近平在党的新闻舆论工作座谈会上强调坚持正确方向创新方法手段提高新闻舆论传播力引导力》，载《人民日报》2016 年 2 月 20 日，第 1 版。

传，时政新闻、娱乐类、社会类新闻，国内新闻报道、国际新闻报道都要讲导向。[①] 不过，对前述状况，也有学者认为，它是中国调整审查制度所追求的，从“限制不利报道”转向“有条件的舆论导向”的策略，是对网络媒体快速传播的一种适应；中国的传媒监管体系是强大而分散的。[②]

传统传媒的管理规制，也有一些法规依据，但在立法层面还不完善，在操作层面困难重重。目前我国缺乏完善系统的新闻传媒法律规范体系，宪法中有些相关条文，如针对言论自由、批评建议的一般性规定；更多的法律规范依据散见于各类行政法规中，如国务院2001年颁布、2011年修订的《出版管理条例》。相关法律法规大多过于抽象和分散，无论是新闻工作者，还是司法者，都很难明确权利的范围和界限。例如，《出版管理条例》第23条对新闻出版的自由进行了概括性的规定，但对这种自由的内涵与边界缺少明确的定义，对如何保障这种自由、防止滥用自由等都缺乏系统性的规定。在实践中，新闻出版的自由既难以实际保障，也难以得到制度性的约束。

（二）互联网传媒的规制方式及挑战

伴随互联网传媒，特别是自媒体的不断发展，政府在传媒规制上做出了不少值得肯定的法治探索，推动了传媒的法律规制进程。2000年以来，全国人民代表大会常务委员会制定了《关于维护互联网安全的决定》《中华人民共和国电信条例》《互联网信息服务管理办法》《互联网新闻信息服务管理规定》等一系列涉及互联网的法律、行政法规和部门规章。互联网传媒中很大一部分是市场化、私有性质的企业，传统行政手段对它们的规制效度较为有限，更多需要依法依规管理；互联网的传播特性也决定了管理和规制要有更大的灵活性，“内容管理”、管控思维显得越来越滞后。正是在此背景下，2011年5月，国务院设立了国家互联网信息办公室（以下简称

---

① 参见《习近平在党的新闻舆论工作座谈会上强调坚持正确方向创新方法手段提高新闻舆论传播力引导力》，载《人民日报》2016年2月20日，第1版。

② Tai Qiuqing, China's Media Censorship: A Dynamic and Diversified Regime, Journal of East Asian Studies, 14(2): 185 – 209, 2014.

"网信办"),专门负责推动互联网信息传播的法制化建设。2014年2月27日,中央网络安全和信息化领导小组成立后,它还承担领导小组办公室的具体职责。随后,各级党委和政府的"网信办"也相继成立。

近年来,"网信办"积极回应互联网中的新问题,推动了互联网传媒政治性的法律规制。"网信办"成立的初衷是重组网络管理机构,因为互联网管理混乱,新技术工具不断出现,有必要设置统一的常设管理机构,其具体管理方式则是"内容管理"。而内容管理与渠道管理有时密不可分,因此常常自然会延伸到渠道管理中,形成内容管理与渠道管理相结合的模式。2014年8月,国家"网信办"出台《即时通信工具公众信息服务发展管理暂行规定》(俗称"微信十条"),即是如此。其针对自媒体进行法律规制,要求从事公众信息服务需取得资质、公众号需审核备案、时政新闻发布设限以及实名注册等,并明确违规后的处罚。2015年年初,国家"网信办"和国家新闻出版广电总局联合对新闻网站记者核发记者证,正式将网络媒体记者纳入管理序列。2015年4月,国家"网信办"出台《互联网新闻信息服务单位约谈工作规定》,规定对严重违法违规的互联网新闻信息服务单位负责人进行约谈。2016年6月,国家"网信办"发布《互联网信息搜索服务管理规定》,对付费搜索信息服务问题进行规范;发布《移动互联网应用程序信息服务管理规定》,规范管理移动互联网应用程序(APP)信息服务。

"网信办"出台的一系列办法和规定,在一定程度上将互联网传媒的规制纳入了内容管理与渠道管理相结合的法制轨道,在主体上体现为对互联网传媒平台和网民两类主体的规制。对于互联网传媒平台,除了要求其遵守法律法规之外,还要求其承担平台管理责任;不仅要求其对平台内部运转落实考核管理,还要求其对平台的运用者进行监管。而对于网民的规制,一是要求其在使用网络传媒平台时进行真实身份信息认证,在违法违规发布信息时受到网络平台的处理和处罚,包括警示、限制功能、暂停更新、关闭账号等;二是依法加大对网民利用网络平台严重违法和犯罪行为的打击,例如近来明显加大了对危害国家安全、扰乱社会秩序、侵犯他人合法权益

等违法犯罪行为的打击力度。这种规制模式在规制传媒政治性方面起到了很大作用,但依旧存在不少问题:

第一,执法机制现状制约了对网络传媒的规制。“网信办”首先是协调机构,没有执法权,只能监督执法。网络传媒的规制涉及网信办、新闻出版广电总局、宣传部、公安部、工信部等多个部门,因此常常需要开展联合执法。这种执法模式缺乏长期有效的运行机制,也缺乏稳定性,一旦联合执法行动结束,弊端又会重现。不过,也由于没有硬性的执法权,网信办更多采用柔性的约谈方式,直接瞄定对象,效果有时也不错,只要媒体负责人能够对内容有实际控制力。例如百度贴吧事件,就是在约谈的基础上着手解决问题的。

第二,规制网络传媒政治性的法规仍然不健全。从国家“网信办”近几年的法制建设情况来看,有关互联网传媒的法律规范仍然比较匮乏,尤其针对其一般性质、并非直接的政治性问题缺少直接规制。例如,对网络上煽动民粹主义、不负责任的报道、隐蔽政治力量介入社会问题等,都缺乏明确的规制依据和防范手段。目前网络规制的特点是针对每一类互联网服务形态发布管理规定,直接对每一特殊类别行为提要求,包括直播、即时通信、搜索引擎等。这种管理风格对发展迅速的新型行业和突出问题有针对性,但分类管理的成本较高;而且,这种模式是问题导向而非规则导向。

第三,网络传媒违法违规处罚的依据不足。在国家“网信办”所颁布的规范性法律文件中,大多是禁止性规定,但对于违反这些禁止性规定的法律责任,缺乏明确完整的规定和划分;一些责任承担方面的问题,可能也超出了“网信办”制定规范的权限范围。因此,在实践中,处罚传播政治性违法信息的行为,总体上失之于轻、失之于软,常常查删处理就算完毕,最多对一些责任人拘留了事。

第四,网络传媒依法管理的基础还比较薄弱,管理不到位现象比较突出。直接制作、传播政治性有害信息的往往是小网站,以及一些微信公众号、微博等,对这些传播主体,“网信办”往往一时难以摸清底细、掌握详细情况,因此很难管理到位。而且,目前一般社会问题泛政治化的现象较为突出,“网信办”甄别、管控、辨析相关报道的能力远远不够。许多非法意图较为明显的政治性话题,往往“闹大了”,“网信办”才会管控;不少应该辨析、讨论、处罚的政治性违法行为,往往只是简单地一删了之。

第五,网络传媒平台拥有“网信办”赋予的管理权限,资本的政治性可能更加凸显。网络信息服务平台拥有管理平台使用者的权力,虽然基于用户协议,但在广大网民严重依赖个别大的信息服务平台的情况下,看似平等的协议实际赋予了平台方“生杀予夺”之权。微信、新浪微博、腾讯微博等平台广泛享有这些权力,可以对网民限制发布信息、暂停更新甚至关闭账号,很可能侵犯广大民众的言论自由和表达权利。而且,平台方完全可能基于资本谋利的特性,与特定政治利益团体结合。在“赵薇事件”中,赵薇起用“台独”、辱华演员,共青团中央的相关批评微博却遭到删除。微博平台与赵薇资本集团之间的神秘关系,至今也未有权威揭示。

对网络管理不力的现状,西方学者往往肯定其合理性,并认为是中央有意为之,用来缓解舆论焦虑,从而增进政权和社会稳定性。网络上的各种批评有助于中央尽早了解地方的腐败、渎职,从而更换地方领导人,代之以维稳能力更强的人才,确保体制及时回应民意,这比粗暴干预新闻更能有效维护稳定。① 这些认识显然有倒果为因之嫌。应该说,在目前的规制体系之下,传媒政治性的规制确实存在两大方面的问题。

一方面,在规制市场化传媒和网络传媒的政治性方面,既有方法的作用有限。从党报党刊到市场化媒体、网络新媒体,商业资本逻辑正在取代传统的社会主义立场。传统意识形态下的党性原则对传媒的约束在资本中不断消解,政治、纪律、行政控制手段对市场化媒体和网络媒体的作用有限,与此同时,法律规制却表现出明显的滞后性。在自由主义思想盛行,传媒被誉为“第四种权力”的语境之下,“党的喉舌”的社会主义传媒传统不断遭到自由主义和新闻专业主义的冲击,大量传媒事实上并非党和政府的宣传工具,政治纪

① Chen Xi, *Social Protest and Contentious Authoritarianism in China*, New York: Cambridge University Preess, 2012; Martin Dimitrov, The Resilient Authoritarians, Current History,107(705):24-29,2008.

律控制和行政指令手段的合法性面临困境，常常被认为是不正当干预甚至压制。因此，对传媒进行法律规制，对传媒权力进行法治约束迫在眉睫。

另一方面，在当前传媒环境下，公众的传媒表达权利缺乏保障。群众路线一直以来是作为"党的喉舌"的传统党报党刊遵循的重要工作原则，它体现为新闻稿件大量来源于工作在各行各业的普通人民，来源于基层和任何想说话的人。这使中国的新闻实践有别于市场化条件下的职业标准和认知，并在一定程度上脱离了正式的组织资源和社会资本。① 群众路线原则和"党的喉舌"传统是保持传媒人民性和公共性的政治性保障。但传媒市场化之后，新闻专业主义情绪高涨，市场化传媒呈现出另外一种政治性。资本运转逻辑从根本上改变了传媒背后说话人的身份，并不是任何想说话的人都能够发出声音、准确表达诉求。与此同时，党媒系统的官僚主义日趋严重，往往不能及时发现并表达社会公众的真正需求和人民的长远利益。公众的传媒表达权利因此成为问题。

五、传媒政治性之法律规制的建议

传媒具有政治性，这是现实，不会因为自由主义理论将其描述为中立的和公共的而不存在，也不会因为一些媒体人和社会不承认它而不存在。在这种现实面前，法律应当何为？法律当然很难消灭传媒的政治性，所能做的恐怕只是将传媒行为约束在合法范围内。传媒的政治性固然无法祛除，但需要以法治的方式维持其良好运转，让传媒的政治性表现为人民性，而不是赤裸裸地为优势社会阶层服务、为资本利益服务，让各个社会群体的政治诉求和利益诉求都能在传媒中得以合法、充分地表达。

（一）法律规制的重点领域

从法治的角度对传媒政治性进行法律规制，还有很远的路要走，有很细致的工作要做。本文不准备从细微处讨论建构规制的法律体系，而重点从以下几个方面讨论原则性问题和建议：

① 参见王维佳：《作为劳动的传播》，中国传媒大学出版社 2011 年版，第 66 页。

第一,保障传媒及新闻从业者的权利,即传媒权利。传媒权利是对传媒依法所享有的采访权、报道权、批评权等权利的合称。传媒权利是传媒存在和发展的法律基础。目前我国虽然没有专门的法律法规明确规定媒体权利,但传媒所享有的一系列权利可以从《宪法》推导出来。正如有学者所认为的,传媒权利源于《宪法》上公民的言论出版自由。[①]《宪法》第 22 条、第 35 条、第 41 条、第 47 条的规定,都与传媒权利相关。这些《宪法》条文所规定的保护公民的言论、出版自由,新闻工作者自然应当享有,它不仅是新闻工作者作为公民所应当享有的,还是新闻工作者为了保障一般公民的权利所需要享有的。传媒权利是《宪法》规定的公民言论、出版自由在新闻活动中的体现,是新闻工作者享有依法从事采访、写作、发表出版新闻作品并不受他人非法干涉的权利。传媒及新闻工作者在行使权利时不受法律以外的其他因素的干涉,在法律许可的范围内,自由地采访、报道、批评而不受他人的强制。一旦在行使媒体权利时侵犯他人权利,或滥用媒体权利,便应当承担相应的责任。新闻传媒具有传递信息、反映舆论、发表评论、实施监督等社会功能,为了使传媒功能正常发挥,就必须明确传媒权利,并在法律上给予保障。媒体和新闻从业人员在行使传媒权利时,有法律之内的选择权,具有采访、报道、批评的自主性。政府可以提倡、鼓励和支持某种舆论倾向,也可以通过国有或控股媒体去实践这种倾向,但不应当在法律之外对传媒运行进行不当干预。例如,前些年屡屡发生的"跨省追捕"记者事件,有些就是地方政府对暴露其不当行为、违法行为的记者的打击报复,构成了对传媒权力的打击,不符合法律精神。在传媒政治性的现实之下,政治利益集团对传媒权利行使有所影响,这不可避免,法律无法绝对禁止,但应当进行规制。政治利益集团可以通过传媒表达诉求、行使权利,但诉求的表达应当在法律范围内,不能以杜撰新闻、违反新闻伦理、甚至违法的方式来表达诉求、误导公众、操纵公共政策议程,也不能侵犯他人权益和社会公共

---

① 参见朱静:《媒体权利的保障与约束研究》,华中科技大学出版社 2014 年版,第 44 页。

利益。

第二,法律为传媒权利的行使设置底线。在充分保障传媒权利的前提下,需要为传媒权利的行使设置法律底线。传媒号称拥有“第四种权力”,其权利是为传递信息、反映舆论、实施监督而存在的,依法行使更是有所必要。否则,“第四种权力”所可能导致的“暴政”可能比公权力滥用的后果更为严重。因为在现代社会,立法、司法、行政权力的运行,时刻处在人民和传媒的关注之下,其滥用较为容易被质疑、被发现。而传媒往往受资本和利益集团的控制,其权力滥用常常具有更强的隐蔽性和迷惑性,因此法律的规制更为重要。在目前阶段,中国传媒良好的职业伦理和运转秩序尚未有效建立,法律为传媒设置权利行使的底线就更显重要和急迫。目前,传媒在行使权利时,在几个方面容易超越法律的底线。一是危害社会稳定和国家安全,这在网络新媒体中更为常见。一些不法分子和敌对势力利用网络和新媒体进行犯罪、干扰、渗透、反动宣传等破坏活动,给我国国家安全造成威胁。在西藏“3·14 事件”和新疆“7·5 事件”中就是如此,在一些群体性事件中也是如此。有些案例中,媒体从业人员甚至起到了重要的煽动作用。二是在个案中歪曲事实,煽动对某种社会群体的仇视情绪。例如,2012 年南加州大学校园发生枪击案,两名中国留学生被枪杀。媒体强调死者所开的是宝马车,强调这所大学是“纨绔子弟大学”。[①] 从而引发民意撕裂,导致网民对“富二代”无端痛恨。其实据死者同学透露,两位被害者学习勤奋,勤俭节约,他们被害的当天深夜还在实验室做实验。三是恶意诽谤政治人物和历史人物,混淆是非,淆乱社会道德感情。这种现象在一系列所谓重新解读历史、“小历史”等现象中可见一斑,目前已经引起宣传部门的重视。四是以虚假新闻、不完全真实的新闻,推动公共政策的制定和修改。这种情形较为常见,目前法律却很难有效应对。法律规制可能需要在这方面下功夫,厘清具体情形,约束传媒的行为。新闻从业人员在职务之外的行为,似乎应

---

① 参见《两中国留学生在洛杉矶被枪杀　死于宝马车内》,载 http://news.qq.com/a/20120412/000133.htm,最后访问日期:2012 年 4 月 12 日。

当有比一般人更高的底线要求。新闻从业人员在日常生活中，在兼职工作中，甚至在自媒体中的行为，应当受到更严格的规制。因为新闻从业人员在从事采访工作、参加各类会议、阅读文件等职务活动中，可以获取各类信息、素材，其中可能包含国家秘密、商业秘密、未公开披露信息等，这些都属于职务便利获取的信息。这些信息一旦在日常生活、兼职工作、自媒体中泄露，便可能损害国家或相关市场主体的利益，也会损害新闻单位的信誉和利益。现实中，一些新闻从业人员滥用职务行为信息，兼任境外媒体的通讯员、专栏作者、评论员等，传播涉密信息，或者擅自将职务活动中获悉的信息发布在自媒体中，造成不良影响，甚至导致违法犯罪。国家新闻出版广电总局2014年印发的《新闻从业人员职务行为信息管理办法》，已经注意到这方面的问题。因此，在法律规制上，迫切需要更加严格的要求新闻从业人员，严惩其违法犯罪行为。

第三，保障公众的表达权利和被听到的权利。自由主义传媒理论认为，传媒是一个思想市场，每个人都可以充分表达，各种不同的声音都可以被听到，这样理性交流和讨论会得出对公众最有益的结果。这种理论所假设的模式在小范围内可以实现。但在一个传媒主宰的舆论环境中，问题复杂程度超出想象。在现代化信息传播技术下，传播手段是言论的放大器，谁的声音可以被广泛传播，取决于谁掌握金钱和权力。有影响力的传媒就好比“大喇叭”，可以充分享有表达权利；有钱人和有权的人可以支配“大喇叭”，同样可以充分享有表达权利；底层社会群体不掌握财富和权力，其表达权利事实上处于缺乏状态。在“大喇叭”的支配下，由于“沉默的螺旋”①的作用机制，人们很容易将“大喇叭”表达的意见当成主流“意见气候”，大多数人会力图避免由于单独持有特殊意见而导致的孤立，因此不会表达与“意见气候”不同的意见，而是保持沉默。如此一来，“大喇叭”的意见就显得更为主流，持不同意见的大多数人保持沉默，从而形成“沉默的大多数”现象。而且，在“大喇叭”支配的舆论环境

① ［德］伊丽莎白·诺尔－诺依曼：《沉默的螺旋：舆论——我们的社会皮肤》，董璐译，北京大学出版社2013年版，第4～7页。

中，即使有少数人打破沉默，行使表达权利，其“被听到的权利”[①]也很容易受到压制，因为他们的“声音太小”了，改变不了“沉默的大多数”的命运。互联网并未改变这种状况，它虽然让普通人有便捷渠道发泄不满，却缺乏形成的群体诉求进入讨论中心的常规机制。

表达的权利和被听到的权利，都是言论自由的应有含义，是民主和法治的当然内涵。在一般的市场经济和法治条件下，保障所有群体的表达权利和被听到的权利，存在很多技术性的难题，传媒的“大喇叭”作用、“沉默的螺旋”效应，都强化了这些难题。克服难题，很难指望私有媒体，而政府控制的国有媒体可以从中有所作为。因为私有媒体无法脱离市场化利益，而国有媒体更有义务保障全民的利益。欧文·费斯指出，国家既可以是压制者，也可以是自由的来源；权力的私有化对自由会有所冲击，因此需要国家来抵制这些势力；如果国家之外的权力正压制着言论，国家就必须采取行动来增强公共辩论的活力。[②] 国家应当通过国有媒体来介入言论自由领域，应当鼓励国有媒体深入群众，真正洞悉群众的政治诉求和利益诉求，表达这种诉求，宣传这种诉求，保障这种诉求被权力机关和广大社会力量听到。做到这一点，其实很困难，不但需要新闻职业素质，还需要很高的政治意识和敏感性，而这些正是当前媒体从业人员所缺乏的。目前的国有传媒，一方面，其从业人员政治意识不够，小知识分子的情绪浓厚，对底层群众生活的体会不深刻，加上受西方资本主义传媒思想浸润日久，难以深刻洞悉人民根本利益之所在；另一方面，国有传媒受各级党政的领导主要体现为服务于政府的短期目标，为政府短期目标和政绩宣传较多，甚至因此完全受各级党政的直接控制，从而在深入思考、反映人民群众的根本利益方面做得不够。正因为国有传媒做得不够，底层群众的一些利益点才会被活跃在市场化媒体、自媒体上的各种力量所表达，甚至政治化。

（二）法律规制的辅助措施

法律规制措施的有效运行，还需要一些有针对性的辅助措施。

---

① 李北方：《北大南门朝西开》，中国人民大学出版社 2015 年版，第 67 ~ 69 页。

② 参见［美］欧文·费斯：《言论自由的反讽》，刘擎、殷莹译，新星出版社 2005 年版，第 2 ~ 4 页。

笔者认为,至少还有以下三个方面需要大力加强:

第一,改进政府管制传媒的方式,尤其针对市场化媒体、网络媒体。要充分发挥"网信办"、新闻出版广电总局在法律规制方面的作用。目前,党政部门过多使用具体指示的方式管制传媒,传媒因此也常常感觉权利受到压制。应当通过法律规制方式,进一步完善有关新闻传媒的规范性法律文件,整合针对新闻传媒的执法能力,增强执法效率,建立对新闻传媒的长效监督机制。对违反规定的法律责任要进一步明确,责任主体也要进行明确的划分。尽量少对具体问题进行具体指示,建立普遍适用的法律规则,从法律上对传媒责任进行事后追究,将责任落实到个人。

第二,创造健康的新闻市场,发挥国有传媒的正面引导作用。除了目前的《人民日报》、中央电视台等媒体之外,应当发展适应市场化环境的网络化传媒,它们应当既符合年轻网民的阅读习惯,也能够与时俱进传播正能量,与那些有负面暗示作用的传媒信息、评论进行竞争。目前已经出现了这种倾向的民营媒体,如观察者网。这些媒体,甚至可以在意识形态竞争方面,构成党媒的重要补充。

第三,建设新闻行业伦理。现代社会的任何行业,仅仅依靠政府和法律规制,都是远远不够的,培育、建设行业伦理十分必要。新闻行业伦理是新闻行业和从业人员自身的自觉规范和约束,是行业内部的规范和行业组织的自律。良好的行业伦理对国家和传媒来说是双赢的,传媒可以提高行业声誉,国家可以节省法律规制成本。

结　　语

在自由主义思想传统中，传媒权力被称为“第四种权力”，传媒被认为天然具有独立性、中立性和公共性，而传媒的市场化和最少的政府管理，往往被认为是实现这些性质的基本条件。然而，从实证视角去看传媒实践，商业性更是传媒与生俱来的基本特性。传媒是新闻这一商品的提供者，通过新闻吸引公众注意力，进而将公众注意力出卖给广告商来谋取利润。直到今天网络时代，这一点并未改变。在目前中国，传媒的商业性，渗透到了传媒企业的内部管理和绩效考评制度中，记者因此成为新闻生产链条上的“螺丝钉”，新闻生产服务于传媒企业的利润和新闻记者的私利；传媒商业性还迅速扩展到网络传媒中，技术平台成为互联网企业谋利的工具，广告形态的变化使其拥有巨大的利润空间，社会精英和普通民众也可以通过平台谋利。从现实来看，传媒行业和相关人员对利润和利益的追求，缺乏行业和职业伦理的约束。逐利的商业性本质，常将传媒带入尴尬境地，甚至引入歧途。

传媒在传递信息、反映舆论、发表评论、实施监督等多方面承担无可替代的功能，在推进政府信息公开、推动社会民主进程、推动公共参与、维护公共利益等方面实际发挥了巨大作用。在理想状态下，传媒应当表现出完全的独立性和彻底的公共性。

然而,现实与理想有着巨大鸿沟,传媒的独立性和公共性,时刻受到传媒政治性的威胁。从历史实践来看,传媒政治性也是与生俱来的,虽然在不同历史时期有不同的表现,封建王权时期表现为直接的政治控制,资本主义国家中表现为资本控制,在社会主义实践中则表现为"喉舌"功能。互联网推动了民主政治的发展,似乎使控制传媒难度更大,但由于各种原因,现实并未从根本上得到改善。中国是一个社会主义市场经济国家,社会主义传统中表现为"党的喉舌"的传媒政治性依然存在,市场经济催生了另外一种"去政治化"的政治性。传媒及其从业人员、活跃其中的群体和利益集团,通过舆论议程设置,引导人们关注特定公共事件,将政治意图和政治诉求嵌入具体治理性问题中。

面对传媒商业性和政治性的现实,我们需要进行深刻反思。中国传媒的市场化改革,伴随新闻专业主义的口号,传媒也摆脱了政府的直接管制而更加独立,但这种独立是资本和利益的独立,而非传媒行业的真正独立。传媒的商业性和政治性对传媒公共性构成了严峻挑战,但它们很难简单祛除。承认传媒商业性和政治性的现实,并不意味着放弃传媒公共性的理想。真正意义上的传媒公共性,应当体现为人民性,这是一种人民利益至上的政治性。传媒能够客观反映并表达不同社会群体的利益诉求,成为不同群体利益协商的空间和平台,从而最终维护最广大人民的最根本利益。与此同时,传媒的商业性应保持在合理的范围内。

反思并不意味着对传媒市场化改革的全盘否定,而是要辨析其中存在的问题并解决这些问题。改革过程中常见的情形是,旧的问题得以缓解,而又出现了新的问题,因此反思改革就是要发现这些新出现的问题,为进一步改革奠定基础。正如美国学者组成的"新闻自由委员会"所言,"要将新闻界从禁锢它的势力中解放出来并没有简单便行的途径"。[①] 不同学者从不同角度提出的方案和建议,都值得重视,包括"新闻自由委员会"针对西方传媒现状而系统提出

---

① 新闻自由委员会:《一个自由而负责的新闻界》,展江、王征、王涛译,中国人民大学出版社2004年版,第50页。

的，分别针对政府、新闻界、公众的许多具体建议，也值得借鉴。

在建设社会主义法治国家的背景下，传媒监督需要纳入法治的保障和规制中。目前的传媒法治还存在诸多缺陷，为此需要完善法律制度，将传媒纳入法律规制范围，让传媒的商业性和政治性接受法律约束。需要明确传媒权利，在法律上给予保障，并为传媒权利的行使设置底线，在违法时依法惩罚传媒企业及其从业人员，还要通过法律和政治渠道来保障各种社会群体的表达权利和被听到的权利，防止广大人民群众在强势利益群体面前成为“沉默的大多数”。此外，还应当同时改进政府管理传媒的模式，发挥国有传媒在新闻市场中的正面引导作用，同时全面建设新闻行业伦理。解决传媒的商业性和政治性所带来的各种问题，任重而道远。

附录　泛道德化:佘祥林冤案

改革开放以来,我们对社会问题分析的主流话语已经发生了很大变化。二十多年前,虽然也存在可以构成社会热点的社会事件,但是由于当时的传媒还没有今天这样发达,其社会结构和政治结构还比较封闭保守,社会中很少有重大的社会事件,偶尔有也因为常常被当作政治问题、道德问题处理,或者由于事件细节难为人知而无法引起有效的讨论。特别是司法事件,在强烈的政法传统和政法话语中,不可能被人们当作一个公共话题来讨论,而当时职业法律人近乎不存在,法学教育的政治化也不可能支撑起一个广泛的、强有力的法律话语体系,尤其是法律技术上的话语体系。当时的法学话语基本停留在书本上,主要是一种政治话语,最多也是一种政法话语或道德话语。① 随着中国社会和政治的发展,法治实践的不断发展,许多国外法律理论的引介,西方法律理念日益被中国法律人接受,各种具体法律制度也被立法吸纳,法学理论和各部门法都有长足的发展,法律职业也不断发展。在这种情况下,法学理论的话语已经从书本走向了社会实践,并日益弥散,构成了当代热点社会问题

---

① 参见苏力:《也许正在发生》,法律出版社 2004 年版,第 9 页。

公共话语的一部分,甚至是最庞大、最有力量的一部分。这种话语常常构成了对社会实践的制约,不管这种制约是基于实践策略的考量,还是基于对所谓“真理”的认同。这一点,鲜明地体现在近年来发生的系列社会事件中。

今天,我们应当在经验上考察社会问题,结合历史条件和制度环境来分析社会事件,而不是陷入抽象的大词和脱离语境的无休止争论中。要勾勒当前中国法学的轮廓,辨识其知识谱系和话语基础,就必须在法律话语和实践的互动中考察“行动中的法”,必须从法律人和大众媒体对特定社会热点事件的评论话语中考察其运用的法学知识,辨析其背后隐含的法学理论。借助一个具体的法律事件——佘祥林冤案和围绕这一事件的法律话语与法律实践,笔者试图梳理知识分子和法学学者在思考和分析这一具体法律事件时的逻辑及其背后的法学理论,以及这一逻辑对法律实践的实际影响。经过梳理,笔者发现,当代中国法律人的法学话语大致是一种个人权利至上和程序正义至上的自由主义法治理论,这种理论得到了知识分子的普遍认同,并在媒体的宣传下,似乎成了全国人民的一致声音,并有意无意“压迫”着公检法等实务部门甚至党政领导承认其合法性。然而,笔者的研究也表明,这种自由主义法治理论存在诸多缺陷,不仅理论视野过于狭窄,过分强调一些关键词,而且充满对实际法律生活的想象和对法律事实的任意切割,缺乏对司法和执法的制度环境、社会条件的全盘关注,缺乏对特定社会条件和制度环境下司法的同情和理解,表现出很强的教条主义倾向和泛道德化情绪。①

笔者的这一分析进路背负着巨大的风险,不仅容易在研究方法上被人指责为以偏概全,还可能在道义上被人指责为毫无同情心,甚至可能被人指责为反法治。这些都不要紧,也许笔者的判断是错的,但如果笔者的分析对我们在分析社会热点问题时保持冷静的心态还有一点点帮助的话,笔者的努力就没有白费。

---

① 苏力在分析“黄碟案”时,部分地揭露出了当代中国法理学的这一问题,参见苏力:《当代中国法理的知识谱系及其缺陷》,载《中外法学》2003 年第 3 期。

一、佘祥林冤案及公检法机关的反思

1994 年 1 月 20 日，湖北省京山县佘祥林的妻子张在玉突然失踪，张的亲属怀疑张是被佘所杀。4 月 11 日在当地一水塘发现一具女尸，经张在玉亲属辨认，认定这具女尸就是张在玉，公安机关遂立案侦查。1994 年 10 月 13 日，湖北省荆州市中级人民法院一审判处佘祥林死刑。佘不服提出上诉，湖北省高级人民法院以“事实不清、证据不足”为由，发回重审。1995 年 5 月 15 日，荆州市人民检察院将此案退回补充侦查，1996 年 2 月 7 日，京山县人民检察院补充侦查后再次向荆州市人民检察院移送起诉，后再次退查。因行政区划变更，1997 年 11 月 23 日京山县人民检察院向荆门市人民检察院移送起诉，12 月 15 日，荆门市人民检察院将案件移送京山县人民检察院起诉。1998 年 3 月 31 日，京山县人民检察院将此案起诉至京山县人民法院，法院以“故意杀人罪”判处佘祥林有期徒刑十五年，佘继续不服上诉，9 月 22 日，荆门市中级人民法院驳回上诉，维持原判。之后，佘祥林在湖北沙阳监狱服刑。①

2005 年 3 月 28 日，张在玉突然“生还”，佘祥林杀妻案被证明是个冤案。之后，这个显而易见的冤案，以最快的速度被纠正，公检法机关还对社会舆论作出了回应，对冤案进行了主动或被动的反思。3 月 29 日，荆门市中级人民法院作出再审决定，决定另行组成合议庭对佘祥林案进行再审。3 月 30 日，荆门市中级人民法院裁定将案件发回京山县人民法院重审。同一天，湖北省高级人民法院召开了审判委员会，总结了避免佘祥林冤杀的经验教训。② 4 月 4 日，荆门市委书记看望了佘祥林的父亲，表达了歉意，表示一定要处理好这起冤案，严肃查处涉案干部，并依据有关政策法律进行国家赔偿。③ 其后，时任湖北省委书记俞正声作出批示，要求荆门市政法委对此案的纠错追责进行督办，并每日向湖北省政法委汇报情况；荆

① 案情描述是对多种媒体报道的综合。

② 参见李国清、陈群安：《湖北省高级法院严格把关 避免无辜者佘祥林被冤杀》，载《人民法院报》2005 年 4 月 1 日。

③ 参见《荆门市委书记向佘祥林父亲道歉》，载《东方早报》2005 年 4 月 7 日。

门市和京山县相关部门就善后问题展开各项工作,湖北省人民检察院也派员进驻京山,对佘案中的渎职违法行为展开调查。[①]

2005 年 4 月 13 日,京山县人民法院公开开庭审理了佘祥林案,当庭宣判佘祥林无罪。4 月 14 日,最高人民法院副院长万鄂湘在新闻发布会上总结和归纳了佘祥林案的经验教训。[②] 5 月 23 日,湖北省人大常委会召开主任会议,专题听取省公安厅、省人民检察院、省人民法院主要负责人关于佘祥林案件调查情况的汇报。[③] 在 7 月 19 日召开的湖北全省政法工作座谈会上,荆门市政法委反思和剖析了佘祥林冤案,省政法委书记也谈及了佘案的教训,并要求全省政法机关严把办案质量关,把案件办成"铁案"。[④] 在 7 月 28 日召开的全国检察长座谈会上,最高人民检察院要求所有检察院认真讨论佘祥林案等 5 个典型案例,举一反三,吸取教训,查找执法中存在的问题,制定并落实整改措施,建立健全规范执法的长效机制。[⑤]

由于的确出现了冤案,一方面出于纠正错案的法律需要,另一方面为了保护自身形象,重建司法在群众面前的权威,公检法机关作出了积极纠错、吸取教训的姿态和行动。此外,还做了一些别的"努力"。如冤案最初被发现时,京山县人民检察院副检察长何正平表示:"回首佘案的整个审理程序,几乎每个环节都是合法的、公正的。"[⑥]当年负责办理佘案的京山公安局副局长卢定成也否认存在刑讯逼供:"像这样大的案件,我们一般是不允许,也不敢。但有些

① 参见刘炳路、吴学军:《湖北省委书记对佘祥林"杀妻"遭冤狱案作出批示》,载《新京报》2005 年 4 月 6 日。

② 参见张瑾:《高法回应佘祥林案:审判机关要严守公正防线》,载《京华时报网络版》2005 年 4 月 15 日。本章注释涉及的所有网页都于 2005 年 8 月 2 日重新访问。

③ 参见田晓杏、沈度:《湖北省人大听取佘祥林案汇报 要求加强司法监督》,载中国新闻网 2005 年 5 月 24 日。

④ 参见胡新桥:《湖北省首次公开总结佘祥林案教训 办案细节公布》,载中新网 2005 年 7 月 20 日;张先国:《荆门市政法委总结佘祥林案教训 有罪推定是首因》,载《光明日报》2005 年 7 月 29 日。

⑤ 参见杨维汉:《佘祥林等 5 案例成警示"教材"　最高检要求认真总结》,载新华网 2005 年 7 月 28 日。

⑥ 王刚:《决定佘祥林命运的执法者》,载《中国新闻周刊》2005 年 4 月 25 日。

小案件，如偷盗等，（警察）动手的可能性是有的。”[1]但这种努力并没有得到民众和学者们的认同，在社会和上级的双重压力下，荆门公检法机关作了抽象的检讨，并拟对涉案责任人员进行调查处罚。

在媒体与学界的“合谋”下，这起冤案从一开始就被界定为有罪推定、刑讯逼供侵犯人权的产物；《刑事诉讼法》没有被遵守，人权没有得到尊重，导致了这起冤案。此后的评论也基本上按照这一条路子走下来。各种媒体和学术刊物上所见的观点基本上是一边倒的，大致意思就是：法治要求对犯罪嫌疑人实行无罪推定、疑罪从无，犯罪嫌疑人的人权应当得到尊重。

笔者完全同意这一原则，也十分同情这个冤案的受害人佘祥林和其他间接受害人。鉴于中国社会中长期以来有法不依、有罪推定、严刑逼供、漠视人权等状况，出于建设法治社会的需要，提出这些法治原则，并进行宣传，很有针对性，对中国法律的转型也是十分必要的。但这毕竟是一个具体的法律案件，因此，严肃的学术讨论必须建立在对案件认真梳理的基础上，而不应建立在对案情的想象上，不应当脱离案件抽象地谈论一些正确的法律原则，说一些“政治正确”的空话，作一种于事无补的同情姿态，从而停留于粗糙的法律宣传和良心表达。说实话，直到目前为止，我们对这一冤案的真实情况并不十分清楚，如在冤案的“生产”过程中，警方到底是否动用了刑讯逼供的手段，至今还是个未知数。[2] 笔者甚至认为，对我们讨论问题有着重要学术意义的某些情节，也许永远都无法弄清楚了。

在笔者看来，佘祥林冤案涉及以下两个问题：第一，从目前可以确定的事实来看，在当时的社会条件和制度环境下，作出那样的判决是否是可以理解的？第二，我们是否允许冤案出现？一旦出现冤案，我们应当如何对待那些冤案“制造者”？

现有关于这一冤案的讨论涉及了上述两个方面。基于事后了解到的信息，以及出现了冤案这一事实，评论人首先从原则上声称

---

① 《专访佘祥林案办案刑警：遗憾当时没做 DNA 鉴定》，载《新快报》2005 年 4 月 14 日。

② 掌握了诸多案件细节、查阅过这起冤案案卷的《中国新闻周刊》也持这种意见。参见王刚：《决定佘祥林命运的执法者》，载《中国新闻周刊》2005 年 4 月 25 日。

刑讯逼供违反法律,不尊重人权,但并没有对刑讯逼供的事实作深入考察,甚至抱有很多想当然的想法;他们进而指责警方在确认证据时没有进行 DNA 鉴定,指责警方草菅人命;评论人还对几乎所有涉及法律程序的机关进行了批评,使用了诸多的“如果……冤案就不会发生”这种事后诸葛亮的句式。这些都展示了当代中国法律人在对社会热点问题进行评论时先入为主的思维方式,以及他们进行教条主义分析的道德话语基础。

二、自由主义法治理论的言说及其社会效果

自由主义法治理论认为,个人的生命、自由和财产权至高无上,人们组成国家是为了保护个人权利,国家的任务也在于此。这种理论的逻辑前提是:国家权力天然具有膨胀和堕落的倾向,“一切有权力的人都容易滥用权力”。[①] 因此,为了防止国家权力对公民权利的侵犯,必须实行法治。法治的精髓是以法律制约权力,这一法理学命题蕴含了自由主义者对权力的极端恐惧和极力防范。杰斐逊曾经大声疾呼:“请别侈谈对人类的信心,让宪法来约束他们(权力)吧!”[②]我国也有学者认为:“什么时候法律把权力驯服为俯首帖耳的羔羊,什么时候便有了真正的法治。”[③]

论者认为,法律是用来限制国家权力的,国家机关在任何时候都必须尊重法定程序。一个人,即使是触犯了刑法的人,他的人格和尊严也应当受到保护。在刑事案件的侦查、起诉和审判中,犯罪嫌疑人所面对的是一个强大的国家,一个随时都可能践踏人们权利的利维坦,因此,国家机关必须遵守法定的正当程序。正当程序的核心理念在于限制国家权力,将国家机关及其工作人员的活动纳入法律的轨道,使其依照正当、合理的法律程序来运行。根据这种程序正义的观念,刑事诉讼不仅应追求结果的公正,而且应注重过程

---

① [法]孟德斯鸠:《论法的精神》(上册),张雁深译,商务印书馆 1982 年版,第 154 页。

② 范进学、夏泽祥:《认真对待权力——法治视野下法律与权力关系的反思》,载《浙江社会科学》2004 年第 4 期。

③ 徐显明:《论“法治”构成要件》,载《法学研究》1996 年第 3 期。

的公正，即程序正当。它要求程序必须最大限度的理性化，从而体现形式公正；必须人道，以有助于实现理性、人道尊严等价值。

佘祥林冤案被媒体曝光后，人们十分愤慨。论者认为，“在当今社会中出现如此冤假错案，显然是对现代法治国家的一种嘲弄，更是对现代刑事理念的一种挑战”。[①]“佘祥林‘杀妻’冤案却表明，《刑事诉讼法》的上述基本原则在司法实践中并未得到认真贯彻，而诸如有罪推定、息事宁人和从重从快等潜规则依然在司法实践中大行其道……我们的刑事司法一贯偏重于惩罚和打击犯罪，维护公共秩序和安全。而对更重要或者同等重要的保护无辜、维护人权的功能则不以为然……如果在佘祥林一案中我们的司法机关重视人权的保护，相信冤案也不会发生。”[②]“我们看到了错案的缘起决非办案人员的疏忽，更不是偶然中的偶然，而是权利在被肆意侵犯，司法权力被随意滥用，法定程序被置之不顾。”[③]

论者认为，司法公正具有双重含义：实体公正与程序公正。两者之间既有内在的一致性，也有互相冲突的地方。严格遵守程序公正的要求，可能会达不到发现犯罪和惩罚犯罪的目的；但如果只是为了发现和惩罚犯罪，那国家根本就不需要建立刑事诉讼机制，而只要有警方等暴力机构就行了。刑事司法的目的，不仅是要解决社会冲突，而且还要公正地解决社会冲突，程序法和程序就是用来防范和约束国家权力，使其公正解决社会冲突的。这表明，在自由主义法治理论关于司法公正的两个标准当中，程序公正具有优先于实体公正的价值属性。在两者冲突时，应当首先致力于实现程序公正。因此，“‘佘祥林杀妻’冤案的发生，既是我国刑事程序法不够完善的典型表现，亦是刑事诉讼程序被严重违反、破坏乃至践踏而必然结出的‘孽果’……要防止司法异化，实现司法公正，就必须首先铸程序法和程序的尊严”。[④]

---

① 刘宪权：《传统刑事司法理念的反思》，载《法学》2005年第5期。

② 赵海宁、石仁勇：《佘祥林案：刑事司法需要人权保障》，载《人权》2005年第3期。

③ 冀祥德、朱晶晶：《错案：缘于何止于何》，载《法律与生活》2005年第8期。

④ 谢佑平：《防止冤假错案，有赖于健全的刑事程序法》，载《法学》2005年第5期。

论者认为，“法律，静态的法官；司法，动态的法律。不依法司法，就是以国家的名义践踏法律。不依法司法，是对法治破坏最烈的不法；而不能揭露不法的不法，则是所有不法中最可怕的不法，真正黑暗的不法。佘祥林案冤情黑暗面的披露与报道，社会各界对佘祥林案给予的关注，是对我国司法民主与法制春天的强力呼唤！”①

对于自由主义法治理论的上述原则，笔者大体上都赞同。事实上，笔者也是这种法治理论的坚定拥护者和努力提倡者。但是，这种大而化之的赞同不能替代对这一具体案件的分析。在论者那里，佘祥林冤案从一开始就被界定为法定程序没有得到遵守、人权没有得到尊重、公检法机关违法执法的结果。在他们那里，权利被描述为神圣的、优先的和终极的。但是，他们的言说都只是语言上的措辞。仔细考察媒体上的报道、评论和期刊上的学术论文，笔者发现，自由主义法治理论的界定和判断是被司法的教条主义和泛道德化话语支撑起来的。在这些教义和话语之外，法律人缺乏对冤案发生的社会条件和制度环境的关注，缺乏对造成冤案的公检法机关同情的理解。

在自由主义法治话语下，或许是出于维护自身社会形象的需要，或许是由于知识背景与学者们更同质，或许两者兼而有之，高层公检法机关很快就发出了与学者和媒体同样的声音，或者说，它们很快就在媒体和学者们的话语霸权面前屈服了。而在媒体、学者和上级的多重压力下，“生产”佘祥林冤案的基层公检法机关则非常被动，程序合法的辩护声音很快就不见了，②相反我们看到的是他们到处检讨，但这些检讨终究只停留在抽象的层面。可以想象，这种检讨不过是话语霸权下一种无可奈何的策略。“生产”冤案的公检法机关和相关办案人员一定感到很委屈，然而在多重压力下，他们根本就没有机会表达这种委屈。

---

① 王俊民：《依法司法　避免冤案》，载《法学》2005 年第 5 期。

② 前文提及当地有关部门领导曾对媒体表示办案程序是合法的。其实从当地有关部门出借本案案卷给媒体（如《新京报》《中国新闻周刊》）来看，也表现了他们对程序合法的自信。或许，当地有关部门正是想通过媒体向人们表示冤案的程序合法，至少在当时的背景下合法，但事与愿违。

在这种背景下，办案民警潘余均的自杀身亡[①]和随后京山警方的反应就具有强烈的象征意义了。对于潘余均的自杀原因，有各种各样的猜测，[②]笔者不想加入猜测的行列。京山方面按照很高的规格为“好同事、好干警潘余均同志”举行了葬礼，并评价“他的一生是勤劳的一生，是奋斗的一生，是为人民服务的一生”。[③] 而潘自杀前用鲜血写下的“我冤枉”三个字更是有所暗喻，这是因为他没有表达委屈的机会。京山警方安排的葬礼，虽然有死者家属要求的因素，但不能不说是一种隐含的表达，是对媒体、学者和上级多重压力的一种反抗。警方当是认为冤案的发生有当时特定的社会和制度背景，而在当前的主流话语中，这些背景并不被人理解。迫于多种压力，他们除了认错，不能有任何别的表达或解释。

在自由主义法治话语下，“生产”冤案的公检法机关迅速对冤案进行了重审，佘祥林被当庭宣判无罪。然而，这个判决是有缺陷的。在再审的整个过程中，无论是包括律师、检察官、法官在内的司法人员还是一般公众，都将焦点单纯地集中于佘妻的“死”而复生，极其简短的质证和庭审仅仅毫无悬念地围绕佘妻是否真正被害而展开，法院的判决也简单地认定由于佘妻并未被害，因此佘祥林故意杀人罪的事实不能成立而判决无罪。但依司法的逻辑，佘妻的生存仅仅说明佘并未杀害自己的妻子，公诉机关搞错了被害人的身份。在现有案卷表明的证据基础上，尤其是案犯的口供与客观情况吻合一致的前提下，它不能从根本上消除另一个可能：佘当时可能误把他人作为自己的妻子而加以杀害，或者佘出于某种原因不愿供认被害人的真实身份。在这些假设中，佘仍然可能构成故意杀人罪。[④]

---

① 2005年5月25日，正在接受湖北省纪委和湖北省人民检察院联合审查的京山县公安局110巡警大队副大队长、原佘祥林“杀妻”案专案组成员潘余均在武汉市黄陂区一墓地自缢身亡。参见刘炳路、吴学军：《佘祥林案一办案民警自缢身亡》，载《新京报》2005年5月26日。

② 具体可参见查一路：《佘祥林案民警自杀“压力”大在哪》，载网易新闻：http://news.163.com/05/0527/08/1koDHD8J0001/21/.html，最后访问日期：2005年5月27日。

③ 《28车送潘余均下葬》，载《新京报》2005年5月30日。

④ 已经有人提出了类似的观点，参见林维：《稀里糊涂的无罪判决理由》，载《瞭望新闻周刊》2005年5月16日。

笔者的上述怀疑可能会被很多人批判,被指责为尖刻的分析,认为公正不应当被如此烦琐的问题、如此微小的可能所纠缠,认为只要可能,正义应当尽早得到实现。然而,笔者这样怀疑并不是非要把佘说成是有罪的,相反,从个人情感上,笔者倒坚信佘完全无辜。笔者只想说明,在这桩冤案因张在玉还家被揭露出来后,自由主义法治话语已经使法律人和公众陷入了某种狂热,这种狂热不但掩盖了司法的理性,还湮没了生活的逻辑。

三、司法教条主义

在下文中,笔者将盘点中国法律人运用教条主义的自由主义法治理论对佘祥林冤案所作的评论以及总结的经验教训。自由主义法治理论被法律人作为天然正确的原则,在这些原则的裹胁下,他们用法律程序的技术性要求来衡量佘祥林冤案,从而得出佘祥林冤案的侦查、起诉、审判以及监督等全过程都存在问题的结论,得出诸多“如果……冤案就不会发生”的结论和“教训”。这表现出他们对社会条件和制度环境的漠不关心,对案件事实的想象甚至虚构。

1994 年 1 月 20 日,佘祥林的妻子张在玉突然失踪,4 月 11 日在当地一水塘发现一具女尸,公安机关遂立案侦查。确实,佘祥林冤案的发生从确认尸体就开始了。但是,警方把这两件事联系起来,推测死者可能是张在玉,进而推测佘祥林杀妻,应当说,是一种完全正常的侦查思维。佘祥林在乡派出所当上治安员后,与别的女人产生了感情,很少回家,张在玉知道后,经常与佘吵架,家庭生活也很困难。[①] 而经张的亲属辨认,认定女尸是张。还有证人称,佘在闲谈中说,他老婆一般不会走,要走了死都不死在附近。[②] 这种情况下,在警方和张在玉家人看来,佘有杀妻的可能性。

有学者指出,“从案发现场看,无名尸体所着衣物与张在玉并不相符;当时还有另一户人家也前来认尸;且因尸体高度腐败,张在玉

---

① 佘祥林在当初的口供中承认了此事,参见李宪锋:《湖北杀妻冤案今日宣判 佘祥林被指责生活不检点》,载《信息时报》2005 年 4 月 13 日。

② 参见王刚:《决定佘祥林命运的执法者》,载《中国新闻周刊》2005 年 4 月 25 日。

家人实际上也无法确信死者就是张在玉”。[①] 这种言辞带有先入为主的偏见，对事实有所想象，与实情不符。衣物不符，在佘的口供笔录中有让警方相信的“换衣”解释；“当时还有另一户人家也前来认尸”是莫须有的事；而张家人一口咬定死者就是张在玉，张母没有看女尸的身体，却能详细说出其部分特征。[②]

有学者指责警方没有进行DNA检查，就轻易确认尸体，对尸体辨认的结果采信太轻率。[③] 警方自己也认为这是一大疏忽。[④] 但是，这真的就是疏忽吗？京山县公安局副局长卢定成曾说：“当时公安局知道国家有个部门是可以做DNA鉴定的，但由于种种原因一直没做，要是做了就不会有这一起冤案了。”[⑤]“知道有个部门可以做DNA鉴定”意味着仅仅是“知道”，当时京山县的案子一定很少甚至没有提交做DNA鉴定的。既然这样，那就不是疏忽了。当一项技术没有成为常规破案手段时，没有采用这种技术，能叫疏忽吗？

我们要知道，案件发生在多年前，不是发生在今天；发生在湖北江汉平原一个平静的乡间，不是在犯罪猖獗的大城市，也不是在犯罪常见的县城或小城市。在乡间，谋杀、失踪虽然也存在，但是非常罕见。也正因为罕见，佘祥林“杀妻”才在当年传遍了整个京山县。而在一个乡间，失踪了一个女人，同时发现了一具女尸，失踪女人的家人又一口咬定女尸就是失踪者，这些都说明了什么问题？在这种情况下，还需要再做DNA鉴定吗？也许正是由于所有的人都确信尸体正是张在玉，所以在佘祥林提出看尸体时，才没有得到警方的

---

① 毛立新：《佘祥林冤案的侦查学反思》，载http://www.dffy.com，最后访问日期：2015年3月6日。

② 参见《有疑点案子先判了再说》，载《南方都市报》2005年4月6日。

③ 参见王晓东：《佘祥林案引出法学争议 法律如何面对冤假错案?》，载《北京青年报》2005年4月10日；毛立新：《佘祥林冤案的侦查学反思》，载http://www.dffy.com，最后访问日期：2015年3月6日；顾永忠、王敏远、陈卫东：《拷问佘祥林一案诉讼程序上的瑕疵》，载《中国司法》2005年第7期。

④ 参见《佘祥林冤案本周重审 警方后悔未进行DNA鉴定》，载《东南快报》2005年4月4日。

⑤ 曹玉斌：《市委书记登门向佘祥林的父亲道歉 4月12日重审湖北杀妻冤案》，载《江南时报》2005年4月7日。

允许。[①]

用常规的思维来看,在上述情况下,做DNA鉴定难道不是对司法资源的浪费吗?而即便是在美国,直到2003年所有被判有罪的人才有通过DNA检测证明自己无罪的机会。[②] 我国DNA鉴定应用到实际断案中是在1989年,今天刑事鉴定使用DNA手段的也只有大约10%,[③]而在1994年,做一次DNA鉴定的费用是两万元,一个中部不发达县的公安局一年经费又有多少?只要我们稍微用一下"自己活,别人也活"的思维方式和生活逻辑,就不会对京山警方没有做DNA鉴定而横加指责。当然,在冤案被揭露出来后,在巨大的责任和良心谴责面前,京山警方这种"事后诸葛亮式"的后悔是完全可以理解的。然而,"此情可待成追忆,只是当时已惘然",后悔归后悔,放在当时的情景下,要京山警方去做DNA鉴定几乎不符合实际。

在认定女尸是张在玉后,佘祥林进入了警方的侦查视野,被确定为重点犯罪嫌疑人,应该说,这是侦查工作的正常演进。1994年4月11日,佘祥林被公安机关带走审查,到现在为止,我们尚无法证实警方是否进行了刑讯逼供。佘曾向媒体透露他受到了刑讯逼供,[④]但公检法机关否认了。大部分媒体和学者接受佘曾受刑讯逼供的说法,甚至有媒体为此还制造假新闻。如曾有媒体报道,佘祥林在看守所期间左手一根手指断掉,[⑤]而据佘本人证实,他的手指是在监狱劳动时发生意外断掉的。[⑥] 随后,警方对佘祥林进行了连日的轮番审讯。轮番审讯被称为"突审",是一种"车轮战",目的是使

---

① 参见《探寻杀妻案具体流程:佘祥林有罪推定全记录》,载《新京报》2005年4月14日。

② 参见石渝:《美国怎样纠正"佘祥林案"》,载《世界知识》2005年第12期。

③ 参见《DNA鉴定帮北京破获300悬案》,载http://fzwb.ynet.com/article.jsp?oid=4168008&pageno=2,最后访问日期:2005年1月1日。

④ 参见《探寻杀妻案具体流程:佘祥林有罪推定全记录》,载《新京报》2005年4月14日。

⑤ 参见贾云勇:《丈夫被错判杀妻续:狱中遭暴力审讯 被打坏双腿》,载《南方都市报》2005年4月1日。

⑥ 参见《关注湖北杀妻冤案:佘祥林案尚存四大疑问》,载新浪网:http://news.sina.com.cn/c/2005-04-11/1005561612/s.shtml,最后访问日期:2005年4月11日。

嫌疑人极度疲劳困乏，最终精神崩溃，不得不招供。现在，这种审判方式遭到了质疑和反思。①

同确立沉默权的要求相比，突审简直是在侵犯人权。的确，突审的合法性有很多模糊之处，往往容易导致刑讯逼供。② 但是，放在中国特定的国情环境来看，突审有其合理性。只要在网络上搜索一下“突审”，就能找到很多网页，内容大多是正面的，是作为破案的经验来宣传的。③ 突审是司法资源有限情况下的一种替代审讯方式。如果侦查不用耗费任何资源，出于保护人权的需要，我国也可以实行沉默权制度，让突审退出历史的舞台。但我国基层司法机关长期办案经费不足，装备落后，科技含量低，而当前社会转型时期，犯罪率又不断增长，在这种情况下，不通过突审获取口供证言，势必使证据不足，大量犯罪不能侦破，这样虽然保护了犯罪嫌疑人的人权，但势必使犯罪侵犯无辜大众的人权，从而最终影响社会安定。

从有效打击犯罪的角度看，突审不仅会加快侦破案件的速度，而且节省了司法资源，有利于准确、及时、有效地打击犯罪。而沉默权的设立赋予被追诉者对抗追诉者的权利，必然会给公安、司法人员带来许多麻烦。在法律要求犯罪嫌疑人“应如实回答”提问的条件下，侦查人员尚可以依赖口供突破案件，如果建立沉默权制度，如何对付重大犯罪的嫌疑人？这对警方目前有限的侦查能力来说无疑是雪上加霜。正如学者所言：“实践经验证明，对于那些犯罪心理不太坚固的有罪嫌疑人来说，初次接受侦查人员讯问往往是其心理防线容易崩溃的时间。如果侦查人员在这个时候必须告诉他有权

---

① 参见毛立新：《危险的“突审”》，载 http://www.dffy.com，最后访问日期：2008年2月23日；大国忧思：《从佘祥林冤案看媒体的脸红》，载 http://www.chinapro.com/bbs/bbs/bbs.cgi? menu=show&id=3&slttitle=20050530062523&see=37，最后访问日期：2005年5月10日。

② 正因如此，有学者试图给“突审”限定一个合法的范围，参见刘兆友：《试论“突审”的定义》，载《吉林公安高等专科学校学报》2003年第3期。

③ 这里仅举一例，《李真案突审实录》，载 http://skb.hebeidaily.com.cn/200404/ca326849.htm，最后访问日期：2006年9月30日。

保持沉默,那就可能失去破案最佳时机。”[①]因此,在当前中国的国情环境下,指责突审是不负责任的,何况是对多年前的指责。

证据问题是佘祥林冤案中受人指责最多的。[②] 从整个冤案“制造”过程来看,公检法机关是知道证据不足的。但为什么明明知道证据不足还要判,这的确值得思考。一个很重要的原因,就是社会舆论和受害者家属的制约。张家亲属曾数次上访,并组织 220 名群众签名上书,要求对“杀人犯”佘祥林从速处决。[③] 在这种情况下,我们就不能简单就事论事地指责公检法机关有罪推定。试想,一方面几乎所有人都相信佘杀妻了,另一方面他又可以在下雨的晚上行走 11 公里找到“作案现场”,只是警方没有找到物证,而佘又是治安员,与公安机关关系密切,这种情况下,如果警方将佘放了,或者法院判决无罪,会给人们多大的想象空间? 会有多少人指责“官官相卫”“警匪一家”? 当然,我们也可以说司法不应当受舆论影响,应当遵守自身的法律逻辑,[④]但是放在特有的政法传统中,谁又承担得起“脱离群众”“漠视人民呼声”的“罪名”?

面对这种社会压力,有学者指责说:“把这个死者的身份搞清楚了,这个压力就根本不存在了,所以我们的办案机关不去动这些脑筋,不去做这些工作,就简单地说如果不判处死刑,就会危害社会稳

---

① 何家弘:《沉默权制度及刑事司法的价值取向》,载《国家检察官学院学报》2000 年第 4 期。

② 参见王晓东:《佘祥林案引出法学争议　法律如何面对冤假错案?》,载《北京青年报》2005 年 4 月 10 日;毛立新:《佘祥林冤案的侦查学反思》,载 http://www. dffy. com,最后访问日期:2015 年 3 月 6 日;顾永忠、王敏远、陈卫东:《拷问佘祥林一案诉讼程序上的瑕疵》,载《中国司法》2005 年第 7 期。何家弘、张卫平、陈瑞华:《如何认定案件事实——从佘祥林案说开去》,载 http://www. civillaw. com. cn/weizhang/default. asp? id = 21311,最后访问日期:2014 年 4 月 28 日。

③ 参见张立:《愚人节这天,他“无罪出狱”》,载《南方周末》2005 年 4 月 7 日。

④ 参见于一夫:《佘祥林冤案检讨》,载《南方周末》2005 年 4 月 14 日;何家弘、张卫平、陈瑞华:《如何认定案件事实——从佘祥林案说开去》,载 http://www. civillaw. com. cn/weizhang/default. asp? id = 21311,最后访问日期:2014 年 4 月 28 日;矢弓:《从佘祥林冤案看“民愤”的不可靠》,载 http://www. 0898. net/2005/04/15/164470. html,最后访问日期:2005 年 4 月 15 日。

定。"[1]这样说根本没有一种"自己活,别人也活"的心态,是极端不负责任的,冤案的基础就在于所有的人确信死者就是张在玉,所有的压力都伴此而来。还有学者把证人出庭作证作为佘案程序上重要的瑕疵,并进行逆向思维,假设出具良心证明的四个证人都出庭作证了,就会促使法庭慎重处理案件,促使公安局重新辨认女尸,采用 DNA 技术对女尸进行鉴定。[2] 甚至有人指责警方没有遵循良心证明的线索去追查张在玉的下落。这些责难多少有些不通情理,一边是死者家人的一口咬定,另一边是几百里外几个从未见过张在玉的村民的证词,警方应该相信谁?就连张家在收到张在玉来信时都以为是有人开玩笑而不予理会,[3]我们凭什么要求警方去几百里外调查一个"影子",难道警方的办案资源可以滥用?

还有学者指责湖北省高级人民法院滥用发回权是造成冤案的关键一步,[4]言下之意是当时应该冒着放纵犯罪的风险,以"事实不清,证据不足"宣判佘祥林无罪。因为"被告人的口供极不稳定,以至于我们的办案人员无法相信佘祥林的哪一份供述是真实的。而且无论是作案的凶器、作案的手段、作案的动机都存在诸多的瑕疵。特别是良心证言证明张在玉没有死"。但是佘祥林在派出所当过治安员,警方认为"他具有反侦查和反审讯能力,不可能一次性彻底交代清楚,佘是试探性的供述,挤牙膏式的交代,故有多种供述"。况且他可以在下雨的晚上行走 11 公里找到"作案现场"。湖北省高级人民法院对这些都可以视若无睹吗?就现代法治精神而言,疑罪从无是刑事诉讼领域中的一条基本原则,但我们能够要求多年前的湖

---

① 顾永忠、王敏远、陈卫东:《拷问佘祥林一案诉讼程序上的瑕疵》,载《中国司法》2005 年第 7 期。

② 参见顾永忠、王敏远、陈卫东:《拷问佘祥林一案诉讼程序上的瑕疵》,载《中国司法》2005 年第 7 期。

③ 参见李宪锋:《湖北杀妻冤案当事人获释 两大悬疑待解》,载《信息时报》2005 年 4 月 14 日。

④ 参见《专家称湖北省高院滥用发回重审导致杀妻错案发生》,载《新京报》2005 年 4 月 4 日;顾永忠、王敏远、陈卫东:《拷问佘祥林一案诉讼程序上的瑕疵》,载《中国司法》2005 年第 7 期;高寒清泉:《有感于"佘祥林事件被曝光后某人以公民的名义为湖北高院请功"》,载 http://www.qglt.com/bbs/ReadFile? whichfile = 921185&typeid = 17,最后访问日期:2005 年 7 月 20 日。

北省高级人民法院不折不扣地贯彻这样的理念吗？当佘祥林上诉至湖北省高级人民法院后，审判委员会注意到了案件的疑窦，并以此为由发回重审。随后，“被害人”家属组织了 200 多人的上访队伍，要求对佘从快处决。回到当时事件发生的环境下思考，结合我国对群体性上访事件一向讳莫如深的态度，湖北省高级人民法院顶了多大的压力啊！[①] 他们作出那样的选择，已经尽力了。中国司法发展到今天，较之多年前，从理念和制度上都有了突飞猛进的进展，但难道我们不应该对多年前的湖北省高级人民法院多一些同情的理解吗？

冤案已经发生，我们应当依法对受了冤屈的佘祥林进行国家赔偿，也应该对冤案的产生进行专门调查，对责任人员依法追究责任。但只要当时的办案人员没有刑讯逼供、徇私枉法等严重违法犯罪情形，就不应当屈服于舆论而处罚他们。因为冤案是在特定的社会历史环境和制度条件下造成的，排除人的因素也具有某种必然性，因此贸然对办案人员归责是不公平的。实际上，这种针对办案个人的归责不但不符合现代司法的理念，而且对减少冤假错案并不构成有效激励。[②] 冤案发生了，但并非办案人员腐败或无能，而是当时所掌握的信息证据不利于佘祥林。这就像《窦娥冤》中，楚州太守认定窦娥投毒杀人，这个判断是错误的，但并非官吏无能或腐败的产物，而是当时被认作证据的一系列信息都不利于窦娥。[③] 我们当然要从冤案中反思经验和教训，但反思必须建立在对当时的社会条件和制度环境同情理解的基础之上，而不应该简单地用今天的司法理念和程序正义观念对其进行指责。

从上面的分析我们可以看到，在很多学者那里，程序正义理念成了横加指责的教义。就法治宣传而言，程序教义是有意义的，甚至十分必要，它能简化人们获取信息的成本。但是，它使人们失去了对具体案件细节的敏感，失去了对法律生活的真实感知，失去了对法律实践的同情理解。而在中国这种政法不分的法律传统下，同

---

① 很少有人考虑到这一点，例外的有陈杰人:《以一个公民的名义为湖北高院请功》，载《中国青年报》2005 年 4 月 6 日。

② 详细的分析，参见苏力:《传统司法中“人治”模式》，载《政法论坛》2005 年第 1 期。

③ 苏力:《窦娥的悲剧》，载《中国社会科学》2005 年第 2 期。

情的理解十分必要，没有这种理解，法学理论就很容易停留在教义的重复上，陷入意识形态的宣传之中，理论也就很难从根本上起到改善司法实践的作用，这种话语下的决策就太容易受人们情绪的影响。

四、泛道德化话语

上文的分析颠覆了许多法律人在自由主义法治理论基础下对佘祥林冤案所做的教条主义分析，这表明当代中国法律人的知识结构存在缺陷，理论视野过于狭窄，同时也表明了自由主义法治理论在中国实践的社会条件和制度条件尚不成熟。自由主义法治理论在许多学者那里被当作无须证实的"大写真理"，抽象的正确原则，一种意识形态，这使许多法律人不关注中国法律实践的社会条件和政治制度条件，对法律生活缺乏必要的敏感，对在真正意义上发展有益于实践的法学理论丧失兴趣。在这种气氛中，自由主义法治理论的教条主义分析伴随着意识形态的宣传，这种宣传充斥着大量的泛道德化话语和"义正词严"的指责。

笔者这样说并没有夸大其词。法律人在讨论佘祥林冤案时确实很少有关注案件细节和制度环境的分析，多是对正确原则的重复和顺势而为的立法建议，以及大而化之表达同情心和所谓良知的修辞话语。为了证明这一点，笔者还是引用几段法律人的相关言辞，尽管可能得罪人，但笔者只对事、不对人。

与民事案件不同，刑事案件涉及剥夺人身自由乃至剥夺人生命的问题，不能有丝毫的大意。更令笔者震惊的是，这起案件在各方压力下，关键证人还差点自杀，佘祥林的哥哥也因为替弟弟四处奔走而受到拘留，其母亲因四处张贴寻人启事和上访，被关了 9 个半月。这反映了司法人员"有罪推定"的观念延伸到了工作的方方面面，这种社会上无形中形成的"有罪推定"的环境才是最可怕的，它使我们失去了司法工作得以开展的群众基础。①

---

① 参见何家弘、张卫平、陈瑞华：《如何认定案件事实——从佘祥林案说开去》，载 http://www.civillaw.com.cn/weizhang/default.asp? id = 21311，最后访问日期：2014 年 4 月 28 日。

原因在于佘祥林始终认为自己没有杀妻子，他对自己是否杀妻是最清楚的。在他的内心中，一个强烈的愿望在支撑他：他的妻子不会死，只有他妻子不会死，才能证明自己是清白的。正是在这种证明自己清白的强烈愿望支撑下，佘祥林挺过来了。尽管法院判处佘祥林死缓，他对法院的判处是始终不认可的，因为他知道法院判错了。尽管法院判他死刑，但他心有不甘，法院的判决判不死佘祥林的心。潘余均就不同了，在被纪委专案组带走之后，他自感压力很大，看不到一点希望。潘余均知道他对佘祥林是搞刑讯了，并且程度在中等偏上，在这一点上他是否定不了的，何况还有佘祥林的证明。当时，为了破案搞点刑讯或许不算什么事，但按法律追究起来，这毕竟是件违法行为。在对佘祥林刑讯逼供这件事上，他是翻不了身，是没有任何希望的，肯定要承担责任。所以，潘余均感到压力特别大，不想活了。①

对上述分析最好不过的注脚之一是所谓的"命案必破"。提出和执行这种主张的人要么是无知，要么是无良。不惮以最坏的恶意猜测，这些人把"命案必破"变成政治场域邀功请赏的政绩。可怜的却是那些用自己的鲜血染红了他人红顶子的兄弟姐妹。②

但在佘祥林案中，面对被刑讯逼供的人的生死反抗，公安人员无动于衷，最后终于屈打成招；作证者和上访者，也成了当地政府的眼中钉、阶下囚，有的含恨而死，有的在强权带来的惊恐中苟活。其实，在很多其他的冤案中，被害人和他们的亲友都有类似的遭遇，面对强权，他们的话语权被彻底剥夺了，在生命和自由这些基本的权利受到侵害时，本能的反抗者被当作刁民，他们唯有逆来顺受。③

泛道德话语常常要么只是对"真理"的简单重复，要么是在"真理"基础上的谴责，而没有与具体事件，尤其是具体事件的细节有机

---

① 参见李富成：《佘祥林"挺过来"与潘余均"挺不过来"》，载 http://www.dffy.com，最后访问日期：2010 年 5 月 13 日。

② 参见甘德怀：《看不见的手："杀妻案"的幕后导演》，载 http://www.dffy.com，最后访问日期：2005 年 4 月 7 日。

③ 参见高一飞：《请给民众哀求的权利》，载 http://www.dffy.com，最后访问日期：2005 年 4 月 12 日。

联系起来,从而沦落到表达美好的愿望。他们的表达常常是正确的,但也只是重复了正确的理念,谴责了与“正确理念”相“违背”的人或事。他们在情绪上常常自以为是,以某些群体利益代言人或良知代言人自居,以维护弱势群体利益的形象出现。然而,他们并不知道他们所要维护的利益关系与整个社会条件、制度环境之间的复杂勾连,并不真正了解他们所“代表”的人群的真实生活。因此,他们的表达正确,富有“正义感”,分析和解决问题的方法在理论上也没有什么不对,但在丰富的实践面前却无所作为。因为他们解决问题的方法没有放在大的社会条件和制度背景下,套用一句意识形态的话说,“不符合中国国情”。他们充满各种各样的情绪,而应对索然无味的常规生活需要的是冷峻的理性。

泛道德化话语的要害是不允许出现任何问题,尤其是不允许政府(包括司法)出现任何问题,哪怕是偶然性的失误。只要出现了问题,就会强烈谴责政府,而不问实践本身的复杂性,也不问问题本身出现的概率。强烈谴责的结果,就是政府为了平息大众的怒气,把经手事件的人员揪出来承担责任,而不问当时的具体情景。这样就使责任成了一种“霉运”,而不是一种明确的归责制度,受罚的责任人不是在承担责任,而是在充当“替罪羊”和“出气筒”。论者的逻辑是,只要出现问题,原因一定在于政府没有按照法治的基本规则行事,因而必须在这个层面上进行反省。其实,任何事情都存在犯错的风险、可能的意外。这世界根本不存在没有风险的事物。司法审判也是这样,任何制度下都会有冤假错案。就连法律人所崇尚的美国法治社会,司法的误判率也非常高,冤假错案也不断出现。①

佘祥林冤案发生后,在泛道德化话语的支配下,人们开始指责公检法机关及当年此案的经办人,尤其是京山警方。民众和法律人对京山警方的指责除了前文提及的法律程序方面外,还对佘祥林的

① 参见袁征:《处死麦克维的热争议和冷思考》,载《中国青年报》2001 年 6 月 14 日;席雪莲:《美国冤假错案太多 伊利诺伊州清空死囚牢房》,载《中国日报》2003 年 1 月 14 日;晓龙、田章:《蒙冤入狱 10 年仅获赔 50 美元:美国冤假错案面面观》,载 http://news.china.com/zh_cn/international/1000/20020619/11276462.html,最后访问日期:2002 年 6 月 19 日;张玲:《美国冤假错案年年有》,载《世界新闻报》2005 年 4 月 26 日。

母亲和哥哥因上访被拘留进行了严厉的指责。指责者或者认为这是警方为了给佘祥林网罗罪名所采用的残酷手段,[①]或者认为这是警方对基本人权受到侵犯者本能反抗的压制,[②]或者认为这是警方"有罪推定"的观念延伸到工作的方方面面的体现。[③] 这样的看法是泛意识形态、泛道德化的,没有深入上访背后的政治和社会背景中去。是的,如果公检法机关能够"认真"对待佘祥林亲属的上访,"只要侦查机关认真核实",那么冤案在发生后不久就可以得到纠正。但是,从事后看来"只要"的事情,在事前却要巨大的信息成本。

冤案发生后,佘祥林的亲属在上访,但关键问题是,同时有千千万万个"佘祥林"的亲属也在上访,公检法机关又如何判断哪个"佘祥林"是真冤,哪个是假冤呢?难道佘母拿着几百里外几个从未见过张在玉的村民的证言,公安机关就必须花费巨大成本去调查吗?泛道德化的逻辑起点是:"没有冤情,谁会风餐露宿、千里迢迢,像乞丐一样数年甚至十几年如一日去奔走呼号呢!"这种态度看似富有同情心,实际上根本不了解我国信访制度的具体运作。在信访制度运作的空间中,充满了上访者与国家之间的博弈,在博弈中,有理的上访者会使用各种各样的策略,斗争的空间还会将许多无理的上访者吸收进来。[④] 一方当事人可以通过上访翻案,难道另外一方当事人就不能通过上访将案子再翻过去?在实践中,国家高层常常对信访不堪重负,因而要求地方"将矛盾消灭在基层"。问题应当就地解决,随意将问题上交不但要被上司指责为无能,而且最终还要在上级的要求下将上访人领回来。接回一个上访人,动辄花费几千上万

---

① 参见《从聂树斌到佘祥林 冤案是如何铸成的》,载《时代信报》2005 年 4 月 15 日。

② 参见高一飞:《请给民众哀求的权利》,载 http://www.dffy.com,最后访问日期:2005 年 4 月 12 日;《迟到的正义是不是真正的正义?》,载 http://bbs.qq.com/cgi-bin/bbs/show/content?club=3&groupid=100:10537&messageid=45231,最后访问日期:2005 年 4 月 12 日。

③ 参见何家弘、张卫平、陈瑞华:《如何认定案件事实——从佘祥林案说开去》,载 http://www.civillaw.com.cn/weizhang/default.asp?id=21311,最后访问日期:2014 年 4 月 28 日。

④ 详细的论述,参见陈柏峰:《缠讼、信访与新中国法律传统》,载《中外法学》2004 年第 2 期。

元,这对贫穷的县级财政是个巨大的负担。因此,实践中,基层政府会利用各种办法阻退上访人。在佘案中,拘留就是公安机关阻退佘的亲属继续上访的办法。

在泛道德化话语下,只要出现的问题和警察相关,舆论的矛头就很容易指向警察,指责警察权力膨胀,法律限权不够,甚至进行人身攻击,好像警察个个是混蛋。其实,我们应该从具体境况来看待公安机关所面临的问题。目前西方国家警察与人口的平均比率是万分之三十五,而我国是万分之十一,警力配置仅仅是西方国家的三分之一。我国一线警察平均每天工作 11 至 15 个小时,平均 3 周才能休息 1 天,而在美国,警察年休假达 137 天。警力不足导致警察长期超负荷工作,对警察身心健康造成了威胁。① 而且,基层公安机关长期存在办案经费不足、装备落后、科技含量低等资源不足的问题。在这样的条件下,我们要求中国警方完全按照西方的"程序正义"办案,不允许警察出丝毫差错,这是不是自己活却不让别人活?难怪有警察把犯罪分子制造的危险、执法遇到的程序界限、公安机关内部不切实际的规定戏称为压在警察头上的"三座大山"呢!②

毫无疑问,"小心谨慎地保护犯罪嫌疑人权利的制度将使得逮捕罪犯和预防犯罪代价更高"。③ 而一旦我们的财政负担不起这种代价,那么权利要么是强人所难,要么是空头支票式的诺言,因为资源不足必然导致司法对权利的选择性保护,"涉及钱的东西没有绝对的"。如果没有政府部门承担财政预算责任,权利不可能单方面获得司法保护。将司法误判的所有意外清除是不可能的,但风险可以尽可能降低。然而,降低风险需要成本投入。例如,禁止突审,实行沉默权制度可以有效防止刑讯逼供,但这样转嫁给公检法机关的

---

① 参见刘爽:《中国警力严重不足 职业化刻不容缓》,载《法律与生活》2003 年 3 月;《多一份关爱:理解中国警察》,载《生活时报》2003 年 3 月 14 日。

② 参见 ty730627 的论坛回帖,载 http://www.onjc.com/onjcbbs/topic.cgi?forum=12&topic=170,最后访问日期:2010 年 6 月 5 日。

③ [美]史蒂芬·霍尔姆斯、桑斯坦:《权利的成本——为什么自由依赖于税》,毕竞悦译,北京大学出版社 2005 年版,第 9 页。

成本是非常大的,大到我们这样的发展中国家的财政无法承受。在经济学上,存在着边际效益递减状态,降低一种不良现象 1% 的出现概率,可能要付出 100% 的代价。这样的制度安排是整体无效率的。在整个政府的可利用资源有限的情况下,寻求最高效率的制度安排,这才是最重要的,而不应用虚幻的美好"真理"和"先进"理念去对政府活动中出现的错误横加指责。

泛道德主义话语既不能有助于理清社会问题的实质,也不能解决实际问题。其好处是这样做研究的学者,可以不用仔细考察,也不用深入进行理论思考,而只需用一把政治正确的剃刀,将实践剃成空洞的永远不错的口号。他们甚至可以把自己的要求、期待以及私利塞进这些大得无边、永远正确的泛道德化大词之中。今天中国处于一个特殊历史转型阶段,来自西方自由主义法治理论的泛道德主义话语占据着强势地位,一些学者以此来显示自己的良知、博爱和正确,这些话语从理论上固然可以降低社会风险,却过早地脱离了中国的社会现实,成了中国人"消费"不起的奢侈品,这反而大大增加了整个社会运行的风险。毛主席讲过,"革命不是请客吃饭",同样,解决社会问题,也不是请客吃饭,不是讲一讲漂亮话就可以解决的。

五、中国基层司法的制度环境和社会条件

在下文中,通过对中国基层司法的制度环境和社会条件的考察,以及对基层司法的功能、特征和制约因素的论述,笔者将展示,佘祥林冤案发生的原因,既不是教条主义分析所指出的法律程序没有得到遵守,也不是泛道德化话语所指责的公检法机关没有按照法治原则办事,办案人员缺乏良知和正义感,冤案的发生是由中国基层司法本身所处的制度环境和社会条件所决定的。

诸多研究表明了一种悖谬的现象,基层司法所关注的目标并非法律的实施,而是具有强烈的治理化特征。在应然的层面上,国家似乎应将促进基层社会的自由、公正与繁荣作为基层司法的价值追求,但在实然的层面上,往往将法律视为国家权力向乡土社会延伸的载体。基层司法的主要功能不在于实行法治、保护权利,而在于

解决纠纷、打击犯罪、维护秩序。在政法不分的治理化传统中，法律既不是通过审判来实现社会正义，也不仅是通过调解来平息纠纷，而是在解决问题的过程中贯彻党的路线、方针和政策，实现共产党改造社会、治理社会的目的。① 近年来，建设法治社会被确立为奋斗目标，这些都暗示了自主性法律的不断成长。但是，法律并没有从政治权力的母体中完全摆脱出来，也没有从根本上摆脱治理化的倾向，反而成为“社会治安综合治理”的一部分，使法律的治理化以更为法律化的面目呈现出来，从而加深了这种治理的效果。② 因此，无论是理解作为标准模型的西方法治理论，以及这种法治构想在法律治理化的权力配置中发生的畸变，还是理解今天中国的法律制度，以及当前中国法治建设所面临的种种困境，都应该放在这种治理化的法律传统中。

苏力曾记述了一对老夫妇起诉四个儿子的赡养纠纷案，令他印象深刻的是，派出法庭的法官在审理和调解过程中，不仅提出了狭义的赡养问题，还考虑了老人同谁居住、口粮、生病的医疗费、死后的丧葬费、棺材、吃多少荤油多少素油、口粮中几斤黄豆几斤绿豆等问题。③ 这里法官关心的并不是规则，不管是习俗规则还是法律规则，他都不关心，他关心的是这对老夫妇生命维护的技术细节，扮演了赡养问题的技术专家角色。法官在案中遵循的是一种“治理”的逻辑，尽量避免规则方面的争议，而把当事人关于规则的争议（谁应该多尽赡养责任）转化为事实的争议（谁出荤油谁出素油），在事实层面而不是在规则层面解决问题，是结果导向而不是规则导向。④

---

① 参见强世功：《法制与治理》，中国政法大学出版社 2003 年版，第 78 页。

② 诸多研究证实了这一点，参见强世功：《“法律”是如何实践的》；赵晓力：《关系——事件、行动策略和法律的叙事》；郑戈：《规范、秩序与传统》，均载王铭铭、王斯福主编：《乡村社会的公正、秩序与权威》，中国政法大学出版社 1997 年版。同时参见强世功：《“法律不入之地”的民事调解》，载《比较法研究》1998 年第 3 期；杨柳：《模糊的法律产品》，载《北大法律评论》（第 2 卷第 1 辑），法律出版社 1999 年版；赵晓力：《通过合同的治理》，载《中国社会科学》2000 年第 2 期；吴英姿：《“乡下锣鼓乡下敲”》，载《南京大学学报》（哲学 · 人文科学 · 社会科学）2005 年第 2 期。

③ 苏力：《送法下乡》，中国政法大学出版社 2000 年版，第 182 页。

④ 赵晓力：《基层司法的反司法理论?》，载《社会学研究》2005 年第 2 期。

结果导向的治理逻辑并不意味着法官不了解规则。实际上,基层法官对国家法律和地方习俗都是了解的,但他们了解这些规则的目的并不是拿来适用,而是拿来作为备选项说服当事人接受治理方案。[①] 在苏力记述的另一起通奸纠纷的调解中,法官就分别以法律和地方习俗为后盾来说服当事人。[②] 在治理化的法律传统中,上级下达给基层司法的任务就是维持秩序、治理社会,而不管它是否符合"法治"的理想。为此,基层司法就容易采取实用主义甚至机会主义的做法,[③]"着重审判的社会效果""防止矛盾激化""保一方平安"这些流行的政治意识形态口号正是他们工作所要达到的目标。

拿佘祥林冤案同上述案件相比,虽然有刑、民之别,但对基层司法者来说,其目标是一致的,都是维持社会秩序。刑事案件不处理好,会影响社会稳定,民事案件不处理好,会激化矛盾,同样会影响社会稳定。而"稳定"是中国所惯守的一项不可动摇的原则。因此,当年佘祥林案件的办案人员就面临这样一个难题:在证据不足的案件面前,应该怎么做?是按照论者所说的,"事实不清、证据不足,就应当依法宣判无罪",还是铤而走险,判处死刑?案件的证据不足,这不能视之不顾。但依法行事,作无罪判决,会不会激化矛盾?会不会导致张在玉亲属"打人命",[④]进行私力救济,[⑤]从而导致新的刑事案件?在社会效果方面,媒体和法律人似乎只关注了"民愤"对司

---

① 参见赵晓力:《基层司法的反司法理论?》,载《社会学研究》2005 年第 2 期。

② 参见苏力:《送法下乡》,中国政法大学出版社 2000 年版,第 243 页。

③ 参见苏力:《送法下乡》,中国政法大学出版社 2000 年版,第 272 页以下。

④ 关于"打人命",可参见陈柏峰:《死亡想象与道德建构:家事纠纷中农村妇女自杀的个案呈现》,载《乡村中国评论》(第 2 辑),山东人民出版社 2007 年版。

⑤ 当用尽公力救济手段仍无法保障权利,或公力救济导致与正义观念冲突的结果时,往往会导致当事人的私力救济。参见徐昕:《论私力救济》,中国政法大学出版社 2005 年版,第 336 页。

法的影响，[①]而在笔者看来，办案人员对“社会安定”的考虑也许更多一些。

法律人常常以美国的标准来要求中国基层司法，[②]而中国司法的真实运作常常让人惊异，法律常常只是社会治理工具的一种，是正义理想与社会秩序、社会影响等互相平衡的一个考虑因素而已，甚至有时只是治理者与被治理者讨价还价的工具。法律没有承载起它应该承载的任务，却又承载了许多它本不该承载的任务。一方面，为了解决纠纷，法律和地方习俗、民情相互屈服和合作；另一方面，为了防止矛盾激化，法律承担了宣传教育和动员群众等政治任务，从而沦为治理的工具，并不具有独立的品格。作为法律承载者的司法机关也是这样，它一方面权力太大，另一方面权力又太小。它一方面因为做了本不该做的事情而受到人们权力过大的指责，要求对其限权，而这种指责又容易成为一种泛道德化的意识形态；另一方面却因为权力太小而没有做好自己的本职工作而同样受人指责。但人们对此并不理解，常常用泛道德化的话语进行含混的指责，而不问事件发生的本来过程和相关背景。

中国基层司法不但在制度上受治理化的政法传统制约，而且在现实上受社会条件的制约。从这个意义上来说，冤案的发生可能不仅不都是办案人员的道德问题，也不都是制度制约的问题，它有时是特定社会条件下的必然产物。与佘祥林冤案密切相关的社会制约条件有两个：一是科学技术水平，二是政府的财政能力，而这两者在冤案中又是紧密相连的。

---

① 参见《与民愤保持适当距离司法方能公正》，载《新京报》2005 年 4 月 8 日；矢弓：《从佘祥林冤案看“民愤”的不可靠》，载 http://www.0898.net/2005/04/15/164470.html，最后访问日期：2005 年 4 月 15 日；顾永忠、王敏远、陈卫东：《拷问佘祥林一案诉讼程序上的瑕疵》，载《中国司法》2005 年第 7 期；何家弘、张卫平、陈瑞华：《如何认定案件事实——从佘祥林案说开去》，载 http://www.civillaw.com.cn/weizhang/default.asp? id=21311，最后访问日期：2014 年 4 月 28 日。

② 法律人常常不但是以美国联邦法院为标准，而且是以美国联邦上诉法院为标准，参见赵晓力：《汝果欲听讼，功夫在法外》，载《三农中国》2005 年第 2 期。当然，笔者并不认为中国司法传统就是合理的，有学者从冤案反思这种传统，这是可取的，参见周叶中、江国华：《法律理性中的司法和法官主导下的法治》，载《法学》2005 年第 8 期。

苏力曾论证过科学对法律的影响,尤其是科学通过人们对因果关系观念的改变来促成法律变迁。[①] 冤案常常并不是人们有意制造的,而是由于人们对因果关系缺乏科学的认识。[②] 随着人类无数次错误地认定因果关系,逐渐累积起了科学的因果关系判断知识,法律制度才会随之发生重大变革。佘祥林冤案中,佘因婚外情导致夫妻关系不和,随后妻子张在玉失踪,不久平静的乡间发现了一具女尸,而张的亲属一口咬定女尸就是张在玉,恰好佘祥林在压力下又供认了"杀妻"过程,并在雨夜跋涉 11 公里将办案人员带到了"杀妻"现场。这些难道不足以让办案人员认定杀妻的"盖然性因果关系"吗?

而且,受相关技术的限制,科学的因果关系常常在法律上得不到完全认可。在古代社会,刑讯逼供被大量使用,是因为口供在刑事案件中被视为最重要的证据。这与古代缺乏可靠的指纹鉴定、痕迹鉴定、笔迹鉴定、血型鉴定、DNA 鉴定等刑事侦查技术密切相关。从这个角度讲,人们指责京山警方在佘祥林冤案中没有进行 DNA 鉴定是有道理的。但这只是问题的一方面,另一方面,技术的应用是需要成本的。佘案发生时,我国虽然已有 DNA 鉴定技术,这使避免冤案得以可能,但是,一个中部县政府的财政能力对此构成了严重限制。财政能力不足、办案经费欠缺的困难不是一句"尊重人权"所能解决的。理论永远是灰色的,只有生命之树常青!在这个意义上,佘祥林冤案是一个无法支付科学技术成本的司法条件造成的必然悲剧。

从这里,我们可以看到,司法的悲剧并不都是执法人员的道德问题,也不都是制度限制的问题。在一个科学技术不发达的时代,在一个贫困的社会中,悲剧几乎是不可避免的。科学技术的发展及其在司法中的广泛应用,使司法制度有了更多、更方便、更可靠也更

---

① 参见苏力:《法律与科技问题的法理学重构》,载《中国社会科学》1999 年第 5 期。

② 如在西方中世纪,当发生灾难时,人们常常会指控那些离群索居、行为怪异的人搞巫术,并对他们进行惩罚。参见[美]布莱克:《法律的运作行为》,唐越、苏力译,中国政法大学出版社 1994 年版,第 68 页。

有效的手段来对案件事实进行正确的判断。因此,很多时候冤案的发生与执法人员的道德无关,甚至与日益细密复杂的“正当”程序,日益发达的法治理念也没有太多的关系,而是与科学技术的发展相关。

诚如苏力所说,“如果科学技术是重要的,那么我们就必须对目前中国司法改革保持足够的清醒”。因此,我们要警惕那种“似乎只要采取了诸如‘程序正义’‘无罪推定’‘沉默权’这些概念本身就可以保证司法的改善,正义的实现”的陈腐道德说教和新颖政治正确的所谓法学科研成果,不要把本应首先归功于科学技术进步的功劳归结为西方某几个学者的教义或某个正义概念的提出,从而忽视公检法机关的技术装备改善和科技人员的训练和配备。① 从这一点出发,我们必须强调现代科学技术手段在当代司法中的重要性,包括它对现代司法程序建构的重要性,并且必须把科学技术力量作为司法改革和司法制度结构的一个基本的制度变量或参数来考虑。没有尖端的自然科学技术和雄厚的财政支持系统,哪怕司法者很有良心和道德,法律制度非常“先进”,也注定难以运送正义,这也许是我们从佘祥林冤案得出的最大教训!

六、中国上诉司法的功能

佘祥林冤案不但涉及基层司法,还涉及了湖北省高级人民法院。在这一案件中,湖北省高级人民法院是否有足够的条件阻止冤案的发生呢？我们知道,湖北省荆州市中级人民法院一审判处佘祥林死刑后,佘不服提起上诉,湖北省高级人民法院以“事实不清、证据不足”为由,发回重审。前已述及,有学者指责湖北省高级人民法院滥用发回权是造成冤案的重要环节,认为省高级人民法院当时既然发现了疑点,就应当按照疑罪从无的原则宣判佘祥林无罪。这种指责仍然是教条主义和泛道德化的,在此基础上的制度反思也没有摆脱这一点。持这种意见的学者认为,发回重审使二审的目的基本上落空了,二审的目的在于监督一审裁判,使当事人获得两次独立

---

① 参见苏力:《窦娥的悲剧》,载《中国社会科学》2005年第2期。

的司法救济,但中国的现实情况往往使发回重审极难改变原审结果。尽管如此,这些学者也不得不承认,虽然湖北省高级人民法院的做法在一定程度上促成了冤案的产生,但毕竟是有法律依据的。[①]

我国《刑事诉讼法》第195条规定,第二审法院对不服第一审判决的上诉、抗诉案件,认为原判决事实不清楚或者证据不足的,可以在查清事实后改判;也可以裁定撤销原判,发回原审人民法院重新审判。在湖北省高级人民法院发回重审行为的合法律性面前,有学者认为是法律上的制度设计有问题,认为我国《刑事诉讼法》规定一审程序中,证据不足的,应当作出无罪判决;怎么到了二审反而要发回重审呢? 认为这种规定不过为上级法院推卸自己的责任,庇护下级法院的错误提供了机会,其直接后果是对人权的侵犯。[②] 应当说,这种反思是有意义的。但这个问题涉及上诉审法院的功能定位,应该放到一个更广阔的背景中去考察。这样,我们就会发现这种制度反思是教条主义的。

首先必须申明的一点是,中国并不存在严格意义上的上诉审法院。按照法律规定,民事案件的级别管辖主要依据案件的影响地域范围和影响力大小,[③]但在司法实践中,影响力是根据标的金额确定的;[④]而刑事案件的级别管辖也是依据案件的影响地域范围和影响力大小,[⑤]而且,“上级人民法院在必要的时候,可以审判下级人民法院管辖的第一审刑事案件;下级人民法院认为案情重大、复杂需要由上级人民法院审判的第一审刑事案件,可以请求移送上一级人民法院审判”。因此,无论刑事案件还是民事案件,任何一级法院都可能是初审法院,包括最高人民法院。

从司法与政治、经济、社会等的外部关系上看,同基层法院一样,“上诉法院”也深陷在法律治理化的政法传统之中。虽然司法独

---

① 参见陈卫东:《“佘祥林案”的程序法分析》,载《中外法学》2005年第5期。

② 参见顾永忠、王敏远、陈卫东:《拷问佘祥林一案诉讼程序上的瑕疵》,载《中国司法》2005年第7期。

③ 参见《民事诉讼法》第18条至第21条。

④ 具体可参见侯猛:《最高法院规制经济的实证研究》,载《中外法学》2005年第2期。

⑤ 参见《刑事诉讼法》第19条至第23条。

立问题被提上日程，建设法治社会也被确立为奋斗目标，而且司法改革也从最高人民法院和高级人民法院开始，但是，法律仍然没有从政治权力的母体中完全摆脱出来，也没有从根本上摆脱治理化的倾向。喻中对最高人民法院历年“工作报告”研究后认为，今天中国最高人民法院仍然担负着为国家的中心工作服务、实现全国法官的组织化、促进国家与社会的组织化三大政治功能。① 侯猛对政法委员会的研究则表明了司法的治理模式仍然处于主导地位，其运作虽然在形式上实现了从镇压反革命的政治治理模式向社会治安综合治理的社会治理模式的转变，但在实质层面，其政治导向意味并没有变化。② 另外，信访制度以及缠讼、“涉法信访”等实践也表明了中国司法的政治化倾向和中国法院系统的治理化特征。③

在治理化的政法传统中，无论是哪一级法院，“政治稳定”都是必须面对的问题，必须考虑的因素。回到当时事件发生的环境下思考湖北省高级人民法院面临的处境，“被害人”家属组织了200多人的上访队伍，要求对佘从快处决，而我们的党和政府向来对政治稳定极端强调，对群体性上访事件极度忌讳，湖北省高级人民法院能如何作为？基层司法面临的所有压力，在“上诉法院”这里有过之而无不及。恐怕就是在今天，“上诉法院”的法官也不敢轻易改判无罪吧？何况，当“发回重审”在制度上完全合法时，“上诉法院”的法官没有任何必要，也没有任何激励去冒这样的政治风险。

从法院系统内部来看，中国的初审法院和“上诉法院”并不存在明显的功能分化。不但所有的法院都可能是初审法院，而且无论是初审法院还是“上诉法院”都必须同时进行事实审和法律审。当上诉审法官判断上诉案件“事实不清楚或者证据不足”时，法律上他既可以查清事实，然后改判；也可以裁定撤销原判，发回原审法院重

① 参见喻中：《论中国最高人民法院实际承担的政治功能》，载《清华法学》2006年第1期。

② 参见侯猛：《中国政法治理方式的制度变迁》，载北大法律信息网：http://article.chinalawinfo.com/articlehtml/article.23859.shtml，最后访问日期：2016年5月28日。

③ 参见左卫民、何永军：《政法传统与司法理性》，载《四川大学学报》（哲学社会科学版）2005年第1期；陈柏峰：《缠讼、信访与新中国法律传统》，载《中外法学》2004年第2期。

审。但实践中,上诉审的法官往往采取"发回重审"的办法,因为初审法院往往在地理和人文上都与发案社区关系更为紧密,进行事实调查的成本更低,而且这样做可以明显降低上诉审法官自身所面临的政治风险。虽然这样的确使纠错的难度增大了。[①]

那么,是否采取某些学者所建议的措施——严格限制甚至杜绝"发回重审",就可以防止冤案的发生呢?杜绝"发回重审",如果由上诉法院进行事实调查,耗费的司法资源之大,也许是我们当前的财政能力所无法承受的。如果规定上诉法院只进行法律审呢?倘若是这样,佘祥林冤案也许不太可能被"生产"出来。但这种设想面临两个障碍。

第一,将上诉审改造为仅仅只进行法律审,会对整个司法制度"牵一发而动全身"。上诉审即法律审模式建立在美国式司法制度的基础之上,它伴随着对抗制庭审、先例判决等配套制度。[②] 而在中国,只要看看最高人民法院,其改造难度之大就足以令人却步。最高人民法院的权力实际上集中在两块:法庭审判和司法解释。要从上诉审中去掉事实审,改为法律审,意味着最高人民法院在法庭审判上必须放弃以标的金额为标准进行级别管辖的做法,在司法解释上必须完全放弃统一解释权,而让所有的"上诉法院"来分享这项权力,以在法律审中"造法"。而这两块却正是最高人民法院的自我组织利益和最高人民法院法官个人利益的主要来源。[③] 因此,当前由最高人民法院主导的司法改革格局是无法完成这一使命的。

第二,将上诉审改造为仅仅只进行法律审,缺乏足够的民意基础。[④] 如果将上诉审改造成法律审可以避免发生冤案,这当然没什

---

① 一个社会心理学的解释认为,初审法院的法官与社区中的普通民众在知识和经验上的同质性较高,其认知最容易出现那些普通民众易犯的错误。参见戴昕:《冤案的认知维度:制度启示与话语困境》,载苏力主编:《法律与社会科学》(第1辑),法律出版社2006年版,第98~126页。

② 参见苏力:《送法下乡》,中国政法大学出版社2000年版,第156页。

③ 具体的实证分析,请参见侯猛:《最高法院规制经济的实证研究》,载《中外法学》2005年第2期。

④ 关于这一点,详细的论述可参见戴昕:《冤案的认知维度和话语困境》,载苏力主编:《法律与社会科学》(第1辑),法律出版社2006年版,第98~126页。

么不好；但关键是它同时还会产生放纵坏人的后果。民众的理想是不枉不纵，他们不满的是“冤枉好人”，却并不认为严厉打击犯罪有什么不好。而避免冤案的制度常常还是放纵坏人的制度。试想，一旦案件到“上诉法院”那里，上诉审法官“不调查事实”，如此宽容地对待潜在的坏人，民众能接受吗？让他们相信这是所谓制度的代价，这可能吗？这样的制度设计，不但会因缺乏民情基础而无法落实到司法实践中，甚至会危及法律在民众中的合法性。

上述两个障碍使将上诉审改造成法律审的现实可能性几乎不存在。应该说，同时具有事实审和法律审功能的上诉体制在中国具有相当大的合理性。这种体制不仅有深厚的民情基础，而且与社会经济发展水平、政府的财政能力等客观因素相适应，在当前中国很难通过法律制度设计方面的主观努力进行改变。至此，我们可以看到，佘祥林冤案的发生不但与湖北省高级人民法院没有很大的关系，而且也不太可能通过上诉审方面的制度设计加以避免。因此，对我国上诉审的上述反思，是教条主义的；在此基础上对湖北省高级人民法院的指责，更是泛道德化的。的确，美国的上诉审制度常常能有效避免冤案，因此，现在有人说，把美国的上诉司法制度搬到中国来，就可以避免冤案。但关键问题是，在中国，不但由最高人民法院主导的司法改革完成不了这个任务，而且民众在心理上也接受不了这种改革。也许，我们应该承认，并非所有的错误都可以避免。

七、警惕教条主义与泛道德化话语

行文至此，本文已经分析了佘祥林冤案的产生原因既不是教条主义所宣称的法律程序没有得到遵守，也不是泛道德化话语所指称的公安机关和办案人员缺乏正义感和同情心。冤案的产生，在制度上源于当前中国司法的政法传统和治理化特征，在社会条件上源于我们缺乏足够的财政力量保障新兴科学技术在基层司法中的普遍运用，它不太可能通过上诉审方面的制度设计加以避免。它既是制度环境的产物，也是科学与经济发展水平的产物。

教条主义和泛道德化话语的要害在于它不问具体事件所发生的制度背景和社会条件，一味追求所谓“先进”的理念，并以这种理念作为妄加指责的基础。笔者以佘祥林冤案为个案分析了这种话语的荒谬之处。选择佘祥林冤案只是一个偶然,但在笔者看来,教条主义和泛道德化话语在今天中国学界非常普遍。在几乎所有的社会热点评论中,这种声音都格外强烈,言辞也似乎更加激动人心,而常识、制度背景和社会条件似乎都在这些强烈的教条、激动人心的道德话语面前湮灭了,在强大的话语霸权下无法言说。笔者举几个例子来说明这个问题。

如2003年,“孙志刚事件”[①]引起了从中央到地方社会各方面的全面关注。随后,三博士(俞江、滕彪、许志永)上书全国人大常委会,提出审查《城市流浪乞讨人员收容遣送办法》的建议;五学者(贺卫方、盛洪、沈岿、萧瀚、何海波)联名致信全国人大常委会,建议成立专门调查委员会,调查孙志刚案的详细过程,研究收容遣送制度的实施状况和可能的制度改革。在强烈的教条主义和泛道德化导向下,国务院迅速公布施行《城市生活无着的流浪乞讨人员救助管理办法》,并废止1982年的《城市流浪乞讨人员收容遣送办法》。此后有关收容遣送制度的法律讨论,完全笼罩在教条主义和泛道德化的宏大宪制话语下。当有人提出为宪制话语所掩盖的具体问题时,[②]马上遭遇了一些法律人近乎“侮辱和谩骂”的批评。[③] 教条主义和泛道德化话语虽然很雄辩,却掩盖了收容遣送制度发生的诸多原因,遮蔽了制度存废可能带来的一系列技术性问题和社会问题。因此,在收容遣送制度废除不久,就暴露出了一系列问题:城市流动人口的犯罪率明显增加;[④]乞丐纠缠路人强行索要的现象普遍,有专

---

① 2003年3月,大学毕业两年的孙志刚,因未携带任何证件,在广州被执行统一清查任务的民警带回询问,又被错误作为“三无”人员送至收容遣送所,后被送往收容救治站诊治,又遭到同病房的被收治人轮番殴打致死。

② 参见许向阳:《对废止收容遣送制度的换位思考》,载 http://www.21exit.com/51/Article_Print.asp? ArticleID = 1128,最后访问日期:2005年4月25日。

③ 具体文献,可参见苏力:《道路通向城市》,法律出版社2004年版,第295页,注[20]。

④ 参见《治安异动有因由 广州实施八大措施整顿治安环境》,载 http://www.southcn.com/news/gdnews/gdtodayimportant/200309120234.htm,最后访问日期:2003年9月12日。

门组织、雇用儿童甚至残害儿童乞讨的丐帮；[①]与此同时，新建的救助站中几乎没有人自愿获得救助，各地政府不得已纷纷开始采取各种措施处理应对“职业乞丐”。[②]

再如，近年来我国信访量大幅度上升，有学者对上访群体进行调查，发现上访者处境艰难，就在正义感和同情心的驱动下，出来质疑政府不愿听取民众的呼声，不重视保护弱势群体的权益，要求领导们关注信访案件的处理，强化信访工作责任。在这种强大的话语下，各地纷纷开通各种领导热线，开展省长市长接待，并增加信访部门的权力；新修订的《信访条例》还增加了信访问责制度，赋予了信访部门一定的督办权，强化了信访责任机制，督促地方政府对民众的信访给出明确的答复。在这些学者看来，上述做法不但能使民生得到关注，还将提高信访效率。但由省长、市长等领导出面，组织专班调查处理上访民众反映的问题，就可以解决各种积冤和矛盾？省长可以组织一个，甚至十个专案组，能组织一百个吗？况且省长接待，组织专案组变成常规了，今后所有问题都去找省长解决，这样一来，我们究竟是在增加积冤，还是消除积冤？而且这样的信访制度安排就不会使刚刚开始自主性进程的中国司法倒退？使党政干预司法正当化、制度化、法律化？事实情形是，新《信访条例》生效后，信访量继续增长。[③] 笔者在广州某区法院调查时也发现了新《信访条例》被无理缠讼缠访者用来谋取利益，而法院疲于奔命的情形。

以上事实证明，教条主义和泛道德化话语将理论教义化，并作

---

① 参见苏舟：《乞讨变索要　不给不罢休　街头乞丐影响市容》，载《延安日报》2004 年 1 月 13 日；《“租”农家儿童乞讨敛财致富“丐帮帮主”住上豪华别墅》，载《半岛都市报》2005 年 3 月 31 日。

② 参见《广州将对乞讨人员建档案》，载《南国都市报》2004 年 1 月 13 日；《强行乞讨要受治安处罚》，载 http://www. hh110. com/readnewsx. asp? id = 3284，最后访问日期：2004 年 1 月 9 日；欧阳四平：《宁愿乞讨不进救助站，深圳近日出台规定处罚强行乞讨者》，载金羊网 2004 年 1 月 14 日；《大城市纷发“禁乞令”》，载《厦门日报》2004 年 1 月 12 日。

③ 参见夏令：《我国新〈信访条例〉5 月起实施　目前串联上访增多》，载《信息时报》2005 年 4 月 16 日；孟校阳等：《当前涉法信访增多的原因及对策》，载 http://txy. hnby. com. cn/henan/lys/lys/zj/t20050623_142318. htm，最后访问日期：2014 年 6 月 12 日。

为真理,作为衡量一切实践的标准,贻害无穷。教条主义漠视社会生活的复杂性,泛道德化话语切断理论与真实的社会制度、社会条件之间的联系,将鲜活的社会问题意识形态化,其政策建议往往在实践中解决了旧的问题却带来更麻烦的新的问题,有时甚至连旧问题也无法解决。因此,我们一定要警惕这种教条主义和泛道德化话语。

参考文献

一、中文文献

1.《马克思恩格斯全集》(第 1 卷),人民出版社 2002 年版。

2.《马克思恩格斯全集》(第 2 卷),人民出版社 2005 年版。

3.《列宁全集》(第 33 卷),人民出版社 1984 年版。

4.《毛泽东选集》(第 4 卷),人民出版社 1991 年版。

5.《毛泽东选集》(第 5 卷),人民出版社 1977 年版。

6. 习近平:《在文艺工作座谈会上的讲话》,载 http://www. guancha. cn/culture/2015_10_14_337575_1. shtml,最后访问日期:2015 年 10 月 14 日。

7. 陈忠林:《司法民主是司法公正的根本保证》,载《法学杂志》2010 年第 5 期。

8. 陈柏峰:《缠讼、信访与新中国法律传统》,载《中外法学》2004 年第 2 期。

9. 陈柏峰:《死亡想象与道德建构:家事纠纷中农村妇女自杀的个案呈现》,载吴毅主编:《乡村中国评论》(第 2 辑),山东人民出版社 2007 年版。

10. 陈柏峰:《熟人社会:村庄秩序机制的理想型探究》,载《社会》2011 年第 1 期。

11. 程丽红:《清初京报的沉浮与小报之兴衰》,载《探索与争鸣》2013 年第 12 期。

12. 杜宝花:《浅议唐以降国家对“邸报”的控制》,载《史学月刊》2010 年第 9 期。

13. 费孝通:《乡土中国　生育制度》,北京大学出版社 1998 年版。

14. 顾培东:《论对司法的传媒监督》,载《法学研究》1999 年第 6 期。

15. 何兵:《城管追逐与摊贩抵抗:摊贩管理中的利益冲突与法律调整》,载《中国法学》2008 年第 5 期。

16. 蒋德海:《舆论监督和法治文明》,载《学术研究》2010 年第 1 期。

17. 韩志明:《街头官僚的空间阐释——基于工作界面的比较分析 》,载《武汉大学学报》(哲学社会科学版)2010 年第 4 期。

18. 胡凌:《商业网络推手现象的法律规制》,载《法商研究》2011 年第 5 期。

19. 黄冬娅:《转变中的工商所:1949 年后国家基础权力的演变及其逻辑》,中央编译出版社 2009 年版。

20. 强世功:《法制与治理》,中国政法大学出版社 2003 年版。

21. 江凌、张水海:《相对集中行政处罚权:发展历程、实施情况与基本经验——城管执法体制改革 12 年回顾 》,载《行政法学研究》2008 年第 4 期。

22. 侯猛:《最高法院规制经济的实证研究》,载《中外法学》2005 年第 2 期。

23. 侯猛:《政法传统中的民主集中制》,载《法商研究》2011 年第 1 期。

24. 课题组:《西安市临渔区城管综合执法状况观察报告》,载《法学》2009 年第 6 期。

25. 李北方:《北大南门朝西开》,中国人民大学出版社 2015

年版。

26. 栗峥:《传媒与司法的偏差——以 2009 年十大影响性诉讼案例为例》,载《政法论坛》2010 年第 5 期。

27. 刘宪权:《传统刑事司法理念的反思》,载《法学》2005 年第 5 期。

28. 刘燕:《案件事实的人物建构——崔英杰案叙事分析》,载《法制与社会发展》2009 年第 2 期。

29. 牛静:《媒体权利的保障与约束研究》,华中科技大学出版社 2014 年版。

30. 刘斌:《让权力在阳光下运行——再论传媒与司法的关系》,载《政法论坛》2008 年第 2 期。

31. 刘阳:《北京城管研究》,北京大学 2011 年博士学位论文。

32. 马长山:《公共议题下的权力"抵抗"逻辑》,载《法律科学》2014 年第 1 期。

33. 桑本谦:《"钓鱼执法"与"后钓鱼时代"的执法困境》,载《中外法学》2011 年第 1 期。

34. 沈固朝:《欧洲书报检查制度的兴衰》,南京大学出版社 1999 年版。

35. 苏力:《法治及其本土资源》,中国政法大学出版社 1996 年版。

36. 苏力:《也许正在发生》,法律出版社 2004 年版。

37. 苏力:《送法下乡》,中国政法大学出版社 2000 年版。

38. 苏力:《道路通向城市》,法律出版社 2004 年版。

39. 苏力:《传统司法中"人治"模式》,载《政法论坛》2005 年第 1 期。

40. 苏力:《窦娥的悲剧》,载《中国社会科学》2005 年第 2 期。

41. 苏力:《法律与科技问题的法理学重构》,载《中国社会科学》1999 年第 5 期。

42. 苏力:《刑罚的殃及效果和罪责自负》,载《法学》2011 年第 7 期。

43. 孙琳园:《试论明清时期的〈京报〉》,载《新闻世界》2009 年第10期。

44. 宋志刚:《城管来了》,北京理工大学出版社2011年版。

45. 童兵:《中国共产党和中国的新闻学研究》,载《新闻与传播研究》2001年第3期。

46. 汪晖:《去政治化的政治》,生活·读书·新知三联书店2008年版。

47. 汪晖:《"后政党政治"与中国的未来选择》,载《文化纵横》2013年第1期。

48. 汪晖、许燕:《"去政治化的政治"与大众传媒的公共性——汪晖教授访谈》,载《甘肃社会科学》2006年第4期。

49. 王维佳:《作为劳动的传播》,中国传媒大学出版社2011年版。

50. 王维佳、杨丽娟:《"吴英案"与微博知识分子的"党性"》,载《开放时代》2012年第5期。

51. 王维佳:《追问"新闻专业主义迷思"》,载《新闻记者》2014年第2期。

52. 王维佳:《媒体改革的政治意义》,载《经济导刊》2015年第9期。

53. 王启梁:《网络时代的民意与法律应有之品性——从"躲猫猫"事件切入》,载《法商研究》2009年第4期。

54. 吴思:《潜规则:中国历史中的真实游戏》,复旦大学出版社2009年版。

55. 徐显明:《论"法治"构成要件》,载《法学研究》1996年第3期。

56. 萧武:《警惕某些钉子户与媒体垄断正义》,载《绿叶》2011年第1期。

57. 喻中:《论最高人民法院实际承担的政治功能》,载《清华法学》2006年第1期。

58. 张允若编著:《外国新闻事业史教程》,高等教育出版社2003年版。

59. 赵月枝:《为什么今天我们对西方新闻客观性失望?》,载

《新闻大学》2008 年第 2 期。

60. 赵晓力:《基层司法的反司法理论?》,载《社会学研究》2005 年第 2 期。

61. 左卫民、何永军:《政法传统与司法理性》,载《四川大学学报》(哲学社会科学版)2005 年第 1 期。

二、中文译著

1. [美]詹姆斯 · 科尔曼:《社会理论的基础》,邓方译,社会科学文献出版社 1999 年版。

2. [美]欧文 · 戈夫曼:《污名:受损身份管理札记》,宋立宏译,商务印书馆 2009 年版。

3. [美]史蒂芬 · 霍尔姆斯、桑斯坦:《权利的成本——为什么自由依赖于税》,毕竞悦译,北京大学出版社 2005 年版。

4. [美]安东尼 · 吉登斯:《现代性的后果》,田禾译,译林出版社 2000 年版。

5. [美]布莱克:《法律的运作行为》,唐越、苏力译,中国政法大学出版社 1994 年版。

6. [美]杰斐逊:《杰斐逊集》,刘祚昌、邓红风译,生活 · 读书 · 新知三联书店 1993 年版。

7. [法]孟德斯鸠:《论法的精神》,张雁深译,商务印书馆 1982 年版。

8. [法]托克维尔:《论美国的民主》,董果良译,商务印书馆 1988 年版,第 306 页。

9. [英]弥尔顿:《论出版自由》,吴之椿译,商务印书馆 1958 年版。

10. [英]詹姆斯 · 卡伦:《媒体与权力》,史安斌、董关鹏译,清华大学出版社 2006 年版。

11. [意]葛兰西:《葛兰西文选》,中共中央马克思恩格斯列宁斯大林著作编译局国际共运史研究所编译,人民出版社 1992 年版。

12. [美]海伦 · 托马斯:《民主的看门狗?》,夏蓓、蒂娜 · 舒译,南方日报出版社 2009 年版。

13. [德]哈贝马斯:《公共领域的结构转型》,曹卫东、王晓珏、刘北城、宋伟杰译,学林出版社 1999 年版。

14. [德]哈贝马斯:《在事实与规范之间》,童世骏译,生活·读书·新知三联书店 2003 年版。

15. [美]安德森:《想象的共同体:民族主义的起源与散布》,吴叡人译,上海人民出版社 2005 年版。

16. [美]桑斯坦:《网络共和国:网络社会中的民主问题》,黄维明译,上海人民出版社 2003 年版。

17. [德]卡尔·施米特:《政治的概念》,刘小枫编,刘宗坤等译,上海人民出版社 2015 年版。

18. [美]弗雷德里克·西伯特、西奥多·彼得森、威尔伯·施拉姆:《传媒的四种理论》,戴鑫译,中国人民大学出版社 2008 年版。

19. [加]罗伯特·哈克特、赵月枝:《维系民主》,沈荟、周雨译,清华大学出版社 2005 年版。

20. [美]新闻自由委员会:《一个自由而负责任的新闻界》,展江、王征、王涛译,中国人民大学出版社 2005 年版。

21. [美]沃尔特·李普曼:《公众舆论》,阎克文、江红译,上海人民出版社 2006 年版。

22. [美]菲利普·帕特森、李·威尔金斯:《媒介伦理学:问题与案例》,李青黎译,中国人民大学出版社 2006 年版。

23. [德]伊丽莎白·诺尔-诺依曼:《沉默的螺旋:舆论——我们的社会皮肤》,董璐译,北京大学出版社 2013 年版。

24. [美]欧文·费斯:《言论自由的反讽》,刘擎、殷莹译,新星出版社 2005 年版。

25. [英]詹姆斯·卡瑞、珍·辛顿:《英国新闻史》,栾轶玫译,清华大学出版社 2005 年版。

三、英文文献

1. Michael Lipsky, Street-level Bureaucracy: Dilemmas of the individual in public services, New York: Russell Sage Foundation, 2010.

2. Susan Shirk, *Changing Media, Changing China*, New York:

Oxford University Press,2011.

3. Martin Whyte, *Myth of the Social Volcano: Perceptions of Inequality and Distributive Injustice in Contemporary China*, Stanford, CA: Stanford University Press,2010.

4. Gary King, Jennifer Pan, and Margaret Roberts, "How Censorship in China Allows Government Criticism but Silences Collective Expression", *American Political Science Review* 107(2):1-18,2013.

5. Gary King, Jennifer Pan, and Molly Roberts, *A Randomized Experimental Study of Censorship in China*, APSA 2013 Annual Meeting Paper; American Political Science Association 2013 Annual Meeting. Available at SSRN: http://ssrn.com/abstract=2299509.

6. PeterMarolt, *Grassroots Agency in a Civil Sphere? Rethinking Internet Control in China*. In Online Society in China: Creating, Celebrating, and Instrumentalising the Online Carnival, ed. David Herold and Peter Marolt, New York: Routledge pp. 53-68,2011.

7. TaiQiuqing *China's Media Censorship: A Dynamic and Diversified Regime*, Journal of East Asian Studies, 14(2):185-209, 2014.

8. Chen Xi, *Social Protest and Contentious Authoritarianism in China*, New York: Cambridge University Press,2012.

9. MartinDimitrov, *The Resilient Authoritarians*, Current History, 107(705):24-29,2008.

天 Borderless 下

图书在版编目(CIP)数据

传媒监督的法治 / 陈柏峰著.——北京：法律出版社，2017
ISBN 978-7-5197-1195-5

Ⅰ.①传… Ⅱ.①陈… Ⅲ.①传播媒介—监督—法律—研究—中国 Ⅳ.①D922.164

中国版本图书馆CIP数据核字(2017)第192650号

传媒监督的法治
CHUANMEI JIANDU DE FAZHI

陈柏峰 著

策划编辑 高 山
责任编辑 韩向臣
装帧设计 汪奇峰

开本 720毫米×960毫米 1/16
版本 2018年1月第1版
出版 法律出版社
总发行 中国法律图书有限公司
印刷 三河市龙大印装有限公司

印张 13 **字数** 166千
印次 2018年1月第1次印刷
编辑统筹 学术·对外出版分社
经销 新华书店
责任印制 陶松

法律出版社/北京市丰台区莲花池西里7号(100073)
网址/www.lawpress.com.cn
投稿邮箱/info@lawpress.com.cn 销售热线/010-63939792
举报维权邮箱/jbwq@lawpress.com.cn 咨询电话/010-63939796

中国法律图书有限公司/北京市丰台区莲花池西里7号(100073)
全国各地中法图分、子公司销售电话：
统一销售客服/400-660-6393
第一法律书店/010-63939781/9782 西安分公司/029-85330678 重庆分公司/023-67453036
上海分公司/021-62071639/1636 深圳分公司/0755-83072995

书号：ISBN 978-7-5197-1195-5 **定价**：39.00元
(如有缺页或倒装，中国法律图书有限公司负责退换)